西南交通大学公共管理专项研究项目资助（项目编号：SWJTU SPA 02）

农村地区脱贫家庭
防返贫与可持续生计的对策研究

赵朋飞 / 著

四川大学出版社
SICHUAN UNIVERSITY PRESS

图书在版编目（CIP）数据

农村地区脱贫家庭防返贫与可持续生计的对策研究 / 赵朋飞著. — 成都：四川大学出版社，2023.12
（博士文库）
ISBN 978-7-5690-6372-1

Ⅰ. ①农… Ⅱ. ①赵… Ⅲ. ①农村－扶贫－研究－中国 Ⅳ. ①F323.8

中国国家版本馆CIP数据核字（2023）第188422号

书　　名：	农村地区脱贫家庭防返贫与可持续生计的对策研究
	Nongcun Diqu Tuopin Jiating Fangfanpin yu Kechixu Shengji de Duice Yanjiu
著　　者：	赵朋飞
丛 书 名：	博士文库

丛书策划：张宏辉　欧风偃
选题策划：曾　鑫
责任编辑：曾　鑫
责任校对：蒋姗姗
装帧设计：墨创文化
责任印制：王　炜

出版发行：四川大学出版社有限责任公司
　　　　　地址：成都市一环路南一段24号（610065）
　　　　　电话：（028）85408311（发行部）、85400276（总编室）
　　　　　电子邮箱：scupress@vip.163.com
　　　　　网址：https://press.scu.edu.cn
印前制作：四川胜翔数码印务设计有限公司
印刷装订：成都市新都华兴印务有限公司

成品尺寸：170 mm×240 mm
印　　张：16.75
字　　数：316千字

版　　次：2023年12月 第1版
印　　次：2023年12月 第1次印刷
定　　价：69.00元

本社图书如有印装质量问题，请联系发行部调换

版权所有 ◆ 侵权必究

扫码获取数字资源

四川大学出版社
微信公众号

序

贫困，是一个非常古老、沉重的话题，从两千多年前中国古代的先哲描述贫困的语言到现在几乎所有国家政府及国际机构不间断地推出种类繁多的反贫困治理举措。但是贫困作为游荡于世间的魔鬼幽灵和潜伏缠绕人类的凶恶毒瘤依然未被消除，日夜吞噬着人类的肉体与灵魂。正视贫困是需要勇气的，形成从根本上解决贫困问题的严谨的现代经济理性，需要长期、艰苦、坚持不懈地探索与实践。西奥多·舒尔茨在《贫困经济学——一位经济学家关于对穷人投资的看法》中指出："虽然经济学家们已经对经济稳定和经济增长做出大量的分析研究，但是在经济学中却仍然缺乏带有理论性的贫困问题的专门研究。尽管我们可以随手找到很多谈到穷人特征的文献著作，但是这些著述却没有运用经济学知识把这些资料连成一个整体，也没有提出任何为了解释有关贫困的一些重要经济问题的经济学假说。"[①] 理论的苍白和实践的严酷触目惊心，贫困对人类的嘲笑与学者的无奈尴尬并存，在当前发展中国家的版图上，寒冷凝重的贫困浓雾铺天盖地，难以找到划破阴霾的灿烂曙光，在贫困人口的生存景象中，贫困依然是深入骨髓的疼痛、陷入困境中的绝望和挥之不去的心灵哀伤，犹如遭受人类无情围捕却依然漂泊天涯，在荒原中不停奔跑嚎叫的孤独野狼。

中国西南地区在中国国民经济空间结构中具有重要的政治、经济、文化、社会、生态和军事地位，作为中国贫困面积最广、贫困程度最深、反贫难度最大、最著名的贫困地区，西南地区的贫困问题具有非常强烈的、独特的区域性个性，集中表现为高原山区的特点、少数民族的特点、荒漠地区的特点和边远地带的特点。这是世界上现存的几乎是唯一的、保存相对完整的原生态社会经济形态，由于自然区位的恶劣、经济发展的落后、基础设施的薄弱、自然灾害的频发、社会循环的封闭，西南地区与中国其他地区不仅在资源开发水平、经济发展总量、经济增长效率、区域管理能力等方面存在极大的差距，而且在包括人力资本素质、教育文化水平、人类进步程度在内的整个社会进化过程中存

[①] 转引自赵曦. 中国西部农村反贫困模式研究[M]. 北京：商务印书馆，2009，316页。

在着历史阶段性的差距，要缩小或消除这些差距，必须经历一个渐进的过程，必须清醒地认识西南贫困地区的反贫困是一个长期、艰巨和极为复杂的历史使命。2020—2023年连续四年，中央"一号文件"明确把"巩固脱贫成果，防止返贫""坚决守住不发生规模性返贫底线"作为增强脱贫地区和脱贫群众内生发展动力、全面推进乡村振兴的基础和前提。如何巩固脱贫攻坚成果、有效实施乡村振兴战略、全面实现共同富裕目标是西南地区农村资源优化开发、经济协调发展和社会共同进步面临的重大现实挑战。

在通过建立脱贫长效机制有效防止返贫、通过乡村振兴全面推进中国式现代化建设的总体背景下，赵朋飞博士新著《农村地区脱贫家庭防返贫与可持续生计的对策研究》一书认为防止返贫的关键在于提高脱贫家庭的资本占有及运用能力，提升其"造血"功能。脱贫家庭实现可持续生计既是内生发展能力的外在表现，也是更高层次内生发展的前提保障，而一个家庭拥有的资本状况决定了其选择机会、采取策略、抵御风险、获得发展的程度。对于脱贫家庭而言，实现可持续生计依赖于生计资本的状况，不同的生计资本组合使可持续生计策略具有多样性，而可持续生计策略可被看作家庭抵御外部风险和维持生计能力的手段，是人们利用生计资本实现生计目标、达成脱贫致富的中介，结合生计资本禀赋和外部生计风险，家庭会对其拥有的各类资源进行多元化配置与整合，选择不同可持续生计策略以最大化利益或最小化风险。

本书最突出的特色是以四川省、重庆市、云南省和广西壮族自治区少数民族聚集区域的原农村建档立卡贫困家庭为主要研究对象，在英国国际发展署提出的涵盖人力资本、物质资本、社会资本、金融资本、自然资本五种类型资本的可持续生计分析框架基础上，引入文化资本，拓展了现行可持续生计框架，并将六类生计资本划分为三个层次：分别是由人力资本和文化资本构成的深层次的基础资本，它是脱贫家庭防止返贫与实现可持续生计的原动力；由社会资本与自然资本构成的潜层次的支撑资本，它是脱贫家庭防止返贫与实现可持续生计的助动力；由物质资本与金融资本构成的表层次的复合资本，它是脱贫家庭防止返贫与实现可持续生计的直动力。

本书最主要的学术贡献是计量了西南农村地区脱贫家庭的生计资本禀赋，测算了生计资本水平指数，并探讨了生计资本水平对脱贫家庭生计策略和返贫风险的影响，构建了返贫风险指标体系。该书还分析了精准扶贫政策给脱贫家庭带来的变化，基于倾向得分匹配法分析了政府组织的就业技能培训对参加和未参加两类家庭收入的影响，进一步明晰了精准扶贫政策效应，研究了基层组织防止返贫工作的内容、成效及不足。最后提出从做好顶层设计、完善返贫监测、打造特色产业、强化资本培育等层面构建西南农村地区脱贫家庭防止返贫与实现可持续生计的对策体系。

赵朋飞博士毕业以来，一直潜心研究中国西南地区农村的贫困态势与反贫困策略，多次深入西南农村脱贫地区进行实地调查、规划设计和政策咨询，孜孜不倦，成果丰硕。作为他的硕士、博士研究生导师和长期研究中国贫困问题的学者，我很欣慰，也非常期待他在农村地区脱贫家庭防止返贫与可持续生计对策研究的基础上，以全面建成小康社会、实现乡村振兴和共同富裕为宗旨，依托正直温良的人生品格、勤奋严谨的工作作风和经世济民的学者情怀，继续针对中国西南农村地区特别是少数民族地区的稳定脱贫长效机制设计、防止返贫动态监测、可持续生计系统建设、资源要素的引进整合、社会发展体系的创新完善进行全面、系统和深入的调查、分析与研究，为推动中国发展经济学、区域经济学和农村经济学的发展作出更大、更多、更有价值的贡献。

赵曦

2023 年 5 月 31 日于成都

前　言

"贫困"作为人类历史上长期存在的社会顽疾，是人类社会最严重、治理成本最为高昂的社会问题。一部中国史，就是一部中华民族同贫困的斗争史。西南农村地区作为我国贫困范围广、贫困程度深、扶贫难度大、返贫率高的区域，同时，也是我国矿产资源富集区、国家战略屏障区与民族团结关键区，还是新时代西部大开发战略实施的重要空间载体、新亚欧大陆桥的关键组成部分及"一带一路"的重要构成区域，其政治、经济、社会、文化与生态的战略作用极大，因此，贫困问题不得不上升至国家战略层面予以重视并加以研究。尽管已经全面实现脱贫，但在经济发展存在一定不确定性的情况下，防止规模性返贫和实现可持续生计目标的任务仍然十分艰巨。

本书以我国西南地区的四川省、重庆市、云南省和华南地区的广西壮族自治区的少数民族聚集区域的原农村建档立卡贫困家庭为主要研究对象，以寻求防止其返贫和实现可持续生计的对策为研究目标，主要研究有以下四个方面：

首先，阐述了贫困与返贫、可持续生计的内涵以及与研究主题相关的可持续生计理论、贫困恶性循环理论、权利贫困理论、多维贫困理论、贫困文化理论与空间贫困理论，并梳理了既有相关研究文献。

其次，梳理了新中国成立后扶贫开发的历程、乡村振兴及共同富裕的内涵与发展；论述了可持续生计资本的内涵，并将文化资本纳入可持续生计框架，将当前流行的可持续生计框架中的五类生计资本拓展到六类，即文化资本、人力资本、社会资本、自然资本、物质资本和金融资本。同时，还讨论了六类生计资本在可持续生计框架中的功能作用，并探索性地将其划分为三个层次：分别是由人力资本和文化资本构成的深层次的基础资本，由社会资本与自然资本构成的潜层次的支撑资本，由物质资本与金融资本构成的表层次的复合资本，并结合报告内容构建了拓展后的可持续生计框架。

再次，分析了四川省、重庆市、广西壮族自治区和云南省农村地区脱贫家庭的人力资本、文化资本、社会资本、自然资本、物质资本和金融资本六类生计资本禀赋；依据六类生计资本十七项二级指标测算了四川省、重庆市、广西

壮族自治区与云南省四省（直辖市、自治区）总体样本家庭的生计资本水平指数（也称可持续生计能力指数）；分析了生计资本水平对家庭生计策略和返贫风险的影响。

最后，分析了精准扶贫政策给脱贫家庭带来的变化，基于倾向得分匹配法实证分析了就业技能培训政策对家庭收入的影响；剖析了基层组织防止返贫工作的内容、成效及不足。并就农村地区脱贫家庭防止返贫与可持续生计的对策进行了探讨，提出从做好顶层设计、完善返贫监测、打造特色产业、构建资本培育体系等方面着手实施。

具体来看，在顶层设计层面：一是完善党政防止返贫工作领导机制，不断巩固党政在防止返贫工作中的领导地位、始终坚持中国特色社会主义制度，不断完善"五级书记"防止返贫工作机制，建立健全党政联席会议制度；二是深入推进多方协作防止返贫机制，大力深化东西部协作防止返贫，优化消费、劳务帮扶、部门合作等机制，积极支持社会组织参与防止返贫；三是完善重大突发事件应急管理机制。

在返贫监测层面：一是构建返贫监测指标，本报告提出了综合指标方法与单一指标方法；二是做好返贫监测工作；三是筑牢防止返贫机制，做好"三固化"，落实"三包干"；四是强化运用信息技术，设立村级扶贫信息员岗位，构建村级扶贫信息系统。

在打造特色产业层面：一是打造特色产业品牌效应；二是发展特色乡村旅游产业；三是打好手工艺产业的品牌；四是用好消费防止返贫模式；五是充分发挥企业带富能力；六是重视以工代赈，扩大就业带动效应。

在构建资本培育体系层面：一是构建深层次资本培育体系，主要从大力提升人力资本水平和不断改善文化资本条件两个方面着手，需要全面改善教育质量、做实技能培训工作、全面改善医疗卫生条件、改变脱贫家庭的思想理念、培育脱贫家庭的市场经济意识、完善脱贫地区公共文化建设。二是构建潜层次资本培育体系，主要从重视社会资本作用和优化自然资本质量方面着手，需要营造和谐邻里关系、构建社区共建共治机制、完善社会工作服务项目、探索实施网格化管理机制、落实村规民约的引导功能、提升交通设施水平、运用"互联网+"防止返贫、完善易地搬迁机制、建设特色小城镇、做好生态环境保护、完善灾害预防体系。三是构建表层次资本培育体系，主要从提升物质资本水平和强化金融资本积累两个方面着手，需要完善土地制度、健全住房保障制度、加大政府补贴力度、做好社会福利与社会救助、完善基本养老与医疗保险、全面强化财税金融支持、提升脱贫家庭金融知识水平、合理安排家庭生产生活开支。

本书发现：（1）精准扶贫政策使得西南农村地区脱贫家庭的收入水平得到显著提升，教育、医疗与居住环境得到显著改善，居民对精准扶贫政策满意度较高。由于每个省（直辖市、自治区）自身经济基础、社会发展水平、历史、文化传统等原因，扶贫政策的效果又存在一定差异。在未来返贫风险评估上，广西壮族自治区脱贫家庭认为自身返贫的风险最高，然后依次为云南省和四川省，重庆市脱贫家庭认为自身返贫风险最低。（2）总体来看，在六类生计资本中，农村地区脱贫家庭最急需改善的是人力资本。四川省应重点改善原贫困家庭劳动力数量、健康状况及生活补助状况。重庆市与广西壮族自治区应采取有效措施减轻脱贫家庭的教育支出负担，改善健康状况，加强对脱贫家庭的技能培训。云南省应该采取有效措施减轻脱贫家庭的教育支出负担，改善其生活补助状况，加强对其技能培训和产业发展支持。（3）生计资本水平对收入渠道的稳定性和生计策略的选择具有重要影响。家庭在权衡生计资本水平基础上，总是会基于更有比较优势的资本进行生计策略选择。生计资本水平越高，家庭未来返贫的风险越低。（4）与未参加政府组织的就业技能培训的脱贫家庭相比，参加过就业技能培训的脱贫家庭收入水平确实得到提升，同时，土地面积、矿产资源等自然资本，吃苦耐劳的品质、对新事物接受速度等文化资本，劳动力状况、教育年限、健康情况等人力资本，人际关系处理能力等社会资本均显著影响脱贫家庭的收入情况。（5）基层组织防止返贫工作存在专业人才不足、信息化手段运用较少和社会组织参与度较低的问题。

目 录

1 绪 论 …………………………………………………………（ 1 ）
　1.1 研究背景 …………………………………………………（ 1 ）
　1.2 研究内容 …………………………………………………（ 3 ）
　1.3 研究意义 …………………………………………………（ 5 ）
　1.4 研究方法 …………………………………………………（ 6 ）
　1.5 研究思路 …………………………………………………（ 7 ）
　1.6 贡献和不足 ………………………………………………（ 8 ）

2 相关概念、理论与文献综述 ………………………………（10）
　2.1 相关概念 …………………………………………………（10）
　2.2 理论基础 …………………………………………………（13）
　2.3 文献综述 …………………………………………………（17）
　2.4 小 结 ……………………………………………………（23）

3 扶贫开发、乡村振兴及共同富裕的发展历程 ……………（25）
　3.1 扶贫开发历程 ……………………………………………（25）
　3.2 东西部协作扶贫 …………………………………………（31）
　3.3 乡村振兴 …………………………………………………（36）
　3.4 共同富裕 …………………………………………………（38）
　3.5 小 结 ……………………………………………………（41）

4 可持续生计资本及其拓展 …………………………………（42）
　4.1 资本的内涵 ………………………………………………（42）
　4.2 生计资本的内涵 …………………………………………（43）
　4.3 可持续生计框架的拓展——文化资本及其功能 ………（47）
　4.4 生计资本在可持续生计框架中的功能作用 ……………（48）
　4.5 小 结 ……………………………………………………（55）

1

5 西南农村地区脱贫家庭生计资本禀赋分析 ……………………（56）
5.1 基本调研情况 ………………………………………………（56）
5.2 生计资本的常用衡量指标 …………………………………（57）
5.3 农村地区脱贫家庭可持续生计资本禀赋分析 ……………（58）
5.4 生计资本在四省中的异质性 ………………………………（115）
5.5 小 结 ………………………………………………………（124）

6 西南农村地区脱贫家庭生计资本对生计策略及返贫风险的影响 ……（125）
6.1 生计策略选择的理论逻辑——比较优势理论 ……………（125）
6.2 基于生计资本水平的生计策略选择 ………………………（126）
6.3 生计资本水平对返贫风险的影响 …………………………（139）
6.4 小 结 ………………………………………………………（140）

7 西南农村地区的扶贫政策效果分析 …………………………（141）
7.1 四省扶贫政策效果分析 ……………………………………（141）
7.2 就业技能培训对收入的影响 ………………………………（162）
7.3 小 结 ………………………………………………………（170）

8 西南农村地区基层组织防止返贫工作的成效与问题 ………（172）
8.1 样本县基本情况 ……………………………………………（172）
8.2 防止返贫工作开展情况 ……………………………………（173）
8.3 基层组织防止返贫工作的成效 ……………………………（177）
8.4 基层组织防止返贫工作面临的难题 ………………………（183）
8.5 小 结 ………………………………………………………（185）

9 西南农村地区贫困家庭防止返贫与实现可持续生计的对策分析 ……（186）
9.1 做好顶层设计，构建防止返贫与实现可持续生计的大格局 ……（186）
9.2 不断巩固与完善返贫监测与防止返贫工作机制 …………（196）
9.3 打造特色产业，拓宽防止返贫与实现可持续生计的稳定收入渠道
　　………………………………………………………………（202）
9.4 构建深层次资本培育体系，培育防止返贫与实现可持续生计的原动力 …………………………………………………（211）
9.5 构建潜层次资本培育体系，培育防止返贫与实现可持续生计的助动力 …………………………………………………（222）
9.6 构建表层次资本培育体系，培育防止返贫与实现可持续生计的制动力 …………………………………………………（231）

9.7 小结…………………………………………………（238）
10 结论与展望……………………………………………（239）
  10.1 研究结论…………………………………………（239）
  10.2 研究展望…………………………………………（240）
参考文献……………………………………………………（241）
后　记………………………………………………………（251）

1 绪 论

1.1 研究背景

持续三年的疫情与复杂多变的国际局势给我国经济带来一定不确定性，这对于全面摆脱绝对贫困不久、经济发展基础薄弱的农村地区而言，巩固脱贫攻坚成果、防止规模性返贫的任务更加艰巨，实现乡村振兴与共同富裕的目标更具挑战性。2022年5月25日，全国稳住经济大盘电视电话会议明确强调，要"把稳增长放在更加突出位置，着力保市场主体以保就业保民生……确保不发生规模性返贫"[①]。"贫困"作为人类历史上长期存在的社会顽疾，是人类社会最严重、成本最为高昂的社会问题。一部中国史，就是一部中华民族同贫困作斗争的历史。从2000多年前"民亦劳止，汔可小康""老有所终，壮有所用，幼有所长，鳏寡孤独废疾者皆有所养"[②]的美好愿景到屈原"长太息以掩涕兮，哀民生之多艰"的无限感慨到杜甫"安得广厦千万间，大庇天下寒士俱欢颜"的殷切期望，再到孙中山"家给人足，四海之内无一夫不获其所"的奋斗夙愿，无一不透露着中国人民对摆脱贫困的殷切渴望。新中国成立70多年来，尤其是改革开放以来，我国实现了"迄今人类历史上最快速度的大规模减贫"，从救济式扶贫到开发式扶贫再到精准扶贫，通过整村推进、小额信贷等方式，改善基本生产条件，提高贫困人口自我组织水平和自我发展能力，直至2020年9899万建档立卡贫困人口全部脱贫，832个贫困县全部摘帽，12.8万个贫困村全部出列，区域性整体贫困得到解决，完全消除了逡巡在中华大地数千年的绝对贫困梦魇，稳定实现了扶贫对象不愁吃、不愁穿，义务教育、基本医疗和住房得到基本保障。全面消除绝对贫困这一事业的完成，中国这一文明古国

---

① 李克强在全国稳住经济大盘电视电话会上作重要讲话 [EB/OL]. (2022-05-25) [2022-05-26] http://www.gov.cn/premier/2022-05/25/content_5692298.htm.

② 引自于韩广富，张宁宁. 中国特色反贫困理论的中华优秀传统文化底蕴 [J]. 理论探讨，2023 (4)：109-115.

用了近五千年的时间。

"贫困对人的尊严和人性的损伤所造成的后果是无法衡量的。"① 早在19世纪，英国著名的经济学家、新古典学派的创始人阿尔弗雷德·马歇尔（Alfred Marshall）在《经济学原理》中就明确指出："贫困问题是经济学最主要和最关心的问题，但贫困问题需要人类本性的道德和政治能力来解决。"② 瑞典经济学家克纳尔·米尔达尔（Gunnar Myrdal）在1968年出版的《亚洲的戏剧：对一些国家的贫困的研究》和《世界贫困的挑战——世界反贫困大纲》中明确指出："发展中国家的贫困，绝不仅仅是纯粹的经济原因，而是政治、经济与文化等因素综合作用的结果，对贫困的挑战必须涉及国家的政治建构、宗教文化传统、人口及种族、教育等问题。"③ 我国少数民族地区贫困人口所占比重较大，在55个少数民族中，90%以上的少数民族都分布在贫困地区，涉及5个民族自治区、24个自治州、44个民族自治县。尽管少数民族人口占全国总人口的9%，但是却占剩余绝对贫困人口的40%，而且大多数处于深度贫困状态，在国家级贫困县中，少数民族自治县占总数的40%[2]。西南农村地区是新时代西部大开发战略实施的重要空间载体和新亚欧大陆桥的关键组成部分及"一带一路"的重要构成区域，同时也是我国民族聚集区与宗教文化厚植区，其地缘政治的显要性、地缘经济的战略性与地缘文化的浓厚性使其在国家政治、经济、社会、文化与生态发展中具有十分重要的战略意义。西南农村地区曾经是中国贫困面积最宽广、贫困程度最深的地区，部分农村地区基础设施和社会事业发展滞后，社会文明程度较低，生态环境脆弱，自然灾害频发，致使脱贫人口返贫率较高，由此对西南农村地区巩固脱贫攻坚成果与乡村振兴战略实施及共同富裕目标的实现构成重大现实挑战。

2020年12月2日，国务院扶贫办副主任欧青平在国新办新闻发布会上说："由于大病、残疾、灾害、产业失败和就业不稳等方面原因，一些脱贫人口存在返贫风险，一些边缘人口存在致贫风险。"④ 2019年，国务院扶贫办进行了摸底调查，发现约有500万人存在返贫致贫风险，迫切需要建立防止返贫

---

① [美]查尔斯·K.威尔伯. 发达与不发达问题的政治经济学[M]. 中国社会科学出版社，1984：452.

② [英]马歇尔著. 朱志泰，陈良璧. 经济学原理[M]. 北京：商务印书馆，2019.

③ [瑞典]冈纳·缪尔达尔. 亚洲的戏剧：对一些国家贫困问题的研究[M]. 北京：北京经济学院出版社，1992年.

④ 说明：这两个数据来自于一条新闻，目前纸质版中已经做了注释.

监测和帮扶机制①。有学者依据抽样调查估算，中国农村脱贫返贫率高达30%，且返贫率还会随着脱贫标准的提高而上升[3]。2020年、2021年、2022年、2023年中央"一号文件"明确指出要"巩固脱贫成果，防止返贫，这需要关注脱贫户群体的发展""守住防止规模性返贫底线……对有劳动能力的农村低收入人口，坚持开发式帮扶，帮助其提高内生发展能力，发展产业，参与就业""坚决守住不发生规模性返贫底线"。2021年，习近平总书记在全国脱贫攻坚总结表彰大会上的讲话指出："对脱贫地区产业要长期培育和支持，促进内生可持续发展。"② 李小云认为："一个地区脱贫不返贫，需要建立起可持续的脱贫机制。可持续的脱贫机制，主要是指在制度上形成保障贫困户脱贫后不会返贫的机制，在新的贫困出现或出现返贫现象时具有能够有效兜底的制度保障。"③ 脱贫家庭能否在五年过渡期内进一步提升其可持续生计与内生发展能力，关系乡村振兴与共同富裕的目标能否如期实现。

防止返贫的关键在提高脱贫家庭④的资本占有及运用能力，提升其"造血"功能。脱贫家庭实现可持续生计既是内生发展能力的外在表现，也是更高层次内生发展的前提保障，而一个家庭或个人拥有的资本状况决定了其选择机会、采取策略、抵御风险、获得发展的能力[4]。

对于脱贫家庭而言，实现可持续生计依赖于生计资本的状况，不同的生计资本组合使可持续生计策略具有多样性，而可持续生计策略可被看作家庭抵御外部风险和维持生计能力的手段，是人们利用生计资本实现生计目标、达成脱贫致富的中介，结合生计资本禀赋和外部生计风险，家庭会对其拥有的各类资源进行多元化配置与整合，选择不同可持续生计策略以最大化利益或最小化风险，因此，可持续生计策略的选择直接决定了家庭实现收入、安全和福利的可能性[5-6]。

1.2 研究内容

本书基于可持续生计资本视角，主要围绕西南农村地区脱贫家庭防止返贫

---

① 国务院扶贫办："攻坚战后"政策不能"急刹车"帮扶力量总体保持稳定[EB/OL].（2020-12-02）[2020-12-02] https://www.chinanews.com.cn/gn/2020/12-02/9352561.shtml.

② 习近平：在全国脱贫攻坚总结表彰大会上的讲话[EB/OL].（2021-02-25）[2021-02-26]. http://dangjian.people.com.cn/n1/2021/0226/c117092-32037158.html.

③ 李小云. 衡量脱贫攻坚成效重在不返贫[N]. 人民日报，2018-08-26（5）.

④ 书中脱贫家庭是对全面消除绝对贫困以后的原建档立卡贫困家庭的统称，包含课题组调研时已经脱贫的家庭和尚未脱贫的家庭。

与实现可持续生计的对策措施展开研究。本书分为十章。

第一部分为绪论部分。

第二部分主要就相关概念、理论基础与文献综述展开分析,主要涉及贫困与返贫、可持续生计等概念,以及可持续生计理论、贫困恶性循环理论、权利贫困理论、多维贫困理论、贫困文化理论与空间贫困理论,还包括关于致贫与返贫的原因分析和关于脱贫与防止返贫的对策等方面的文献梳理。

第三部分主要阐述了扶贫开发、乡村振兴及共同富裕的发展历程。

第四部分主要阐述了可持续生计资本的内涵,并将文化资本纳入可持续生计框架,将当前流行的可持续生计框架中的五类生计资本扩展到六类,即人力资本、文化资本、社会资本、自然资本、物质资本和金融资本。同时,还讨论了六类生计资本在可持续生计框架中的功能作用,并探索性将其划分为三个层次:分别是由人力资本和文化资本构成的深层次的基础资本,由社会资本与自然资本构成的潜层次的支撑资本,由物资资本与金融资本构成的表层次的复合资本;并讨论了六类生计资本之间的作用强度。最后,构建了拓展后的可持续生计框架。

第五部分主要分析了西南农村地区脱贫家庭生计资本禀赋情况,首先是对调研情况的基本介绍,其次阐述了生计资本的常用衡量指标,最后分析了四川省、重庆市、广西壮族自治区和云南省脱贫家庭的人力资本、文化资本、社会资本、自然资本、物质资本和金融资本的禀赋情况。

第六部分主要分析了西南农村地区脱贫家庭生计资本水平对生计策略及返贫风险的影响。首先,确定六类生计资本的测算变量,并运用优序图法分别测算了四川省、重庆市、广西壮族自治区与云南省四省市的生计资本水平指数(也称可持续生计能力指数)的生计资本水平指数。其次,在生计资本对生计策略的影响方面,分析发现,家庭在权衡生计资本水平基础上,总是会基于更有比较优势的资本禀赋进行生计策略选择。最后,在生计资本对返贫风险的影响方面,分析发现,脱贫家庭的生计资本水平越高,未来返贫的风险就会越低。

第七部分主要阐述了西南农村地区的精准扶贫政策效果。首先,分析了自享受精准扶贫政策以来,贫困家庭在收入、教育、医疗卫生及居住环境上的改善情况以及对扶贫政策的总体评价。其次,为更好掌握扶贫政策的效应情况,基于倾向得分匹配法实证分析了就业技能培训对家庭收入的影响。

第八部分主要分析了基层组织的防止返贫工作的成效与问题。主要包括疫情前后就业情况对比分析、返贫监测对象的识别与申报、针对监测户的帮扶措施以及当前防止返贫工作的不足。

第九部分主要基于上文分析，就西南农村地区脱贫家庭防止返贫与实现可持续生计的对策进行了探讨，提出从做好顶层设计、构建防止返贫与实现可持续生计的大格局、不断完善返贫监测与预防机制、打造特色产业、构建深层次资本培育体系、潜层次资本培育体系和表层次资本培育体系六个方面着手实施。

第十部分为结论与展望，主要就研究结论及未来农村地区扶贫的研究重点进行了阐述。

1.3 研究意义

1.3.1 理论意义

本书在英国国际发展署（DFID）提出的涵盖人力资本、物质资本、社会资本、金融资本、自然资本五种类型资本的可持续生计分析框架基础上，引入文化资本，拓展了现行可持续生计框架。从六种生计资本维度，提出农村地区农村贫困家庭防止返贫及实现可持续生计的对策措施。在六类生计资本内部层面，探讨了六类生计资本在可持续生计框架中的功能作用，并探索性将其划分为三个层次：分别是由人力资本和文化资本构成的深层次的基础资本，它是贫困家庭防止返贫与实现可持续生计的原动力；由社会资本与自然资本构成的潜层次的支撑资本，它是贫困家庭防止返贫与实现可持续生计的助动力；由物质资本与金融资本构成的表层次的复合资本，它是贫困家庭防止返贫与实现可持续生计的直动力。同时，还讨论了六类生计资本之间的作用强度。测算了农村地区贫困家庭的生计资本水平指数（也称可持续生计能力指数），分析了生计资本对生计策略及返贫风险的影响，构建了返贫风险指标体系。在精准扶贫政策效果层面，报告基于调研数据分析了四川省、重庆市、广西壮族自治区、云南省四省（直辖市、自治区）的脱贫家庭收入、教育、医疗及居住环境因政策而发生的改善情况，并基于倾向得分匹配法分析了政府组织的就业技能培训对参加和未参加两类家庭收入的影响，进一步明晰了精准扶贫政策效应。

1.3.2 实践意义

西南农村地区作为我国民族种类最多、贫困面积最广、贫困程度最深和极易返贫的区域，巩固脱贫攻坚成果与推进乡村振兴有效衔接及实现共同富裕目

标的任务十分艰巨。本书在四川省、重庆市、广西壮族自治区、云南省17个国家扶贫工作重点县调查了1286户建档立卡贫困家庭。调查内容涵盖家庭基本信息、人力资本、文化资本、社会资本、自然资本、物质资本、金融资本、政策效果等。基于调研数据及分析结果，提出从做好顶层设计、完善返贫监测与预防机制、打造特色产业、构建深层次基础资本培育体系、潜层次支撑资本培育体系和表层次复合资本培育体系六个方面作为防止返贫与实现可持续生计的对策和措施，这或可为未来政府部门防止返贫工作的开展、企业和社会组织更高效地参与扶贫及家庭提升自身可持续生计能力提供一定借鉴。

1.4 研究方法

1.4.1 调查研究方法

本书以问卷形式对四川省、重庆市、广西壮族自治区、云南省的农村脱贫家庭围绕人力资本、文化资本、社会资本、自然资本、物质资本、金融资本、政策效果等内容进行了调研；以访谈形式对贫困县有关部门领导、工作人员、驻村干部、工作人员、贫困村干部等扶贫工作进行了调研，以获取第一手数据，为课题研究提供数据支持。

1.4.2 对比分析方法

本书系统比较研究了四川省、重庆市、广西壮族自治区、云南省农村脱贫家庭的生计资本的现状，省域之间的扶贫政策效果以及与非贫困家庭相比，扶贫政策给贫困家庭带来的变化，寻找其共性，明确其特性，为制定防止返贫及可持续生计对策提供支持。

1.4.3 实证分析方法

为构建科学有效的防止返贫及可持续生计对策措施，本书构建了生计资本指标体系，并测算了农村地区脱贫家庭生计资本水平指数（可持续生计能力指数），分析了生计资本对生计策略的影响，通过建立Logit模型，分析了生计资本对家庭返贫风险的影响；为明晰扶贫政策效应，基于倾向得分匹配法，分析了就业技能培训对参加和未参加培训家庭收入的影响。

1.5 研究思路

第一，本书以研究西南农村地区农村脱贫家庭的防止返贫及实现可持续生计的对策为最终目标，基于融入了文化资本的可持续生计框架，在明晰人力资本、文化资本、社会资本、自然资本、物质资本与金融资本内涵的基础上，讨论了六类生计资本在可持续生计框架中的功能作用，并探索性地将其划分为深层次的基础资本、潜层次的支撑资本和表层次的复合资本三个层次，提出了拓展后的可持续生计框架。第二，构建了生计资本指标体系，并分析了农村地区脱贫家庭生计资本现状，测算了生计资本水平指数（可持续生计能力指数），分析了生计资本对生计策略与返贫风险的影响。第三，分析了扶贫政策给脱贫家庭的收入、教育、医疗、居住等带来的变化，为进一步探讨扶贫政策效果，实证分析了技能培训对家庭收入的影响。第四，对基层组织尤其是村两委在防止返贫工作中的成效及存在的问题进行了分析。第五，从做好顶层设计、完善返贫监测与预防机制、打造特色产业，构建深层次资本培育体系、潜层次资本培育体系和表层次资本培育体系六个方面提出防止返贫与实现可持续生计的对策措施。

本书的主要研究框架如图1-1所示。

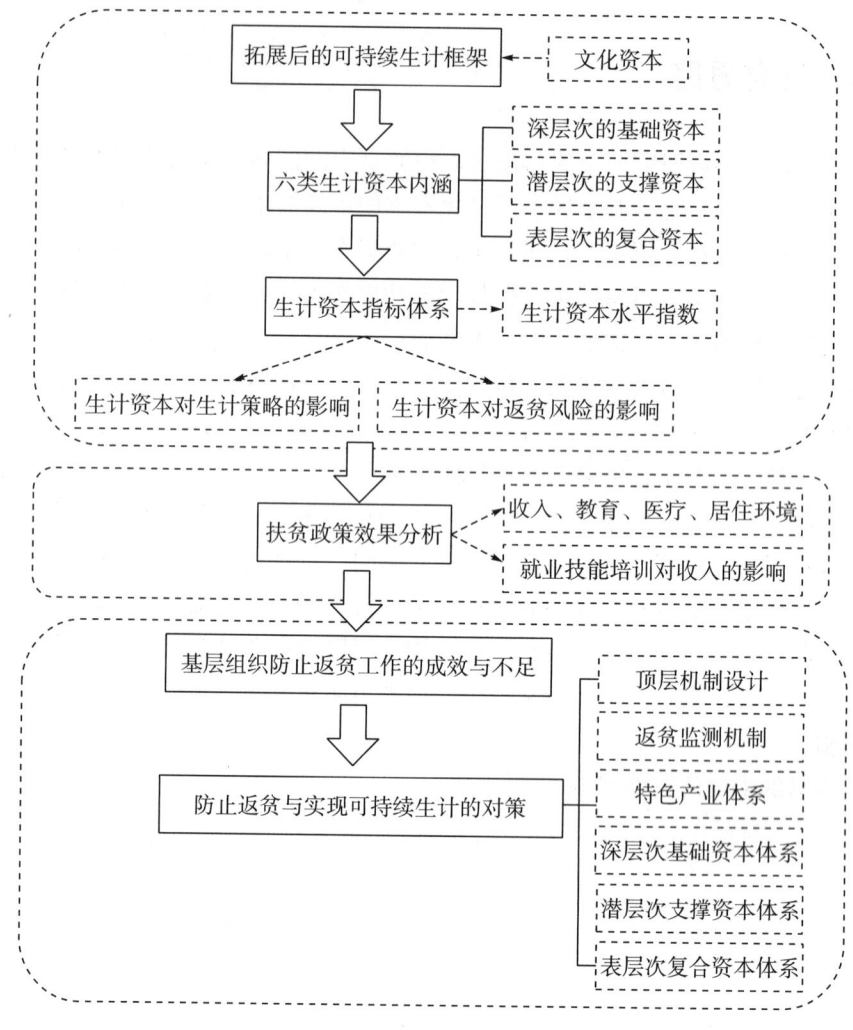

图 1-1 基本研究框架

1.6 贡献和不足

1.6.1 主要贡献

本书立足农村地区这一特殊空间区域，以如何防止返贫与实现可持续生计为研究内容，将文化资本融入可持续生计框架，将由人力资本、社会资本、物质资本、金融资本与自然资本构成的五边形可持续生计框架拓展为"六边形蜂巢形状"，探讨了六类生计资本在可持续生计框架内的功能作用，并将其划分为三个层次，即人力资本与文化资本构成的深层次基础资本、社会资本与自然资本构成的潜层次支撑资本、物质资本与金融资本构成的表层次复合资本。

基于六类生计资本，本书分析了四川省、重庆市、广西壮族自治区、云南省生计资本的现状，构建了西南农村地区脱贫家庭生计资本指标体系与返贫风险指标体系，并由此测算了生计资本水平指数（可持续生计能力指数），分析了生计资本水平指数对家庭生计策略和返贫风险的影响。本书基于倾向得分匹配法实证分析了技能培训对脱贫家庭收入的影响，调研了基层组织防止返贫工作现状，提出了从顶层设计、返贫监测、特色产业、资本培育四个维度铸造防止返贫与可持续生计的对策体系。

1.6.2 不足之处

基于研究内容及既有相关文献成果，本研究可能存在以下不足之处：一是样本代表性的问题。尽管课题组通过实地调研获取了四川省、重庆市、广西壮族自治区、云南省西南四省（直辖市、自治区）1286户脱贫家庭数据，但与规模庞大的脱贫家庭相比，样本量仍然偏少，可能会给报告的研究质量带来一定负面影响。二是部分研究内容仍然值得进一步讨论，如在研究过程中使用的部分方法的全面性、科学性，如将六类资本划分为两两一组作为对比组来验证家庭在生计策略选择方面是否遵循了比较优势原则；将文化资本纳入既有五类资本构成的可持续生计框架是否合理，将六类资本划分为三类层次是否科学，均是值得进一步探讨的问题。三是六类生计资本的测量指标代表性的问题。尽管本书是在参考既有相关研究成果常用指标并结合实际调研情况来选取的具体指标，但这仍然是一个值得继续探讨的问题。

2 相关概念、理论与文献综述

为更好开展防止西南农村地区脱贫家庭返贫与实现可持续生计的对策研究，需要厘清与研究相关的概念、理论与既有文献，以便后续研究的顺利开展。

2.1 相关概念

2.1.1 贫困与返贫

从汉字视角来看，"贫"是会意兼形声字，从分、从贝。"贝"是最早的钱币，后泛指钱币和财富；"分"意为"一分为二""由一而多"。故"贫"的本义，是指资财被多头转移出去，分钱散财，故《说文解字》中，将"贫"解释为财分少也。"困"是一个会意字，像房子的四壁，里边是生长的树木，表示废弃的房屋。《说文解字》解释"困，故庐也"。"困"后来延伸为"居而无食"，既指经济生活的匮乏、窘迫、穷苦，也泛指其他物质方面的不足。总体而言，从中国古代词源含义来看，贫困泛指财物极为匮乏，生活艰难窘迫（杨菊华，202)[7]。

西方社会在古希腊时期就曾针对"贫困"进行过辩论。1601年，英国颁布了第一部《济贫法》，20世纪初，英国学者西博姆·郎特里（Seebohm Rowntree）通过对约克市工人家庭的收入与生活支出状况的普查，将贫困定义为"家庭总收入不足以支付仅仅维持家庭成员生理正常功能所需的最低量生活必需品开支"。这种最低需要包括食品、住房、衣着和其他必需品。并且他根据最低生活必需品的数量及其价格，提出了划分贫困家庭的收入标准，即贫困线，也即所谓的"绝对贫困"（杨国涛等，2012；杨菊华，2021)[8][7]。世界银行认为，"当某些人或家庭没有足够的资源去获取社会公认的一般都能享受到的饮食、生活条件、舒适和参加某些社会活动的机会，就是处于贫困状态"[1]。

常见的关于贫困含义的界定有四种：一是物质缺乏说。该学说主要认为贫困是指物质生活困难，即个体或家庭的生活水平达不到一种社会可接受的最低标准，缺乏某些必要的生活资料和服务，生活处于困难境地。二是可行能力剥夺说。该学说主要代表人物是阿马蒂亚·莱（Amartya Sen），其认为"有很好的理由把贫困看作是对人基本的可行能力的剥夺，而不仅仅是收入低下"。而能力由一系列功能构成，如免于饥饿与疾病、享受教育的功能；若个体缺少其中任何一项，就意味着处于一种贫困状态。[2] 三是社会排斥说。该学说认为，一些困难群体往往身兼多重困难标签，可触及的机遇更少，寻求改变的能力也更低，使得他们逐渐丧失维持基本生理生活的能力，并被进一步排斥在主流社会之外。2003年，欧洲委员会和欧共体从人权视角出发，提出"贫困应被理解为个人、家庭和人群的资源如此有限，以致他被排除在本国可接受的最低限度的生活方式之外"。2010年，联合国发展计划署发布了多维贫困指数。该指数是反映多维贫困人数以及每一个多维贫困家庭所遭受的多维剥夺的平均数量。指数从健康（营养和儿童死亡率）、教育（受教育年限和儿童入学率）和生活标准（做饭用燃料、厕所、饮用水、电、屋内地面材质和财产）三个维度来衡量贫困程度，每个指数都被赋予相应的权重。四是广义福利剥夺论。20世纪七八十年代，瑞典和挪威等国的学者将经济福利拓展到社会层面，从广义福利视角来看待和理解贫困。广义福利同时包括物质和非物质要素，如工作环境、休闲娱乐、社会关系、组织参与和政治权利等。世界银行在《2000/2001年世界发展报告》中，提出了广义福利贫困概念，并将其定义为"贫困指福利的被剥夺状态"。基于收入划分的绝对贫困、相对贫困分别属于贫困的第一阶段、第二阶段，而广义福利贫困则是第三阶段的贫困（杨菊华，2021）[7]。

尽管随着经济社会的发展和时代进步，贫困的多面向性得到普遍认可，但在现实中依旧以贫困线的使用为主，我国此次全面消除绝对贫困依然是参照2010年农民人均纯收入2300元不变价作为贫困线。贫困线是国际可比和地区可比的基本依据，没有统一标准，就难以研判政策效用与减贫脱贫工作效能（杨菊华，2021）[7]。即使进入相对贫困治理时期，贫困线的方法依然适用。

返贫即返回原来的贫困状态。在书中，实现可持续生计的对策措施同时也

---

[1] 世界银行 1980年. 世界发展报告（中译本）[M]. 北京：中国财政经济出版社，1980.
[2] [印度] 阿马蒂亚·森. 以自由看待发展 [M]. 北京：中国人民大学出版社，2002年.

具有防止返贫的功能，换言之，实现可持续生计的对策措施首先是具有防止返贫的功效，然后才是助力脱贫家庭实现可持续生计。

2.1.2 可持续生计

20世纪50年代，加里·贝克尔（Gary Belcher）和休厄尔（Sewell）开始测量家庭生计水平。20世纪80年代，钱伯斯（Chambers）和康威（Conway）定义生计包括能力、资产和生产活动所需的谋生方式（柏振忠，2014）[4]。只有当一种生计能够应对压力和打击并可得以恢复，乃至在当前和未来可进一步强化其能力和资产，且不损害自然资源基础，该生计才具有可持续性（朱明熙，2018）[9]。1987年，联合国举行的"世界环境与发展大会"明确提出了可持续生计观念，即"具备维持基本生活所必需的充足的食品与现金储备量以及流动量"①。1992年，联合国环境和发展大会将"生计"概念引入行动议程，主张把实现稳定的生计作为消除贫困的主要目标。到了1995年，《哥本哈根宣言》将可持续生计概括为"使所有男人和妇女通过自由选择的生产性就业和工作获得可靠和稳定的生计"②。钱伯斯和康威认为"生计是谋生的方式，该谋生方式建立在能力、资产（包括储备物、资源、要求权和享有权）和活动的基础之上。如果人们能应对胁迫和冲击，并从中恢复、维持和增加资产，保持和提高能力，并且为下一代生存提供机会，在长期和短期内以及在当地和全球范围内为他人的生计带来净收益，同时又不损坏自然基础，那么，该生计具有持续性"[10]。斯库恩斯（Scoones）认为，生计由生活所需要的能力、资产（包括物质资源和社会资源）以及行动组成[11]。世界著名的从事农村扶贫与发展研究的学者埃利斯（Ellis）认为，"资产（自然的、物质的、人力的、金融的和社会的资产）、行动和获得这些的权利受到制度和社会关系的调节，这一切决定了个人和农户获得收入的活动"[12]。1998年，英国国际发展署以农户为例，特别指出"生计包含了农户为了生存或者谋生所需要的能力、资产和从事的活动。一种生计，只有当它能够应对、并从压力打击和突变中恢复，在当前、并长远地维持乃至加强其能力与资产，同时不损坏自然资源基础，才是可持续性的。英国国际发展署将生计资本划分为自然资本、金融资本、物质资本、人力资本和社会资本五类"（朱明熙，郭佩霞，2018）[9]。

---

①②王三秀. 国外可持续生计观念的演进、理论逻辑及其启示 [J]. 毛泽东邓小平理论研究，2010（9）：79-86.

2.2 理论基础

2.2.1 可持续生计理论

英国国际发展署、联合国开发计划署、英国牛津大学以及萨塞克斯大学的研究逐渐形成了形式多样的可持续生计分析框架。其中，以英国国际发展署建立的可持续生计分析框架（Sustainable Livelihoods Approach，简称SLA）最为典型。SLA由五个部分组成，分别是脆弱性背景、生计资本、结构和制度的转变、生计策略和生计结果，五个部分以复杂的方式相互作用。SLA是将农户作为脆弱性背景中生存的对象，并使用不同的生计资本配置与方式，在资本与政策制度的相互作用下，产生某种生计成果，生计成果又反作用于生计资本，影响其性质和状况（赵靖伟，2011）[13]。英国国际发展署强调了生计资本的重要性并将其作为可持续生计实现的重要支点。SLA将生计资本划分为自然资本、社会资本、物质资本、人力资本和金融资本五种类型。在自然环境、制度政策及文化等因素作用下形成的脆弱性环境中，作为SLA核心的生计资本，决定了生计策略采用的类型，进而导致相应的生计输出结果，生计结果又反作用于生计资本，影响资本的性质和状况，依次循环往复（柏振忠，2014）[4]。英国国际发展署认为，生计结构和过程的转变是实现可持续生计的重要途径。在不同的条件下5种生计资本可以相互转化。生计策略是家庭依靠生计资本要素选择参与不同的生计活动，通过创造生存所需的物质资料和精神资料实现可持续生计。生计策略由一系列生计活动组成，通过多样化的生计活动来实现，在不同的生计资本状况下，各种生计活动相互结合、相互促进以此实现生计策略（伍艳，2015）[14]。英国国际发展署在可持续性生计框架里列举了五种可能的生计结果类型，即创造更多的收入；福利的提升；生计脆弱性的降低；食物短缺得到抑制，食品安全得到提高；更可持续地利用自然资源。生计成果是可持续生计发展最终目标的集中反映。SLA为贫困研究提供一个重要问题的核对清单，并概括出这些问题之间的联系；它提醒人们把注意力放在关键的影响和过程上；强调影响农户生计的不同因素之间多重性的互动作用（苏芳等，2009；赵锋，2015）[15-16]。

2.2.2 贫困恶性循环理论

贫困恶性循环理论最早由朗纳·纳克斯（Ragnar Nurkse）于1953年在著

作《不发达国家的资本形成》中系统性提出。纳克斯认为，发展中国家普遍存在的一个特征是经济发展停滞，人均收入水平低、生活贫困。资本形成是不发达国家经济发展的核心问题。所谓"资本形成"是指社会不把全部生产活动都直接用于消费品的生产，而以一部分用于工具、机器等资本产品的生产。而且"资本"不仅包括物质资本，还包括劳动力技能、教育与健康等人力资本。之所以存在长期贫困，不是因为这些国家的资源不足，而是经济系统存在着一个相互作用，并使穷国维持贫困状态的"多种力量的循环聚集"。在这个多种力量的循环聚集中，最大的障碍是发展中国家的资本积累存在资本需求和资本供给两个恶性循环。要打破贫困恶性循环，必须大规模地增加储蓄，扩大投资，促进资本积累，采取平衡增长策略，即在行业中同步投入资本。根据向多种不同部门的同时投资构成平衡增长的动力这一结论，纳克斯提出了关于加速不发达国家资本形成的两项基本措施：一项是国内强迫储蓄，一项是依靠外资（武桂馥，1985；张培刚，2009）[17-18]。

2.2.3 权利贫困理论

权利贫困理论最早由阿马蒂亚·森（Amartya Sen）提出，其认为对贫困问题的认识不能仅停留在收入层面，而应该立足于贫困者的生存状态。无论是何种贫困状态都是由于权利的缺乏或者其他条件的不足造成的。在其著作《贫困与饥荒》和《饥饿与公共行为》中，森首次使用了"权利方法"研究贫困问题（马新文，2008）[19]。森所说的权利体系，是指在私人所有制为主体的市场经济中，被人们广泛接受的具有代表性的基本权利关系，主要有四种：一是基于贸易的权利，即如果一个东西是通过个体间的自愿交易获得的，那么个人有权占有它；二是基于生产的权利，个人对自己的资源或者通过自愿雇佣劳动力所生产的产品拥有使用权；三是自我劳动的权利，一个人可以合法占有自身的劳动能力，同时拥有与自身劳动能力相关的权利，如上述的前两种权利；四是继承和转移权利，一个人有权接受和转让他人的馈赠。在市场经济中，个人可以将自己合法拥有的商品通过生产、贸易或者二者结合的方式转换成其他商品。在这种转换中，他实际能够获得的商品组合构成的集合，就称为这个人对自己所拥有的东西的"交换权利"。森认为，交换权利的失败是导致贫困和饥饿的最主要的原因[20]。

2.2.4 多维贫困理论

现实表明，贫困是一种复杂而综合的社会现象，除了收入以外，贫困还涉及教育、健康、住房以及公共物品等多个维度的缺失。较早明确提出从多维角度来认识贫困与发展问题的学者是森（丁建军，2014）[21]，森于1976年提出了"能力贫困"的学术观点，1999年在其著作《以自由看待发展》中又提出了从"实质自由"的视角来研究贫困问题。所谓"实质自由"，是指人们能够过上那种值得过的理想生活的可行能力。"可行能力"指的是有可能实现的、各种可能的功能性活动的组合，使得人们能够做自己想做的事情、过上自己想过的生活的能力，包括免受困苦——诸如饥饿、营养不良、可避免的疾病、过早死亡之类基本的可行能力，以及能够识字算数、享受政治参与等的自由。森强调，"有很强的理由用一个人所具有的可行能力，来判断其个人处境。根据这一视角，贫困必须被视为基本可行能力的被剥夺，而不仅仅是收入低下……"。贫困的原因则是基本可行能力的匮乏。作为一个社会人，理应具备包括获得足够的营养、基本的医疗条件、基本的住房保障、一定的受教育机会等基本功能（森，2002）[22]，如果个人或家庭缺少这些功能或者其中的某一项，那就意味着处于贫困状态。"可行能力"理论被公认为是多维贫困的理论基础。而牛津大学贫困与人类发展机构的萨宾纳（Sabina）以及中国国际扶贫中心的王小林首次提出了"多维贫困"的概念。2010年，联合国开发计划署和牛津大学贫困与人类发展研究中心合作开发推出了多维贫困指数A-F贫困指数（又称MPI指数），公布了由10个指标测算的全球各国的MPI。A-F理论框架在可行能力基础上提出的多维贫困测量方法阿尔凯尔（Alkires，2011）[23]。

2.2.5 贫困文化理论

1946年美国学者艾莉森·戴维斯（Allison Davies）在其著作《社会下层工人动机之研究》首次提出"贫困文化"的观点。1958年，美国人类学家奥斯卡·刘易斯（Oscar Lewis）在其著作《五个家庭：贫困文化的墨西哥个案研究》中将"贫困文化"上升为理论层面，最早将贫困作为一种文化现象进行专门研究。刘易斯等人认为，所谓"贫困文化"就是贫困阶层所具有的"一种独特生活方式，是长期生活在贫困之中的一群人的行为方式、习惯、风俗、心理定势、生活态度和价值观等非物质形式"[24]。贫困文化理论的核心观点是，贫困是一种自我维持的文化体系，其特点包括屈从意识、不愿意规划未来、没有实现理想的能力以及怀疑权威并且在贫困群体内部存在世代传递的现象。该理论认为，穷人因为贫困而在居住等方面具有独特性，并形成独特的生活方式，这样就产生出一种脱离社会主流文化的贫困亚文化。处于贫困亚文化之中

的人有独特的文化观念和生活方式,这种亚文化通过群体间交往而得到加强,进而维持着贫困的生活(蔡生菊,2015)[25]。贫困文化论者认为,发展过程中出现的贫困现象应该不单单是经济现象,而是一个根源于经济、社会、文化的综合现象。贫困文化理论是人们对贫困现象思考的一次转向,是从纯粹经济理论解释转向文化理论解释的一次转向(方清云,2012)[26]。

2.2.6 空间贫困理论

空间贫困理论是研究贫困的空间分布、贫困与地理环境之间关系的一项专门理论,强调空间地理位置对贫困的形成乃至维持的重要作用,是空间经济学和新经济地理学视野上的多维贫困概念,将一系列的经济、社会、环境指标合成地理资本,通过研究地理资本的空间聚集特征与规律,并以贫困地图或贫困绘图形式表达,来判断是否存在空间贫困陷阱,并据此设计减贫策略。空间贫困理论的渊源可以追溯到20世纪50年代,哈里斯(Harris)和缪达尔(Myrdal)提出欠发达地区的经济发展与地理位置有关的早期空间经济学。到了20世纪90年代,世界银行开始关注全球贫困空间分布和分异规律,扎兰(Jalan)与马丁·拉瓦雷(M Ravallion)在对中国1985—1990年南方四省的数据统计后,通过多元回归分析得出由一系列指标合成的地理资本明显影响着农户收入和村庄贫困治理,也就是因为一种或多种地理空间资本、要素的不足或缺乏,形成了"空间贫困陷阱"(陈全功,2010;张旭,2020)[27-28]。

2.2.7 对理论的评述

梳理上述六类与贫困相关的理论可以看出,各位专家、学者对贫困的成因进行了系统研究,并上升至理论高度,其实根据现实生活中的贫困表现,贫困恶性循环理论、权利贫困理论、多维贫困理论与空间贫困理论或多或少都有着可持续生计理论的影子。换言之,可持续生计理论的内涵与上述四种理论存在交集,前者对后者各类理论具有一定解释力,唯独贫困文化理论与可持续生计理论的交集不明显,而本书正是基于可持续生计理论,对其人力资本、社会资本、物质资本、金融资本、自然资本五类生计资本框架进行拓展,融入文化资本要素,实现可持续生计理论与贫困文化理论的融合,构建包含六类生计资本的泛可持续生计框架。

2.3 文献综述

2.3.1 关于致贫与返贫的主要原因分析

尽管我国在 2020 年已经全面消除绝对贫困现象，但脱贫地区防止返贫的任务依然很重，依然需要对部分脱贫群体进行帮扶，因此，继续总结、发掘致贫与返贫的因素，进而为有效制定家庭防止返贫及可持续生计对策提供借鉴具有重要意义。有关致贫与返贫原因分析的文献比较丰富，总体来看，关于致贫与返贫的主要原因可以划分为三个不同的侧重层面：一是侧重脱贫人口自身层面，二是侧重外部层面，三是综合层面。

第一，在脱贫人口自身层面，有学者认为，人力资本、社会资本、资产状况是导致贫困与返贫的主要因素。王成新和王格芳（2003）提出了"教育消费型贫困"和"人才流失型贫困"的概念，认为个体知识的缺乏和农村人才的缺失是农村家庭贫困的主要原因[29]。钟超（2005）提出了文化水平低下是农村贫穷的重要原因[30]。朱晓阳（2005）认为，许多贫困人口的产生是因为教育没有及时跟进以及抵抗疾病灾害的能力低下[31]。徐月宾等（2007）从家庭层面分析了农村贫困的影响因素，认为缺少劳动力、未成年人数量多、在校学生多、老人多、残疾患病成员多、家庭成员受教育水平低、劳动力负担系数高是农村家庭的主要致贫因素[32]。林红叶、李龙华（2008）认为，贫困根源于思想贫困，主要表现在生活方式的懒散、"等靠要"依赖心理严重和面对社会现实的自卑思想[33]。崔治文等（2015）研究发现，受教育水平不足导致的"能力贫困"是家庭普遍陷入多维贫困和低收入均衡水平的主要原因；在绝对贫困家庭中，家庭成员不理想的健康状态，尤其是主要劳动力残疾或患有重大疾病使得家庭陷入"贫困的恶性循环"[34]。马绍东和万仁泽（2018）认为，健康因素、劳动力因素和危房是导致居民返贫的重要原因，文化程度对居民"返贫"有一定的影响；无论是单维贫困还是多维贫困，少数民族居民在"返贫"上更具有脆弱性[35]。潘文轩（2020）研究发现，疾病、残疾与缺乏劳动力是导致返贫和新增贫困的三大主要直接原因[36]。章文光等（2021）研究发现，贫困户致贫原因类型多样，缺技术是贫困户致贫的首要原因，缺资金次之，因病致贫为第三重要原因[37]。

郑志龙（2007）认为，社会资本缺乏对穷人形成了排斥，进而使其处于无能为力和贫困状态，因此，政府反贫困治理策略选择应尽快由物质资本和人力

资本范式向社会资本范式转移[38]。首先，农村原始社会资本能够起到积极的减贫作用，家庭层面的社会资本不仅能直接降低农户的未来贫困，而且还能通过抵消家庭成员所承受负向冲击的影响而间接降低农户的未来贫困[39]。社会资本的增加与结构优化对于增加贫困居民收入、缓解城镇贫困居民与非贫困居民之间的收入差距具有积极意义[40]。

第二，在外部因素层面。陈南岳（2003）在分析中国西部欠发达地区农村贫困现象时指出，当地农村生态条件差、水源匮乏、交通闭塞、土地肥力有限等因素共同导致了农村家庭的贫困[41]。部分学者认为，农村致贫的成因主要是制度供给不足，如户籍制度、二元经济结构、农村土地制度、农村社会保障制度、教育制度等不完善导致的"制度性贫困"[42]。胡联（2012）从贫困形成的机理入手，在已有理论的基础上加入了地理环境的脆弱性对于农户贫困的影响[43]。文化因素是民族贫困地区致贫的原因之一，其具有多样性、长期性、致贫惯性等特点，是反贫困的难题[44]；万翀昊和司汉武（2015）则研究发现，多子多福的生育观、安土重迁的乡土观等价值观念都是影响农村脱贫的重要因素，与农村贫困呈现显著相关[45]；刘成良（2018）认为，异化的婚嫁成本不仅造成了农民家庭的持久性贫困，同时还给那些无法完成人生任务的农民带来巨大的精神摧残和价值崩塌[46]。

第三，在综合层面，随着对贫困问题研究的深入及扶贫实践的发展，越来越多的学者认为导致贫困及返贫的原因是多方面的。赵茂林（2005）认为，西部地区农村贫困产生的主要原因是"教育贫困"和自然环境、经济结构、历史因素等积累导致的贫困恶性循环[47]。董春宇等（2008）认为，资源环境差、基础设施不足、人力资本投资不足、收入稳定性差等是农村"扶贫、脱贫、再返贫"怪圈形成的主要原因[48]。陈全功、李忠斌（2009）认为，少数民族农户发生持续性贫困的普遍原因是自然条件恶劣、人力资本不足和制度不完善[49]。庄天慧等（2011）基于对四川省、贵州省、重庆市的21个少数民族国家扶贫重点县的研究表明，村级自然条件是影响返贫的最主要因素，经济条件是影响返贫的重要因素，村级社会条件中的医疗条件对返贫程度影响显著[50]。任春丽（2011）通过研究发现，农户贫困的主要原因包括政府投资力度不够、农民支出部分多、可支配收入少以及扶贫政策效果不佳等[51]。家庭的户主特征、社会关系、人口规模与结构、户籍制度等因素对长期多维贫困发生率及不平等有显著影响[52]。漆敏（2012）认为，我国农村"返贫"产生的主要原因在于"因病返贫""因教返贫""因超生返贫"等贫困恶性循环的存在[53]。陈烨烽等（2017）研究发现，通路情况较差、自然灾害频发、收入水平低下、劳动力状况不佳是中国贫困村的主要致贫因素[54]。杨龙与李萌（2017）认为，农户的贫困是资源禀赋、地理、生态、基础设施、制度、市场、政府、历史、文化、人力资本、农户权利和社会资本等多因素共同作用的结果[55]。侯亚景与周云波（2017）研究发现，土地流转、卫生条件、劳动力人数、户口类型、家庭经营、住房情况、家庭社会地位、地貌特征均会作用于家庭是否贫困[56]。曾勇和徐长乐（2017）认为，资源禀赋劣势、生产效率低下、人力资本缺乏、制度供给不足、基础设施薄弱、自然灾害频发导致连片特困地区家庭或个人的脆弱性增强、可行能力减弱，从而致贫或返贫[57]。苏静（2017）认为，金融发展水平、经济基础、政府干预程度、投资水平、人力资本、产业结构是影响连片特困地区农民收入的重要因素。连片特困地区主要致贫原因有：单一且不稳定的收入来源、疾病、教育及养老支出、劳动技能和受教育水平低下、基础设施薄弱、发展机会匮乏、自然灾害频发、生存环境恶劣等[58]。连片特困地区特有的贫困形成机制包括内在的自我循环机制和外在的约束机制，贫困的制度锁定表现为多元化特征，包括区位边缘性锁定、马太效应累积锁定、贫困陷阱锁定、贫困代际传递以及贫困文化锁定等形成机理[59-60]。李俊清和向娟（2018）认为，外部环境制约（如自然地理劣势、基础设施保障缺位等）、个人因素约束（如思想观念保守、安贫乐道、落后的教育事业）和不可抗力影响（如地方病和各种偶发性天灾人祸）是导致民族地区贫困的主要原因[61]。伍艳（2015）、胡伦等（2019）认为，生计资本的多种缺乏、生计能力的不足、受损或匮乏是导致慢性贫困、持续性贫困的根本原因[14][62]。渠立权与骆华松（2022）认为，文化素质、地理区位、交通条件、产业基础等区域性因素以及发展动力、疾病、教育等家庭个性因素是导致云南省怒江州易地搬迁人口贫困的主要原因[63]。

在返贫的原因上。庄天慧等（2010）认为，返贫不是单一某个原因造成的，而是多种因素共同作用的结果，自然灾害、疾病和教育层次低下等因素都使返贫成为一种必然现象[64]。马绍东（2018）则从农户自身能力的健康程度和劳力数量两个因素分析了其对返贫的影响[35]。邓永超（2018）的研究中将返贫因素划分为三类：能力性、政策性、环境性，这也大致涵盖了从20世纪90年代至今国内研究的归因类型[65]。

2.3.2 关于脱贫与防止返贫的对策研究

有关脱贫和防止返贫的对策分析主要集中在两个视角，一是侧重全面可持续生计长效机制构建研究，二是主张抓住某一薄弱点进行重点强化。

首先，在全面脱贫、防止返贫长效机制构建上，部分学者从政策机制层面提出构建长效扶贫、防止返贫的观点。张国安（2000）在研究了贵州少数民族地区返贫问题后，认为要防止返贫，必须提高农村基层党支部的领导能力，科学调整农业产业结构，控制人口增长[66]。焦国栋（2005）认为，要使贫困人口彻底摆脱贫困，必须加大对贫困地区基础设施建设投入的力度，积极实施开发式扶贫和科技扶贫战略，探索扶贫到户的有效途径，加强扶贫资金管理，建立和完善扶贫监测系统，提高返贫人口的素质，降低贫困地区人口的过快增长及加快社会保障体系建设等[67]。世界银行（2006）提出要采取超越经济领域的行动、从制度和机制层面来治理贫困的战略思路和总体框架[68]。赵慧珠、陈景云（2008）认为，解决农村贫困人口问题须建立完整的最低生活保障制度[69]。董春宇等学者（2008）提出从改善贫困地区的生态环境和基础设施状况、人力资本投资状况，发展现代农业、非农产业、健全农村社会保障体系等方面走出反贫困怪圈的对策[48]。庄天慧等学者（2011）强调财政资金投入、控制人口增长、移民扶贫异地开发、资源可持续利用、社会保障体系建设等方面对遏制自然灾害导致返贫问题的重要性。同时，提出在民族贫困地区建立以生态建设为基础的经济发展模式、因地制宜发展贫困村农业合作经济组织、改善贫困村医疗环境等政策[50]。漆敏（2012）提出从政府方面、扶贫工作本身、贫困人口自身、社会方面综合提出治理农村返贫问题的对策建议[53]。朱路平和葛孚桥（2013）提出构建扶贫开发长效机制的基本框架包括帮扶对象识别与瞄准机制、帮助主体确责与履责机制、帮扶资金筹措与使用机制、社会动员和参与帮扶机制[70]。陈文胜（2017）从完善扶贫制度的顶层设计、升级社会保障制度、完善生态补偿政策、优化产业扶贫投入、畅通社会扶贫渠道等五个方面构建脱贫攻坚的长效机制[71]。杨龙等（2017）认为，还需要在制度改革方面增加对劳动和土地要素贡献的倾斜，进一步发挥市场机制的作用，提高政府扶贫的干预效率，增加贫困群体赋权，培养紧密型社会资本，提高精准扶贫的政策效果。有的学者从可持续生计框架视角提出脱贫与防止返贫的对策措施[55]。蔡志海（2010）对汶川地震灾区贫困农户的五大生计资本进行了测量，发现贫困农户生计资本整体不足，且存在结构失衡，生计资本存量与生计策略、生计结构之间存在较为密切的联系[72]。赵雪雁等（2011）认为，农户的生计资本影响着生计活动的选择，自然资本缺乏迫使农户寻求其他谋生方式，但受教育程度低、物质资本与金融资本缺乏以及封闭而狭窄的亲缘与地缘关系等因素限制了农户生计多样化[73]。蒙吉军等（2013）研究结果表明，拥有较多人力资本和金融资本的农户以非农活动作为主要的生计策略，拥有较多自然资本的农户则以农业生产作为主要的生计策略[74]。史月兰等（2014）在广西壮族自治区的研究发现，人力资本、金融资本丰富的农户更倾向于非农活动，而愿意从事农业生产活动的往往是自然资本较为丰富的农户[75]。李昭楠等（2015）认为，慢性贫困产生的原因在于自然资本、物质资本、社会资本、人力资本及贫困文化，治理慢性贫困需要构建全方位保障式扶贫机制、制定隔代发展的扶贫政策等[76]。姚云云等（2015）提出农村社区贫困是由于"物质资本—人力资本—文化资本—社会资本"四维资本的整体性或部分缺失，解决贫困问题需要四维资本的培育和整合[77]。吴定伟（2016）对广西壮族自治区石漠化地区贫困农户的生计资本和生计策略进行了分析，提出了要采取增强贫困农户的可行能力、拓展生计策略、防范生计风险、修复生态环境等帮扶措施[78]。王磊（2017）指出，实现贫困农户的脱贫不仅要提高福利水平，还要注重生计风险的防范，并进一步运用可持续生计框架将农户在脱贫过程中面临的风险分解为生计资产风险、生计能力风险和生计策略风险，实现持续稳定脱贫需要加大生计资本积累和人力资本投入，完善涉农保险[79]。乌云花等（2017）研究表明，牧民的社会资本和物质资本均值相对其他资本较高，社会资本对牧民的生计策略选择有极显著影响。另外，人力资本也对牧民的生计策略选择有显著影响，但牧民赖以生存的自然资本却对牧民的生计策略选择没有影响[80]。何仁伟等（2017）认为，要实现中国农村贫困有效的治理，其核心标准是提升农户生计资产的存量和优化生计策略选择；在可持续生计扶贫理念下，激发贫困人口的内生发展动能是关键[81]。胡伦（2019）、孙晗霖等（2019）认为，生计能力作为"自我发展能力"的外在表现，其在农户持续贫困生成及脱贫过程中发挥重要的作用，提升精准脱贫的稳定性就需要关注脱贫人口的生计能力培育，尤其是要注重人力资本和金融资本的积累才能帮助精准脱贫户实现可持续生计[62][82]。张耀文和郭晓鸣（2019）基于可持续性生计框架的考察表明：随着精准扶贫战略的实施，中国反贫困虽取得重大进展，但仍存在可持续性不足的诸多隐忧，主要表现在生计环境有效改善，但仍潜藏着致贫返贫风险；生计资本大幅增加，但仍存在结构性失衡；生计选择有效拓展，但仍受多重因素限制。中国反贫困成效持续性不足的主要成因在于：一是在帮扶内容上，部分地区重物质帮扶轻内生动能；二是在推进方式上，重行政手段轻市场机制；三是在制度构建上，重当期脱贫轻长远发展；四是在主体协同上，重政府主导轻贫困户参与。构建反贫困长效机制必须重视扶贫干预的环节前置，围绕生计环境、生计资本、组织机构和程序规则、生计选择、生计后续扶持等方面，加强贫困农户的能力培育和扶贫政策体系的顶层优化[83]。郑宝

华等（2020）在总结扶贫成效基础上，发现贫困具有典型的可行发展能力贫困特征，未来农村扶贫需以提升可行发展能力为方向[84]。和月月（2021）研究发现，农户所拥有的自然资本、物质资本、人力资本、社会资本、金融资本以及环境资本等生计资本对可持续生计能力产生直接影响外，同时还受到个体生计风险水平的影响，从而对可持续生计能力产生间接的影响[85]。吴雄周等（2021）研究发现，不同生计策略农户的生计资本结构存在差异，无论何种生计策略的农户，人力资本在五种资本中都最大。其认为应加大农村产业多样化的投入力度，促进农户策略转变速度；鼓励农民参与土地流转；建立健全农户参与农村基层社会治理机制，推动农户社会资本积累；扩大对农村教育与医疗的投入力度[86]。

其次，有的学者认为，提高脱贫及防止返贫的关键在于主张抓住某一薄弱点进行重点强化。丁军、陈标平（2010）强调要注重贫困人口素质的可持续发展，要加大教育资金的投入、引导，刺激贫困人口进行人力资本的自我积累和自我投资，改善医疗服务来提高贫困人口的身体素质[87]。樊胜根（2009）研究发现，农村道路、电力等设施对个体降低贫困发生率的影响最大，对于贫困落后地区，农业科研服务的减贫效果最好[88]。胡新良（2015）等认为，农业产业化的健康发展是促进贫困地区农户脱贫的重要路径[89]。郭佩霞等（2014）提出要在经济政策中采取具有防范性的发展型社会保护政策以解决贫困问题，具体举措包括增强贫困群众生计安全、提高贫困者风险防范能力、建立贫困群众参与机制、增强贫困群众资产积累等[90]。翟彬和梁流涛（2015）研究发现，人力资本和金融资本是影响农户非农生计策略对抗贫困的显著因素；农户反贫困需求受生计资本拥有量及其构成的影响，存在很强的空间差异性[91]。荣莉（2015）认为，开拓特困地区扶贫市场、打破省级行政边界限、建立跨省扶贫协作机制，完善基础设施与公共服务、增强区域中心辐射能力是创新连片特困地区扶贫模式的重要途径[92]。万君和张琦（2016）认为，解决贫困问题的关键在于实现精准扶贫、精准脱贫与片区攻坚融合发展，即以区域发展为视角，提升片区定位精准度；以多维贫困为视角，提升减贫内涵精准度；以精准扶贫为视角，提升片区脱贫手段精准度，构建片区脱贫与精准扶贫融合推进的新机制[93]。康江江等（2017）认为，提升基础教育和人力资本条件、实施环境恶劣地区农民整体外迁是减贫的重要途径[94]。王美英（2017）认为，解决连片特困地区的贫困问题，应着力健全社会保障制度、加强思想引领、激发内生动力，畅通利益诉求渠道，拓宽投资渠道、提高帮扶实效，加强教育发展、提升脱贫发展能力[95]。孔令英等（2017）提出应重点开展贫困农民的思想脱贫工作，着力提升贫困农民精准扶贫项目参与能力，注重扶贫立法和精准扶贫项目分配与实施的公平正义，不断完善新型乡村治理和监督机制，引导社会力量参与精准扶贫项目过程实施[96]。马绍东等（2018）认为，需要进一步加大民族地区的教育投入、建立涵盖商业健康保险和财产保险的多方位保障体系[35]。王永厅等（2018）认为，西南喀斯特地区解决贫困问题，可以通过改善交通条件破除区位封闭、偏远的缺陷，促进区域商业发展；通过发展特色农业，扭转不利于发展传统农业的生态劣势，释放农业生产力；通过发展生态产品，立足生态优势和工业后发优势实现跨越式发展；通过发展生态旅游业，销售生态产品，在生态文明和制度文明的双重关怀下实现区域整体性脱贫目标[97]。谢申祥等（2018）也指出，贫困地区的道路、生活用水、通信、卫生等基础设施对于贫困人口的脱贫、城乡和区域的统筹发展具有重要意义[98]。刘成奎等（2018）研究发现，通信信息服务能够降低贫困家庭短期贫困和长期贫困，同时，医疗卫生服务能够降低农村家庭短期贫困，但对长期贫困影响不显著[99]。左停等（2019）从文化视角剖析了减贫与内生动力的关系[100]。俞茹（2019）认为，由于文化致贫原因各不相同，多样性文化在贫困领域也表现为贫困原因的多样性，因此制定多样化的经济发展策略对多样性文化在减贫中所起的作用显得尤为重要[44]。傅安国等（2020）从心理学视角分析了内生动力的重要性，认为中国扶贫语境下，内生动力是世代贫困个体得以脱贫的核心心理资源[101]。

2.3.3 文献述评

综上所述，可以看出，系统性针对西南农村地区脱贫家庭脱贫与防止返贫研究的文献并不算多，而基于可持续生计框架视角，并量化生计资本进行防止返贫与可持续生计研究的文献很少，现实扶贫实践及脱贫家庭自身生产和生活也表明，可持续生计资本在家庭生产、生活及脱贫过程中发挥着重要作用。因此，在未来防止返贫及实现可持续生计对策研究方面，尤其是针对本就发展基础薄弱、脱贫难度很大的西南农村地区，基于可持续生计资本视角进行防止返贫及可持续生计对策研究具有很强的现实意义。

2.4 小　结

本部分内容主要围绕相关概念、理论基础与文献综述进行阐述。首先，在相关概念上，就"贫困与返贫""可持续生计"的内涵进行了分析；其次，

在理论基础上，主要梳理了与研究有关的可持续生计理论、贫困恶性循环理论、权利贫困理论、多维贫困理论、贫困文化理论与空间贫困理论；最后，对关于致贫与返贫的原因、关于脱贫与防止返贫的对策有关文献进行了梳理。

3 扶贫开发、乡村振兴及共同富裕的发展历程

为更好开展防止西南农村地区脱贫家庭返贫与实现可持续生计的对策研究，需要对我国扶贫开发的历程、乡村振兴、共同富裕的内涵及发展等进行梳理，以便后续研究的顺利开展。

3.1 扶贫开发历程

新中国成立以后，我国农村扶贫工作分别经历了以保障生存为主的救济式扶贫治理探索阶段、以体制改革推动为主导的扶贫治理形成阶段、以"输血"为主的大规模开发扶贫阶段、以"造血"为主的区域性扶贫攻坚阶段、巩固温饱的深度扶贫阶段、新时期精准扶贫与全面脱贫阶段六个阶段。

3.1.1 以保障生存为主的救济式扶贫治理探索阶段（1949—1977）

由于政治、历史等因素，新中国成立初期，国民经济基础十分薄弱，广大农村居民生活水平十分低下。这一阶段致贫原因主要归结于所有制，于是国家通过土地改革，使得农村居民分到土地和其他生产资料，通过基础设施建设，显著改善了交通、农田水利等设施条件；通过政府补贴和村社集体公共积累，使得农村教育发展迅速，农业技术推广网络逐步形成，大量设立了农村卫生院和医疗站。上述系列大刀阔斧式改革，极大地解放了农村生产力，促进了农村经济的恢复发展，使农村居民的生活水平、受教育状况和医疗健康状况较新中国成立前有明显改善。然而，由于这一时期我国的整体经济状况处于较低水平，国家财政经费十分有限，党和政府没有能力对贫困人口展开大规模的扶贫救助，只能通过小规模的救济扶贫手段开展，政府通过组织一个集体主义体制提供福利保障，集体生产组织内部的调剂功能部分地承担了减灾救灾的保障作用，缓解了贫困人口的生存危机。如1964年2月，中华人民共和国内务部向党中央提交《关于在社会主义教育运动中加强农村社会保险工作，帮助贫下中

农困难户克服困难的报告》提出：对有劳动能力的困难户，要优先安排收入较多的生产劳动，使其依靠集体经济，通过生产开展自救。这个报告首次正式提出扶贫问题。党中央高度重视，指示全国各地农村开展扶贫试点。同时，还广泛利用遍布全国的民政救济系统资源，对某些年度和某些农村地区出现生活困难的群体开展实物和现金救济。在农村救济和救灾过程中，一些地方政府开始尝试帮助贫困群众发展生产，从而实现根本脱贫[①]。

总体来看，这一时期扶贫政策的特点是临界生存推动的人道主义为主的救济式、实物性生活救济为主的扶贫政策。这种救济式扶贫手段带有明显的单一性，是一种道义性的"输血式"救济行为，呈现出救济形式较为单一、救济规模较为分散、救济力度和水平较低的特点。

3.1.2 以体制改革推动为主导的扶贫治理形成阶段（1978—1985）

1978年底，党的十一届三中全会开启了中国改革开放的新征程。改革开放、家庭联产承包制的实行，大大激活了农村人口脱贫致富的内生发展动力。1978—1985年，农村贫困人口从2.5亿降到1.25亿，贫困发生率由30.7%降到14.8%[②]，这一阶段贫困人口大规模减少的重要原因之一是通过农村经济体制改革带来了自发的减贫效应。首先，以家庭联产承包经营制度取代了已实行20多年的人民公社集体经营制度，这一改革大大解放和发展了农村生产力。其次，逐步改变了以往以计划经济为主导的政策，建立起以市场化为取向的农产品交易制度，极大地提高了农民的生产积极性。从1982—1985年，每年的中央一号文件都在解决农业问题，提升农业活力，调动农村居民增收创收的积极性。1983年中央一号文件要求高度关注"边远山区和少数民族地区""力争尽快改变贫困面貌"。

与此同时，国家开始专门就贫困帮扶做出顶层制度安排，一方面，在计划经济体制下，通过政治动员和政策引导，促进物质、技术以及人员向贫困地区进行流动；另一方面，通过城乡互助，对民族地区、偏远地区进行帮扶支援。从1979年党中央正式提出对口支援制度、1980年国家设立"支援经济不发达地区发展资金"，到1984年中共中央、国务院划定沂蒙山区等18个贫困区，发布《关于尽快改变贫困地区面貌的通知》，这是中央文件明确提出贫困问题，

---

① 郝志景. 新中国70年的扶贫工作：历史演变、基本特征和前景展望[J]. 毛泽东邓小平理论研究，2019（5）：50-57.

② 中华人民共和国国务院新闻办公室. 中国政府白皮书（2000—2001）[M]. 北京：外文出版社，2002：419.

说明扶贫工作已经成为国家意志。这些政策措施的出台标志着我国扶贫工作进入了正规化的起步阶段。这一阶段是中国扶贫模式政策开始由临时救济转变为以扶持、开发贫困地区为主的变革阶段。

3.1.3 以"输血"为主的大规模开发扶贫阶段（1986—1993）

前一阶段的农村扶贫工作虽然成效显著，减少了大量的贫困人口和贫困区域，然而，由于长期以来实施的"农村支援城市"的经济发展策略，使得农村贫困问题依然棘手，区域性贫困问题日益凸显。于是1986年中央一号文件集中阐述"切实帮助贫困地区逐步改变面貌"，还提出"建立贫困地区领导小组""利用各种渠道为贫困地区培养干部"等措施。1986年4月，全国人民代表大会第四次会议通过的《中共中央关于制定国民经济和社会发展的第七个五年计划的建议》（以下简称《七五规划》），决定成立贫困地区经济发展领导小组，将贫困地区经济问题单独列示，这标志着我国扶贫工作走向制度化、规范化、长期化，《七五规划》成为中国今后很长时间内扶贫开发工作的指导文件。[①] 1986年5月，国务院批准成立"国务院贫困地区经济开发领导小组"（后更名为"国务院扶贫开发领导小组"），专门负责扶贫工作；扶贫任务较重的省、市级政府，也都成立了扶贫机构；国家和省定贫困县、部分乡镇也设置了扶贫机构，或配备了扶贫专职干部。1987年，中央发出《关于加强贫困地区经济开发工作的通知》，从而形成了1986—1993年以"促进区域增长"为主要目标的扶贫开发战略。

这一时期，政府主要以贫困县为基本单位实施扶贫。1986年，国家首次确定贫困县名单，划分标准是以1985年全县农民人均纯收入为衡量指标，低于150元的特困县、低于200元的少数民族地区县（旗）和低于300元的革命老区县，均划定为贫困县。针对贫困县，国家以专项扶贫为基本手段，中央和地方专门预算安排财政扶贫资金，采用单村到户，实施大规模扶贫开发。截至1993年底，贫困人口占农村总人口的比重降为8.7%[②]。在这一阶段，国家扶贫工作从单纯救济式扶贫向以外部资源投入来增强贫困地区经济发展，从而带动贫困人口脱贫的方式转变。但此阶段的扶贫工作没有充分考虑到贫困人口特征，政策制定过程中没有将贫困人口的发展需求与县域经济整体发展联系起来。

---

① 崔元培，魏子鲲，王建忠，等. 中国70年扶贫政策历史演进分析[J]. 世界农业，2020（4）：4—12.

② 郝志景. 新中国70年的扶贫工作：历史演变、基本特征和前景展望[J]. 毛泽东邓小平理论研究，2019（5）：50—57+107.

3.1.4 以"造血"为主的区域性扶贫攻坚阶段（1994—2000）

经过 1986—1993 年大规模开发扶贫，农村贫困人口规模大幅缩小，剩余贫困人口主要集中在中西部少数自然条件恶劣、长期经济基础薄弱的地区，如西南山区、青藏高寒山区、西北黄土高原区等。经济体制改革和区域经济发展在上述区域的扶贫带动效应极为有限。因此，1994 年，中央政府开始实施《国家八七扶贫攻坚计划（1994—2000）》（以下简称《八七计划》），决定从 1994—2000 年，集中人力、物力和财力，动员社会各界力量，力争七年左右时间让全国农村 8000 万贫困人口实现温饱。在该计划中，政府调整了国家贫困县的确定标准，此次共确定贫困县 592 个，分布在 27 个省、自治区和直辖市，涵盖了全国 72% 以上的农村贫困人口。为此专项安排了"新增财政扶贫资金"和"贫困地区九年制义务教育"资金[1]。1996 年，中央政府对各省、自治区和直辖市提出最低配套资金比例，要求地方专门拨出扶贫资金，用于国家级贫困县。此外，中央政府还调整了扶贫资金投放的地区结构，原来用于沿海经济较发达地区的中央扶贫信贷资金和新增财政扶贫资金，1994 年之后全部投入中西部贫困地区[2]。

《八七计划》扶贫开发行动纲领具有明确的目标、对象、措施和期限，在新中国历史上属于首次，以该计划的公布为标志，中国的扶贫进入攻坚阶段。此阶段的"造血式"扶贫手段，大幅度提高了贫困地区和贫困人口的自我发展能力。到 2000 年底，农村绝对贫困发生率下降到 3% 左右。

3.1.5 巩固温饱的深度扶贫阶段（2001—2012 年）

进入 21 世纪以来，我国农村贫困人口的减贫速度明显趋于缓慢。与"八七扶贫攻坚"时期相比，2000 年之后我国面对以城乡差距、工农差距为主导的差异格局[3]。国家顺应时代发展，2001 年 5 月，中央扶贫开发工作会议召开，制定并颁布了《中国农村扶贫开发纲要（2001—2010 年）》。该纲要要求制定扶贫计划时，要以贫困村为基础。根据这一要求，全国扶贫系统制定了国

---

[1] 国务院新闻办公室. 中国农村扶贫开发白皮书［EB/OL］.（2001-10-15）［2023-6-1］. http://www.people.com.cn.

[2] 中华人民共和国国务院新闻办公室. 中国政府白皮书（2000—2001）［M］. 北京：外文出版社，2002：423.

[3] 崔元培，魏子鲲，王建忠，等. 中国 70 年扶贫政策历史演进分析［J］. 世界农业，2020（4）：4-12.

家贫困县贫困村村级扶贫规划，确定了 15 万个贫困村为整村推进重点村，占全国行政村总数的近 1/4，大约覆盖全国 80% 的贫困人口。同时，在每个贫困村开展贫困户识别工作，扶贫工作更为具体细化。截至 2010 年底，全国 12.6 万个贫困村实施了整村推进扶贫，占规划村总数的 84%①。在这一纲领性文件的指导下，农村的扶贫工作进入了解决绝对贫困与相对贫困并重、城乡统筹发展的"大扶贫"阶段②。

2002 年，党的十六大提出全面建成小康社会的目标，该目标的提出对扶贫政策有了更高的要求。与此同时，2004 年中央 1 号文件提出降低农业税税率，取消农业特产税，对农民进行直接补贴；2005 年中央 1 号文件提出继续加大"两减免、三补贴"，加大对农村基础设施和农村科教文卫事业投资力度；2006 年提出新农村建设；2009 年中央 1 号文件提出继续加强惠农政策。历年中央 1 号文件不仅为农业农村现代化发展提供了支持，也为农村扶贫工作提供了指导与帮助。2007 年 7 月，国务院正式发布《国务院关于在全国建立农村最低生活保障制度的通知》，要求在农村全面建立居民最低生活保障制度。由县级以上地方人民政府确定保障标准。2011 年，中共中央、国务院印发《中国农村扶贫开发纲要（2011—2020 年）》，首次提出实现"两不愁三保障"的总体目标。经过 2001—2010 年的扶贫成果巩固期，中国贫困人口和贫困发生率明显减少。按 2008 年国家贫困标准来看，中国贫困人口从 2000 年的 9422 万人减少到了 2010 年的 2688 万人，贫困发生率由 10.2% 下降到 2.8%③。截至 2012 年末，全国农村低保制度覆盖农户 2814.9 万户、保障对象 5344.5 万人。通过建立农村低保制度，国家对农村贫困人口做了"兜底性"安排④。

这一时期扶贫开发措施主要是整村推进开发扶贫、农业产业化开发扶贫、以"雨露计划"为代表的贫困地区劳动力转移培训等。国家开始更加注重以宏观政策的视角审视贫困问题，并在改进和创新的基础上保持扶贫政策的连续性、一贯性。国家扶贫战略从国家发展战略中剥离、单列出来，除关注收入性的单维贫困外，扶贫政策更多地转向注重贫困人口健康、教育和社会福利等方

---

① 扶贫开发整村推进"十二五"规划 [EB/OL]. (2012-10-19) [2012-11-01]. http://www.cpad.gov.cn/art/2012/10/19/art_50_10362.html.

② 朱小玲，陈俊. 建国以来我国农村扶贫开发的历史回顾与现实启示 [J]. 生产力研究，2012 (5)：30-32+261.

③ 崔元培，魏子鲲，王建忠，等. 中国 70 年扶贫政策历史演进分析 [J]. 世界农业，2020 (4)：4-12.

④ 郝志景. 新中国 70 年的扶贫工作：历史演变、基本特征和前景展望 [J]. 毛泽东邓小平理论研究，2019 (5)：50-57+107.

面需求。扶贫政策转向开发式扶贫与多项惠农政策并举，形成比较完备的反贫困政策体系，涵盖救灾救济、"五保"和"低保"等救济性扶贫，教育、卫生、科技、文化和生态等预防性扶贫，以及开发式扶贫等内容。

3.1.6 新时期精准扶贫与全面脱贫阶段（2013—2020年）

党的十八大以来，以习近平同志为核心的党中央极为重视扶贫工作。2012年底，习近平总书记在河北省阜平县考察扶贫工作时，指出"要因地制宜、科学规划、分类指导、因势利导，真真实实把情况摸清楚，一家一户摸情况"[1]。2013年11月，习近平总书记在湘西考察时提出了"扶贫要实事求是，因地制宜。要精准扶贫，切忌喊口号，也不要定好高骛远的目标"[2]。2015年1月习近平总书记在云南考察时再次指出："要以更加明确的目标、更加有力的举措、更加有效的行动，深入实施精准扶贫、精准脱贫，项目安排和资金使用都要提高精准度，扶到点上、根上，让贫困群众真正得到实惠。"[3] 在习近平总书记明确提出精准扶贫的理念后，2013年中央办公厅在《关于创新机制扎实推进农村扶贫开发工作的意见》中，将建立精准扶贫工作机制作为六项扶贫机制创新之一[4]。国务院扶贫办随后制定了《建立精准扶贫工作机制实施方案》，在全国推行精准扶贫工作[5]。习近平总书记在"2015减贫与发展高层论坛"上提出，现有标准下（2010年收入标准计算）的7000多万贫困人口，在2020年要全部脱贫[6]。2015年11月，《中共中央国务院关于打赢脱贫攻坚战的决定》再次明确这一目标，而且提出不仅要解决温饱问题，还要巩固温饱成果、加快脱贫致富、改善生态环境、提高发展能力、缩小发展差距，不仅要满足扶贫对象的生存需要，还要满足其部分发展需要[7]。2016年11月，国务院印发《"十三五"脱贫攻坚规划》，确定了"十三五"时期贫困地区发展和贫困人口

---

[1] 习近平. 在河北省阜平县考察扶贫开发工作时的讲话 [EB/OL]. (2012-12-29) [2021-02-15]. http://www.qstheory.cn/dukan/qs/2021-02/15/c_1127089911.htm.
[2] 习近平：扶贫切忌喊口号 也不要定好高骛远目标 [EB/OL]. (2013-11-03) [2013-11-03]. https://www.chinanews.com/gn/2013/11-03/5457417.shtml.
[3] 习近平在云南考察工作时强调：坚决打好扶贫开发攻坚战 [EB/OL]. (2015-01-21) [2015-01-21] https://www.gov.cn/xinwen/2015-01/21/content_2807769.htm.
[4] 中共中央办公厅《关于创新机制扎实推进农村扶贫开发工作的意见》[EB/OL]. (2014-01-25) [2014-01-25] https://www.gov.cn/zhengce/2014-01/25/content_2640104.htm.
[5] 汪三贵，郭子豪. 论中国的精准扶贫 [J]. 贵州社会科学, 2015 (5): 147-150.
[6] 习近平出席2015减贫与发展高层论坛并发表主旨演讲 [N]. 人民日报, 2015-10-17 (1).
[7] 中共中央国务院关于打赢脱贫攻坚战的决定 [EB/OL]. (2015-11-29) [2015-12-07] https://www.gov.cn/gongbao/content/2015/content_2978250.htm.

脱贫主要指标，从产业扶贫、易地搬迁扶贫、教育扶贫、就业、医疗和社会兜底等角度对扶贫开发工作给予指导。在此基础上，脱贫攻坚的总体目标为：到2020年，稳定实现扶贫对象不愁吃、不愁穿，保障其义务教育、基本医疗和住房安全。贫困地区农民人均纯收入增幅高于全国平均水平，基本公共服务等主要领域指标接近全国平均水平[1]。国家明确扶贫开发由中央统筹、省（自治区、直辖市）负总责，市（地）县抓落实。扶贫工作严格实行考核督查问责，要求各级党政主要领导都要签订脱贫攻坚责任书。扶贫开发任务重的省（自治区、直辖市）党政主要领导，要向中央签署脱贫责任书，并定期汇报扶贫进展情况[2]。

这一时期，将"在扶贫标准以下具备劳动能力的农村人口"作为扶贫工作主要对象，标志着扶贫对象瞄准到那些能够利用开发式扶贫政策对其进行一定的扶持使其有能力摆脱贫困、成为具有一定的自我发展能力的群体。把精准扶贫、精准脱贫作为基本方略，实现了从"大水漫灌式"的全面扶贫到"滴灌式"的精准扶贫转变。精准扶贫要求做到"六个精准"的要求和实施"五个一批"的帮扶措施，是分类精准施策、因人因地施策的工作思路和脱贫攻坚决战的实现途径。通过扶贫开发第三方评估来提高精准扶贫的科学性和可靠性，也表明扶贫开发的社会参与度更具有广泛性。这一时期贫困治理不仅具有经济功能，更有社会功能和政治功能，在精准扶贫的背景下，从扶贫对象和目标瞄准、扶贫资源的动员和分配、贫困监测和评估等各个层面，贫困治理结构不断得到完善，扶贫效率得到极大提高。

3.2 东西部协作扶贫

西部地区特别是民族地区、边疆地区、革命老区、连片特困地区贫困程度深、扶贫成本高、脱贫难度大，是脱贫攻坚的短板。东西部扶贫协作和对口支援工作是党中央、国务院为加快西部贫困地区扶贫开发进程、缩小东西部发展差距，促进共同富裕作出的重大战略决策，是中国特色社会主义制度优势的重要体现。改革开放以后，东西部协作扶贫和对口支援大致经历了"提出与探索""正式实施""巩固与深化"三个阶段。

---

[1] 崔元培，魏子鲲，王建忠，等. 中国70年扶贫政策历史演进分析［J］. 世界农业，2020（4）：4—12.

[2] 郝志景. 新中国70年的扶贫工作：历史演变、基本特征和前景展望［J］. 毛泽东邓小平理论研究，2019（5）：50—57+107.

3.2.1 提出与探索阶段（1979—1993年）

1978年12月，邓小平在中央工作会议上的讲话中进一步明确提出："在经济政策上，我认为要允许一部分地区、一部分企业、一部分工人农民，由于辛勤努力成绩大而收入先多一些，生活先好起来。一部分人生活先好起来，就必然产生极大的示范力量，影响左邻右舍，带动其他地区、其他单位的人们向他们学习。这样，就会使整个国民经济不断地波浪式地向前发展，使全国各族人民都能比较快地富裕起来。"[1] 依据这一"大政策"，改革开放之后国家在实施东部沿海地区优先发展战略的同时，积极开展东部较发达地区对内地尤其是少数民族和贫困地区的扶贫工作。1979年4月，中共中央召开了全国边防工作会议，总结了新中国成立以来民族工作的经验教训，提出了加速发展边疆地区经济建设、文化建设的任务。同年7月31日，中共中央以中发［1979］52号文件批转的乌兰夫在全国边防工作会议的报告，要求国家"要组织内地省、市，实行对口支援边境地区和少数民族地区"[2]，并明确规定北京支援内蒙古，河北支援贵州，江苏支援广西、新疆，山东支援青海，天津支援甘肃，上海支援云南、宁夏，全国支援西藏。从此，这种通过较发达地区结对子帮扶欠发达地区发展的对口支援政策被正式提出并确定下来[3]。

1982年10月，国家计委、民委在银川市召开了经济发达省市同少数民族地区对口支援和经济技术协作工作座谈会。1983年1月，国务院明确了对口支援工作的原则、重点、任务等问题，强调对口支援必须坚持"共同发展"和"互利互惠"的方针，坚持"经济效益与互助风格的有机结合"的原则，实际上开始把扶贫与协作结合起来[4]。1984年10月，《中共中央关于经济体制改革的决定》强调，"国内各地区之间更要互相开放。经济比较发达地区和比较不发达的地区，沿海、内地和边疆，城市和农村，以及各行业各企业之间，都要打破封锁，打开门户，按照扬长避短、形式多样、互利互惠、共同发展的原则，大力促进横向经济联系，促进资金、设备、技术和人才的合理交流，发展各种经济技术合作，联合举办各种经济事业，促进经济结构和地区布局的合理

---

① 邓小平. 邓小平文选：第2卷［M］. 北京：人民出版社，1994：152.
② 李勇. 改革开放以来东西扶贫协作政策的历史演进及其特点［J］. 党史研究与教学，2012（02）：36—43.
③ 李勇. 改革开放以来东西扶贫协作政策的历史演进及其特点［J］. 党史研究与教学，2012（2）：36—43.
④ 李勇. 改革开放以来东西扶贫协作政策的历史演进及其特点［J］. 党史研究与教学，2012（2）：36—43.

化，加速我国现代化建设的进程"①。1987年4月，《关于我国民族工作几个重要问题的报告》进一步指出："大力发展横向联系，这是加快发展少数民族地区的经济，促进民族交往和进步的重要途径"②。

3.2.2　正式实施阶段（1994—2015年）

1994年3月，国务院颁布实施《国家八七扶贫攻坚计划》，该计划提出："北京、天津、上海等大城市和广东、江苏、浙江、山东、辽宁、福建等沿海较发达的省，都要对口帮助西部的一两个贫困省、区发展经济"③。1996年5月，中央确定北京、上海、天津、辽宁、山东、江苏、浙江、福建、广东、大连、青岛、宁波、深圳等9个东部省市和4个计划单列市与西部10个省区开展扶贫协作。1995年9月，党的十四届五中全会通过的《中共中央关于制定国民经济和社会发展"九五"计划和2010年远景目标的建议》中专门提出了缩小东西部差距的措施，明确建议沿海发达地区对口帮扶中西部的10个省区，开展东西对口扶贫协作。1996年，中央正式作出了"东西部扶贫协作"的重大决策。1996年5月，在广泛征求有关部门和省市意见的基础上，国务院扶贫开发领导小组在北京召开了"全国扶贫协作工作会议"，作出了相应的对口帮扶和协作的具体安排。同年7月6日，国务院办公厅转发了国务院扶贫开发领导小组《关于组织经济较发达地区与经济欠发达地区开展扶贫协作的报告》，对扶贫协作的意义、形式、任务、要求等作了具体部署。10月，《中共中央国务院关于尽快解决农村贫困人口温饱问题的决定》进一步强调和部署了此项工作，同时要求对口帮扶的任务要落实到县，协作要落实到企业和项目④。

《中国农村扶贫开发纲要（2001—2010年）》对东西扶贫协作有了更高的要求："进一步扩大协作规模，提高工作水平，增强帮扶力度。""鼓励和引导各种层次、不同形式的民间交流与合作。特别是要注意在互利互惠的基础上，推进企业间的相互合作和共同发展。"⑤ 2002年1月，国务院扶贫开发领导小

---

① 中共中央关于经济体制改革的决定［EB/OL］．（1984－10－20）［2008－06－26］http://www.gov.cn/test/2008－06/26/content_1028140_2.htm.

② 李勇．改革开放以来东西扶贫协作政策的历史演进及其特点［J］．党史研究与教学，2012（2）：36－43.

③ 国家八七扶贫攻坚计划（摘要）（1994—2000）［N］．人民日报，1994－05－19（2）.

④ 李勇．改革开放以来东西扶贫协作政策的历史演进及其特点［J］．党史研究与教学，2012（2）：36－43.

⑤ 中国农村扶贫开发纲要（2001—2010年）（下）［N］．中国民族报，2001－10－09（5）.

组确定由珠海、厦门两市对口帮扶重庆①。《2009—2010年东西扶贫协作工作指导意见》明确提出："紧紧围绕全国扶贫开发工作中心任务和总体部署，进一步明确发展方向，完善工作体系，规范工作机制，科学扶贫协作，把提高贫困人口自我发展能力和培植贫困地区主导产业作为重点。"②

3.2.3 巩固与深化阶段（2016年至今）

2016年7月20日，扶贫开发史上具有里程碑意义的东西部扶贫协作座谈会在银川召开，习近平总书记主持并发表重要讲话。习近平总书记强调，"东西部扶贫协作和对口支援，是推动区域协调发展、协同发展、共同发展的大战略，是加强区域合作、优化产业布局、拓展对内对外开放新空间的大布局，是实现先富帮后富、最终实现共同富裕目标的大举措。"习近平总书记对进一步做好东西部扶贫协作和对口支援工作提出了4点要求：（1）提高认识，加强领导。西部地区要增强紧迫感和主动性，不以事艰而不为，不以任重而畏缩，倒排工期、落实责任，抓紧施工、强力推进。东部地区要增强责任意识和大局意识，下更大气力帮助西部地区打赢脱贫攻坚战。双方党政主要负责同志要亲力亲为推动工作。（2）完善结对，深化帮扶。实施"携手奔小康"行动，着力推动县与县精准对接，还可以探索乡镇、行政村之间结对帮扶。要动员东部地区各级党政机关、人民团体、企事业单位、社会组织、各界人士等积极参与脱贫攻坚工作。要加大产业带动扶贫工作力度，着力增强贫困地区自我发展能力。（3）明确重点，精准聚焦。产业合作、劳务协作、人才支援、资金支持都要瞄准建档立卡贫困人口脱贫精准发力。要着眼于增加就业，建立和完善劳务输出对接机制，提高劳务输出脱贫的组织化程度。要在发展经济的基础上，向教育、文化、卫生、科技等领域合作拓展。促进观念互通、思路互动、技术互学、作风互鉴。要加大对西部地区干部特别是基层干部、贫困村致富带头人的培训力度。（4）加强考核，确保成效。要用严格的制度来要求和监督，抓紧制定考核评价指标。要突出目标导向、结果导向，不仅要看出了多少钱、派了多少人、给了多少支持，更要看脱贫的实际成效。③

---

① 韩广富，王丽君. 当代中国农村扶贫开发的历史经验［J］. 东北师大学报，2006（1）：32-36.

② 李勇. 改革开放以来东西扶贫协作政策的历史演进及其特点［J］. 党史研究与教学，2012（2）：36-43.

③ 习近平在宁夏主持召开东西部扶贫协作座谈会［EB/OL］.（2016-07-20）［2016-07-22］https://china.cnr.cn/news/20160722/t20160722_522751852.shtml.

2016年12月，中共中央办公厅、国务院办公厅印发并实施《关于进一步加强东西部扶贫协作工作的指导意见》，该意见提出："以习近平总书记扶贫开发重要战略思想为指导，牢固树立新发展理念，坚持精准扶贫、精准脱贫基本方略，进一步强化责任落实、优化结对关系、深化结对帮扶、聚焦脱贫攻坚，提高东西部扶贫协作和对口支援工作水平，推动西部贫困地区与全国一道迈入全面小康社会。经过帮扶双方不懈努力，推进东西部扶贫协作和对口支援工作机制不断健全，合作领域不断拓展，综合效益得到充分发挥，确保西部地区现行国家扶贫标准下的农村贫困人口到2020年实现脱贫，贫困县全部摘帽，解决区域性整体贫困。"[1] 2017年，党的十九大报告指出，"深入实施东西部扶贫协作"[2]。从最初的资金投入、物资捐赠到干部援助、人才培养，再到如今的产业帮扶、深度协作，扶贫协作的模式不断升级，让共同富裕的"新苗"不断结出累累硕果[3]。2018年首次签订东西部扶贫协作协议书和中央单位定点扶贫责任书，把党中央、国务院的部署要求变为可量化可考核的刚性任务；首次组织实施东西部扶贫协作和中央单位定点扶贫考核。2022年，胡春华在全国东西部协作和中央单位定点帮扶工作推进电视电话会议上强调，"持续深化东西部协作和中央单位定点帮扶，扎实推动巩固拓展脱贫攻坚成果，加快全面推进乡村振兴""要按照党中央、国务院部署，把巩固拓展脱贫攻坚成果摆在优先位置，促进脱贫劳动力稳岗就业，强化对乡村振兴重点帮扶县支持，促进脱贫群众持续增收，坚决守住不发生规模性返贫的底线""紧紧围绕促进发展深化协作帮扶，支持西部产业发展壮大，推动东部产业向西部梯度转移，引导更多企业到西部地区发展，加强东西区域间市场协作。要支持西部地区提升社会事业发展水平，选好派强专业技术人才，推动社会文明进步。"[4]

东西部扶贫协作与对口支援战略实施20年多来，东西部有关省市党委政府坚持从两个大局和逐步实现共同富裕的战略高度认识和推动这项工作，开展了多层次、多形式、宽领域、全方位的扶贫协作，逐步形成了以政府援助、企业合作、社会帮扶、人才支持为主要内容的工作体系，涌现出了闽宁协作、沪

---

[1] 中办国办印发《关于进一步加强东西部扶贫协作工作的指导意见》[EB/OL].（2016-12-07）[2016-12-07] https://nrra.gov.cn/art/2016/12/7/art_46_56225.html.

[2] 习近平：决胜全面建成小康社会 夺取新时代中国特色社会主义伟大胜利——在中国共产党第十九次全国代表大会上的报告[M]. 人民出版社，2017：48.

[3] 同心共绘新生活—东西部扶贫协作迎来"丰收季"[EB/OL].（2018-11-29）[2018-11-29] http://www.xinhuanet.com/politics/2018-11/29/c_1123785603.htm.

[4] 胡春华强调：持续深化东西部协作和中央单位定点帮扶[EB/OL].（2022-05-18）[2022-05-18] http://www.news.cn/politics/leaders/2022-05/18/c_1128663001.htm.

滇合作、两广协作等各具特色的东西帮扶模式,取得了显著成绩。

3.3 乡村振兴

　　脱贫攻坚和乡村振兴战略紧密联系、有机衔接。这是中国共产党在用马克思主义来解决我国"三农"问题、推进农业农村现代化进程中的最新理论和实践成果[①]。农业农村农民问题是关系国计民生的根本性问题,农村经济落后于城市经济、农村居民生活水平落后于城市居民生活水平是实施乡村振兴战略最大的现实背景。我国将实施乡村振兴战略作为实践新发展理念和实现"两个一百年"奋斗目标的重大举措。实现乡村全面振兴是扎实推动全体人民共同富裕的必由之路,也是中国式现代化的应有之义,因此,必须通过乡村振兴有效破解"城乡二元结构""贫富两极分化""区域发展失衡"等问题,进而扎实推动共同富裕战略,建设中国特色社会主义现代化强国[②]。2017年党的十九大报告首次提出"实施乡村振兴战略"。按照党的十九大提出的决胜全面建成小康社会、分两个阶段实现第二个百年奋斗目标的战略安排,实施乡村振兴战略的目标任务是"到2020年,乡村振兴取得重要进展,制度框架和政策体系基本形成""到2035年,乡村振兴取得决定性进展,农业农村现代化基本实现。农业结构得到根本性改善,农民就业质量显著提高,相对贫困进一步缓解,共同富裕迈出坚实步伐""到2050年,乡村全面振兴,农业强、农村美、农民富全面实现"。[③] 2018年中央"一号文件"《中共中央国务院关于实施乡村振兴战略的意见》明确提出:"做好实施乡村振兴战略与打好精准脱贫攻坚战有机衔接"的工作。要"坚持农业农村优先发展,按照产业兴旺、生态宜居、乡风文明、治理有效、生活富裕的总要求,建立健全城乡融合发展体制机制和政策体系,统筹推进农村经济建设、政治建设、文化建设、社会建设、生态文明建设和党的建设,加快推进乡村治理体系和治理能力现代化,加快推进农业农村现代化,走中国特色社会主义乡村振兴道路,让农业成为有奔头的产业,让农民成为有吸引力的职业,让农村成为安居乐业的美丽家园"。落实乡村振兴战略

　　[①] 盖志毅. 从扶贫攻坚到乡村振兴:超越与升华[J]. 内蒙古农业大学学报(社会科学版),2022(11):1-7.
　　[②] 燕连福,郭世平,牛刚刚. 新时代乡村振兴与共同富裕的内在逻辑[J]. 西北农林科技大学学报(社会科学版),2023(2)1-6.
　　[③] 习近平:决胜全面建成小康社会 夺取新时代中国特色社会主义伟大胜利——在中国共产党第十九次全国代表大会上的报告[EB/OL].(2017-10-18)[2017-10-27]. https://www.gov.cn/zhuanti/2017-10/27/content_5234876.htm.

的主要措施有"提升农业发展质量，培育乡村发展新动能；推进乡村绿色发展，打造人与自然和谐共生发展新格局；繁荣兴盛农村文化，焕发乡风文明新气象；加强农村基层基础工作，构建乡村治理新体系；提高农村民生保障水平，塑造美丽乡村新风貌；打好精准脱贫攻坚战，增强贫困群众获得感；推进体制机制创新，强化乡村振兴制度性供给；汇聚全社会力量，强化乡村振兴人才支撑；开拓投融资渠道，强化乡村振兴投入保障；坚持和完善党对'三农'工作的领导"。①

2018年8月，《中共中央、国务院关于打赢脱贫攻坚战三年行动的指导意见》再次提出"统筹衔接脱贫攻坚与乡村振兴"的要求。② 2018年9月，《乡村振兴战略规划（2018—2022年）》进一步提出"推动脱贫攻坚与乡村振兴有机结合相互促进"。③ 2021年中央"一号文件"《关于实现巩固拓展脱贫攻坚同乡村振兴有效衔接的意见》正式出台，设立5年过渡期，着重从政策设计、机制创新、组织完善等方面将巩固拓展脱贫攻坚同乡村振兴进行有效衔接。同年，国务院颁布了《关于实现巩固拓展脱贫攻坚成果同乡村振兴有效衔接的意见》，提出将脱贫攻坚与乡村振兴之间有序衔接。④ 乡村振兴是稳定脱贫攻坚成果的有效保障，乡村振兴以脱贫攻坚成果为基础，以实现农业农村现代化为总目标，以坚持农业农村优先发展为总方针，以实现"产业兴旺、生态宜居、乡风文明、治理有效、生活富裕"为总要求。在消除绝对贫困的前提下，化解中国现阶段发展不平衡不充分的主要矛盾，巩固脱贫攻坚成果，缓解发展过程中必然出现的相对贫困问题⑤。要实现乡村振兴的宏伟目标，必须突出十个重点：农业产业要优化，基础设施要先行，绿色发展要优先，人居环境要改善，乡村治理要见效，农村文化要繁荣，基层政权要牢固，互联网要全覆盖，农业机械要普及，农村改革要深化⑥。

在两个一百年的历史交汇期，2020年底已经全面消除绝对贫困，全面建

---

① 中共中央 国务院关于实施乡村振兴战略的意见［EB/OL］.（2018-01-02）［2018-01-02］. https://www.gov.cn/gongbao/content/2018/content_5266232.htm.
② 中共中央 国务院关于打赢脱贫攻坚战三年行动的指导意见［EB/OL］.（2018-06-15）［2018-08-19］. http://www.xinhuanet.com/politics/2018/08/19/c_1123292992.htm.
③ 中共中央 国务院印发《乡村振兴战略规划（2018-2022年）》［EB/OL］.（2018-09-26）［2018-09-26］. https://www.gov.cn/zhengce/2018-09/26/content_5325534.htm.
④ 中共中央 国务院关于实现巩固拓展脱贫攻坚成果同乡村振兴有效衔接的意见［EB/OL］.（2020-12-16）［2021-03-22］. https://www.gov.cn/zhengce/2021-03/22/content_5594969.htm.
⑤ 汪三贵，冯紫曦. 脱贫攻坚与乡村振兴有机衔接：逻辑关系、内涵与重点内容［J］. 南京农业大学学报（社会科学版），2019（5）：8-14+154.
⑥ 高兴明. 实施乡村振兴战略要突出十个重点［J］. 农村工作通讯，2018（13）：44-46.

成小康社会，开始了推进乡村振兴战略的新局面，实现脱贫攻坚和乡村振兴，开启二者之间的有效衔接。"三农"工作是重中之重，脱贫攻坚与乡村振兴又是"三农"工作的两大战略部署，其在战略上相互耦合，任务上承前启后，在改善"三农"问题上一脉相承[①]。

3.4 共同富裕

3.4.1 乡村振兴与共同富裕的关系

2018年，中共中央、国务院印发的《乡村振兴战略规划（2018—2022年）》明确指出到2035年，乡村振兴要取得决定性进展，农业农村现代化要基本实现；到2050年，乡村要全面振兴，农业强、农村美、农民富全面实现。该规划中提出的两阶段政策目标与党的十九大报告提出实现共同富裕分"两步走"的远景目标基本相符，可见乡村振兴和共同富裕的政策内涵是统一的。首先，乡村振兴是实现共同富裕的必经之路。党的十九大报告提出，乡村振兴是关系全面建设社会主义现代化国家的全局性、历史性任务，要大力实施乡村振兴战略。乡村振兴以脱贫为基础，以防止群众返贫、巩固脱贫攻坚成果为出发点，以完成农业和农村的现代化，实现农业强有力发展、农村人居环境优美、农民共同富裕的美好愿望为落脚点。其次，共同富裕能够为乡村振兴提供目标指引和行动指南。广大农民对共同富裕的热切期盼和不断追求，正是实现乡村振兴战略源源不断的动力。乡村振兴的总要求是产业兴旺、生态宜居、乡风文明、治理有效、生活富裕，归根结底是实现生活质量与水平的提升、农村面貌与景象的改善、农民精神文化的丰富。因而，乡村振兴战略的实施必然以共同富裕目标为指引[②]。

3.4.2 共同富裕的内涵

1953年《关于发展农业生产合作社的决议》提出，要在农村逐步实行农业社会主义改造，使农民"取得共同富裕和普遍繁荣的生活"。该决议中首次提及"共同富裕"。随后，"共同富裕"连续9次出现在《人民日报》上。1955

[①] 杨术访. 脱贫攻坚与乡村振兴有效衔接的价值意蕴与优化路径［J］. 智慧农业导刊，2022（18）：131−133.

[②] 中共中央 国务院印发《乡村振兴战略规划（2018—2022年）》［EB/OL］.（2018−09−26）［2018−09−26］. https://www.gov.cn/zhengce/2018-09/26/content_5325534.htm.

年，毛泽东又先后4次讲到"共同富裕"。第一次是7月31日在中央召集的省、自治区、直辖市党委书记会议上的讲话中，提出"实行合作化，在农村中消灭富农经济制度和个体经济制度，使全体农村人民共同富裕起来"；第二次是在中共七届六中全会（扩大）上的结论中，再次提出"使农民群众共同富裕起来"；第三次是10月在同工商界代表的谈话中，指出地主"以后要同大家一起共同富裕起来"；第四次是在资本主义工商业社会主义改造问题座谈会上，指出"这种共同富裕，是有把握的，不是什么今天不晓得明天的事"。经过党中央和毛泽东的宣传，"共同富裕"很快为广大工商界人士所接受①。

邓小平认为，共同富裕有两层互为关联的内涵：从过程上讲，是"全民共同致富"。这层意义上的"富裕"，是作为动词，与发展同义。在邓小平看来，共同富裕意味着中国人民都有追求富裕的权利和机会，是中国人民的共同发展。从结果上讲，共同富裕指的是中国人民都过上美好、幸福的生活。富裕不再带有阶级性，没有太穷的人，所以日子普遍好过。因此，共同富裕既与贫富悬殊的两极分化根本对立，又与平均主义要求的"均富"不相容②。

习近平总书记指出："消除贫困、改善民生，逐步实现共同富裕，是社会主义的本质要求，是我们党的重要使命。"③ "共同富裕，是马克思主义的一个基本目标，也是自古以来我国人民的一个基本理想。"④ 他还提出，"共同富裕是中国特色社会主义的根本原则"⑤。"我们追求的发展是造福人民的发展，我们追求的富裕是全体人民共同富裕" "实现共同富裕的目标，既要把'蛋糕'做大做好，又要把'蛋糕'切好分好"⑥。习近平总书记在中央财经委员会第十次会议上明确提出："共同富裕是全体人民共同富裕，是人民群众物质生活和精神生活都富裕，不是少数人的富裕，也不是整齐划一的平均主义。"⑦

从理论层面来理解，共同富裕是从历史发展规律得出的科学结论，是科学社会主义创始人关于社会主义社会的基本规定和发展目标。回顾和重温马克思关于未来社会的思想可以看出，共同富裕首先是作为"两极分化"的对立面而

---

① 周建华，张文婷. "共同富裕"概念与内涵的历史演进[J]. 江西社会科学，2022（9）：15-21.
② 龚云. 论邓小平共同富裕理论[J]. 马克思主义研究，2012（1）：46-55.
③ 习近平. 习近平谈治国理政：第2卷[M]. 北京：外文出版社，2018：83.
④ 习近平. 习近平谈治国理政：第2卷[M]. 北京：外文出版社，2018：214.
⑤ 习近平. 习近平谈治国理政：第1卷[M]. 北京：外文出版社，2017：13.
⑥ 这是全体人民共同富裕的现代化[N]. 人民日报，2022-11-07（5）.
⑦ 习近平主持召开中央财经委员会第十次会议[EB/OL].（2021-08-17）[2021-08-17] http://www.gov.cn/xinwen/2021-08/17/content_5631780.htm.

出现的。从实践层面来理解，共同富裕是社会主义实践的具体道路，是增强社会主义国家的国民凝聚力和巩固社会主义制度的必然选择①。

共同富裕不是均等富裕，而是一种合理的、有差别的富裕。实现共同富裕不是采取简单再分配方式，而是在实现权利平等、机会均等基础上，人人参与共建共享发展的过程中达到富裕社会②。共同富裕具有鲜明的时代特征，是国家富强、人民富有、社会富庶、精神富足的有机统一，是全体人民通过辛勤劳动和相互帮助，普遍达到生活富裕富足、精神自信自强、环境宜居宜业、社会和谐和睦、公共服务普及普惠，实现人的全面发展和社会全面进步，共享改革发展成果和幸福美好生活③。

3.4.3 实现共同富裕路径选择

实现共同富裕需要夯实共同富裕的制度保障，始终坚持党的集中统一领导，坚持发展是硬道理，落实基本经济制度，充分汇聚共同富裕的合力；以全面推进乡村振兴为重点，着力补齐共同富裕的短板，不断推进城乡融合发展，缩小城乡差距，促进平衡地区发展，缩小地区差距；以高质量发展为基础，切实解决发展不平衡不充分的问题；处理好效率与公平的关系问题，以完善分配为抓手，建立高效、精准、规范、透明的二次分配体系，实现收入分配公平，完善社会保障制度、基本公共服务兜底政策体系，实现基本公共服务均等化；以推进机会均等为基石，着力破解阶层固化问题；营造共同富裕的文化氛围，加强宣传引领，倡导创新创业、守法经营、诚实劳动，倡导自立自强、公平竞争，倡导企业的社会责任，倡导互帮互助、社会关爱的社会主义道德；着力促进人民精神生活共同富裕，推动人的全面发展④⑤⑥。

---

① 程恩富，刘伟. 社会主义共同富裕的理论解读与实践剖析 [J]. 马克思主义研究，2012（6）：41-47+159.
② 李实. 共同富裕的目标和实现路径选择 [J]. 经济研究，2021（11）：4-13.
③ 贾若祥，王继源. 正确认识和把握共同富裕的内涵和路径 [J]. 经济，2022（11）：22-25.
④ 张慧君，杨勇. 新发展阶段共同富裕：科学内涵、现实图景与实践路径 [J]. 企业经济，2022（10）：46-53.
⑤ 刘培林，钱滔，黄先海，等. 共同富裕的内涵、实现路径与测度方法 [J]. 管理世界，2021（8）：117-129.
⑥ 贾若祥，王继源. 正确认识和把握共同富裕的内涵和路径 [J]. 经济，2022（11）：22-25.

3.5 小　结

本部分内容主要就新中国成立后我国扶贫开发的六个阶段，并就东西部协作扶贫进行了专题介绍，考虑到扶贫开发与乡村振兴的衔接以及共同富裕这个终极目标，专门就乡村振兴、共同富裕的内涵及发展进行了阐述。

4 可持续生计资本及其拓展

弄清资本及可持续生计资本的内涵是开展西南农村地区脱贫家庭防止返贫及实现可持续生计对策研究的重要前提。本部分内容主要就资本的内涵、可持续生计框架中人力资本、社会资本、自然资本、物质资本与金融资本的内涵进行了分析，并将文化资本纳入可持续生计框架，分析了六类资本在可持续生计框架内的功能作用。

4.1 资本的内涵

英国国际发展署（DFID，1998）提出的可持续生计分析框架从人力资本、物质资本、社会资本、金融资本、自然资本五种类型资本进行可持续生计对策研究[102]。生计资本禀赋是家庭可持续生计策略选择的基础，决定了生计策略的收益性和合理性（宁泽逵，2017）[103]。因此，分析贫困家庭可持续生计策略选择并提出相应的生计资本培育对策，以达到防止返贫及实现可持续生计的目的，首先要明晰生计资本禀赋状况。

研究可持续生计资本培育的首要前提是弄清资本的含义。"资本"一词源于拉丁文，其最初含义为人的主要财产与款项。资本在历史上起初是以货币形式，作为货币资产，作为商人资本和高利贷资本，与地产相对立（要云，2017）[104]。《新帕尔格雷夫经济学大辞典》将"资本"条目列为两项："作为一种生产关系的资本"和"作为一种生产要素的资本"①。《现代汉语词典》对资本的定义是"用来生产或经营以求牟利的生产资料和货币；或牟取利益的凭借"②。在当代经济学的教科书中，资本就是为了未来产出量的现时投入量③。

亚当·斯密（Adam Smith）认为，一个人"所有的资财中，他希望从以

---

① 新帕尔格雷夫经济学大辞典：（第1卷）[M]. 北京：经济科学出版社，1996：356，362.
② 中国社会科学院语言研究所词典编辑室. 现代汉语词典 [M]. 北京：商务印书馆，2016：1662.
③ 萨缪尔森. 经济学：上册 [M]. 北京：中国发展出版社，1992：88.

取得收入的部分，称为资本。"[①] 一个国家或社会的资本包括：便利和节省劳动的机器与商业手段、全部居民学成的和有用的技能、货币、制成品、建筑物、土壤改良等。亚当·斯密认为，资本和劳动一样，都是促进财富增长的重要因素。亨利·乔治（David Ricardo）认为，资本是国家财富运用于生产的那一部分，包括食物、衣服、工具、原料、机器等使劳动得以进行所必要的东西[②]。

马克思提出："资本不是一个简单的量。它是一个数量关系，是作为一定价值的本金同作为自行增殖的价值的自身，即作为已经生产剩余价值的本金自身的关系。"[③] 在马克思看来，资本不仅仅包括具体看得见摸得着的物体，还包括不能感知的劳动力，劳动力是可变资本。资本不仅具有经济职能，同时存在推动人类文明发展的历史文化作用[④]。赫尔南多·索托（Hernando Soto）在《资本的秘密》一书中指出，"资本"一词开始同时就具有两重含义，表示资产（家畜）的物质存在和它们创造剩余价值的潜能。皮埃尔·布尔迪厄（Pierre Bourdieu）将资本与权力联系在一起。在他看来，一个人拥有资本的数量和类型决定了他在社会空间的位置，也就决定了他的权力[⑤]。托马斯·皮凯蒂（Thomas Piketty）（2014）认为，资本并不仅局限于"物质"资本，如土地、建筑、基础设施及其他的一些产品[105]。汪丁丁（2006）认为，关于"资本"这一概念的各种论述可归纳为下列三个维度的论述：物的维度，社会关系的维度，精神生活的维度[106]。然而，资本不是永恒的，而是暂时的，它的功能与形态在不断地发生着嬗变。同时，资本的概念也并非一成不变，它反映出了每个社会的发展态势及该社会普遍的社会关系。

4.2 生计资本的内涵

4.2.1 人力资本

人类社会的发展促使资本的含义及形式不断发生着变化。为了解释资本积

[①] 亚当·斯密. 国民财富的性质和原因的研究（上卷）[M]. 北京：商务印书馆，2012：255.
[②] 亨利·乔治. 进步与贫困 [M]. 吴良健，王翼龙，译. 北京：商务印书馆，2017：38.
[③] 中共中央马克思恩格斯列宁斯大林著作编译局. 马克思恩格斯文集：第7卷 [M]. 北京：人民出版社，2009：440.
[④] 周子伦.《资本论》中资本的概念隐喻分析 [J]. 南京政治学院学报，2018（6）：20—26.
[⑤] 赫尔南多·索托. 资本的秘密 [M]. 南京：江苏人民出版社，2005：28—29.

累中的报酬递增现象，"人力资本"应运而生。美国经济学家欧文·费雪（Irving Fisher）首次提出人力资本概念（王明杰，郑一山，2006）[107]。其实，早在18世纪，亚当·斯密（Adam Smith）在《国富论》中就提出"学习是一种才能，须受教育，须进学校，须做徒弟，所费不少。这样费去的资本，好多已经实现并固定在学习者的身上"。阿尔弗雷德·马歇尔（Alfred Marshall）指出："一切资本中最有价值的莫过于投在人身上面的资本。"① 加里·贝克尔（Gary Becker）首次将人力资本投资划分为教育、观念、培训、健康、迁移等不同形式，在一定程度上分析了人力资本投资的结构问题（余长林，2006；朱伟珏，2007）[108-109]。依照西奥多·舒尔茨（Thodore Schults）的解说，所谓"人力资本"是相对于物力资本而存在的一种资本形态，是凝聚在劳动者本身的知识、技能及其所表现出来的劳动能力，表现为人所拥有的知识、技能、经验和健康等，其实质就是把人的能动性与创造性资本化，可以用来满足劳动者对收入的需求（罗淳，1999；段钢，2003）[110-111]。西奥多·舒尔茨有关人力资本的认知是学术界普遍接受的定义。而在人力资本水平衡量方面，学者常用教育年限及健康状况来替代人力资本进行分析。

本书采纳西奥多·舒尔茨有关人力资本含义的观点，并结合既有研究文献，主要用教育、健康情况、培训、劳动力数量来衡量家庭人力资本水平。

4.2.2 社会资本

中国是一个传统的关系型社会，以血缘和地缘为主线构建起的中国农村，社会资本尤其是一个不可忽视的因素。农民缺少获得其他资本的优势，其社会资本大多由血缘、亲缘、地缘构成，这些社会资本是他们可以获得的最丰富的、最便宜的资本，所以，社会资本在中国农村经济发展中起着举足轻重的作用（汪红梅，2018）[112]。社会资本最早是作为经济学术语出现的，它和物质资本、人力资本并列成为促进经济发展的一种形式（常青，2001）[113]。莱达·哈尼凡（Lyda Hanifan）于1916年首次提出"社会资本"概念。他指出，社会资本一词不是指通常认为的资本的概念，也不是指房地产或者个人物业或现金，而是指人们生活当中的善意、友谊、相互同情以及个人和家庭之间的社会交往（刘林，2013）[114]。皮埃尔·布尔迪厄认为，社会资本是"实际的或潜在的资源集合体"（谢治菊，2011）[115]。詹姆斯·科尔曼（James Coleman，1999）认为："社会资本由构成社会结构的各个要素所组成，它们为结构内部

---

① 阿尔弗雷得·马歇尔. 经济学原理（下卷）[M]. 朱志泰译. 北京：商务印书馆，1965：232.

的个人行动提供便利。社会资本存在于人际关系的结构之中。"[116]弗朗血斯·福山（Francis Fukuyama）认为"社会资本是由社会或社会的一部分普遍信任所产生的一种力量"[117]。按照普特南（Putnam）的观点，社会资本是指"能够通过协调的行动来提高经济效率的社会网络、信任和规范"（Putnam et al. 1995）[118]。埃莉诺·奥斯特罗姆（Elinor Ostrom，1999）在《流行的狂热抑或基本概念》提出社会资本包括家庭结构、共享规范、规则体系等，是自然资本、物质资本、人力资本的必要补充，是社会发展不可或缺的[112]。林南（2005）认为，"社会资本是在目的性行动中获取的和/或被动员的、嵌入在社会结构中的资源"[119]。当前比较有代表性的社会资本概念，指的是个人通过社会联系获取稀缺资源并由此获益的能力。这里指的稀缺资源包括权力、地位、财富、资金、学识、机会、信息等（边燕杰，丘海雄，2000）[120]。

本书主要基于普特南和科尔曼对社会资本的认识，并结合既有文献关于社会资本水平的衡量，采用交际能力、亲朋好友任职及数量来衡量家庭社会资本水平。

4.2.3 自然资本

绿水青山就是金山银山，人与自然是生命共同体，自然资本是可持续发展研究深化的产物，"自然资本"的提出强调了自然在支持经济发展和人类福祉方面所起的作用，然而，学术界对"自然资本"概念的界定不尽一致。皮尔斯（Pearce）（1988）在谈到经济和可持续发展时，首次提出"自然资本"。"可持续发展可以按照经济变化进行分类，而标准就是自然资本存量的稳定性，即环境资产的存量保持稳定。"[121]1990年，皮尔斯与特纳（Turner）正式提出了自然资本的概念：任何能够产生有经济价值的生态系统服务的自然资产[122]。戴利（Daly）（1996）定义自然资本为"能够在现在或未来提供有用的产品或服务的自然资源及环境资产的存量"[123]。国内方面，仇睿（2002）认为，"自然资本是自身或通过人类劳动而增加其价值的自然物和环境"[124]；胡鞍钢（2005）认为，自然资本是"环境和自然资源的数量和质量"[125]；张白玲（2007）认为，"自然资本，包括自然资产和环境资产，如土地、森林、渔业资源、净化能力、石油、煤气、臭氧层以及生物化学循环等"[126]。王美红等（2008）认为，"自然资本即自然资源，指一定区域范围内所有自然形成的，在一定的经济、技术条件下可以被开发利用以提高人们生活福利水平和生存能力，并同时具有某种'稀缺性'的实物性资源的总称，它包括土地资源、矿产资源等"[127]。柏振忠（2014）认为，自然资本包括土地、水、生物资源等在内的有形和无形的能够用来维持生计的自然资源。对于生活在脆弱性环境中的农户来说，自然资源的贫富很大程度上决定了人们的生产状况与生活水平[4]。刘高慧（2018）认为，自然资本就是在资本的概念前加上自然的属性，是指自然界提供的生产投入，主体是自然资源[128]。自然资源作为农户生计发展的重要基础，既可以为农户提供生产生活的初始条件，如耕地、林地、树木、动物、食物和水资源等，也蕴含了使农户跌入贫困的潜在风险以及限制农户应对负面冲击的能力。而交通、通电、通信等基础设施则为农户生计发展提供重要条件（朱明熙，郭佩霞，2018）[9]。关于自然资本的定义，目前被大多数学者接受的说法是戴利提出的自然资本即可产生有用的产品和服务的自然资源和环境资产的存量。

本书结合戴利及国内学者有关自然资本的认识，利用"到市场中心的距离、矿产资源、自然灾害状况"来衡量家庭自然资本水平。

4.2.4 物质资本

生产生活所需物质资源来自自然环境。农户生产性固定资产、家庭生产性用地是农户主要的物质资本或生产要素，也是影响农户收入及收入不平等的主要因素之一（孙敬水，2014）[129]。物质资本是指生计中除自然资源外的设施和物资设备，如家庭住房、家用电器、交通工具、农业机具等。尤其是住房与生产性资产，直接构成农户抵御风险的重要基础（朱明熙，郭佩霞，2018）[9]。某些定义认为，反对将"非生产性"的居民住宅排除在资本之外，居民住宅提供了"住宅服务"，而服务的价值可以用等价的租赁费用来衡量，因此，居民住宅可以被视为资本托马斯·皮凯蒂（Thomas Piketty，2014）[105]。一般而言，物质资本是指用于生产商品与劳务的生产物资形式，如机器、设备、厂房、交通运输设施等。结合资本含义，可见将物质作为一种资本要素加以分析其在经济社会发展中的作用早已有之，物质的资本力量不容忽视。

本书结合国内外学者有关物质资本的观点，主要使用土地面积、住房面积和耐用资产①来作为测量家庭物质资本水平的指标。

4.2.5 金融资本

金融资产指的是农户可用以购买物品、实现其生计目标的资金和可获得的

---

① 本书中所说的耐用资产是指耐用性消费品与生产性资产的价值，包括牛、羊等畜禽及收割机、拖拉机等生产工具和耐用性消费品。

借款，一般包括家庭现金收入、储蓄存款、他人捐赠、金融机构贷款和民间借款等（朱明熙，郭佩霞，2018）[9]。金融资本通常是指用于购买商品的现金和能够获得的贷款及个人存款（柏振忠，2014）[4]。鲁道夫·希法亭（Hilferding Rudolf）（2010）则将实际转化为产业资本的银行资本，即货币形式的资本，称之为金融资本[130]。金融资本作为同物质几乎同时纳入影响经济社会发展的重要因素，对于经济社会发展的意义不言而喻。

本书结合国内外学者有关金融资本含义的观点，结合实际调研经验，以来自政府的转移支付和年净收入作为测量金融资本的基础指标。

4.3 可持续生计框架的拓展——文化资本及其功能

文化是历史上所创造的生存式样的系统，已渗透到社会的所有领域，并取代政治和经济等传统因素跃居社会生活的首位（朱伟珏，2007）[131]，人类依靠文化而得到生存和生活（费孝通，2013）[132]。经济发展是一个文化过程，文化价值观和态度可以阻碍进步，也可以促进进步，对一个社会的成功起决定作用的是文化塞缪尔·亨廷顿（Samuel Huntington，2010）[133]。奥兰多·帕特森（Orland Patterson）在《整合的磨难》一书中写道："当我们力求理解为什么存在着技能差距、能力差距和工资差距，以及为什么数以百万计的非洲裔美国人陷入病态心理的社会深渊时，一定可以从文化中找到答案"塞缪尔·亨廷顿（Samuel Huntington，2010）[133]。研究发现，资本与人类的精神状态有关，资本扩张入侵人格、精神与身份领域，就催生了"文化资本"。文化资本就是资本积累"采取了我们称之为文化、教育、修养的形式"布尔迪厄（Bourdieu，1997）[134]。文化资本泛指任何与文化及文化活动有关的有形或无形资产。文化资本在日常生活中和金钱及物质财富等经济资本具有相同的功能（朱伟珏，2007）[131]。部分民族地区由于自然环境、历史发展等原因，形成了"轻今生、重来世""等、靠、要"等不利于资本积累的文化特征，左停等（2019）认为，在减贫与发展实践中纳入文化视角，可以帮助贫困人口树立发展自信，重塑发展文化和探寻新的发展路径[100]。

考虑到文化在人类社会中的重要作用，本书认为在分析家庭可持续生计资本时，有必要将文化资本与人力资本、社会资本、物质资本、金融资本、自然资本一起纳入可持续生计框架，构建六边"蜂巢模型"的可持续生计资本分析框架。（图4-1）

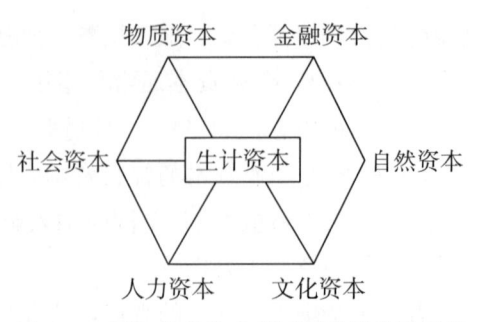

图 4-1 融入文化资本的泛可持续生计框架

4.4 生计资本在可持续生计框架中的功能作用

不同的生计资本在经济社会发展过程中发挥的作用不同，家庭与地区资源的有限性也决定了难以大规模全面推进各类资本的培育，而且某类资本的培育及使用过程必然影响或被其他资本影响。因此，有必要分析六类生计资本在可持续生计框架中的功能及相互关系，理清其内在架构运行模式，在资源有限的条件下，先主后次，有的放矢，逐步推进，直至每类资本的培育与使用达到预定目标。

4.4.1 生计资本功能的层次划分

六类生计资本在脱贫地区和家庭防止返贫、提升内生发展能力、实现可持续生计过程中相互作用、相辅相成，发挥着重要作用，综合考量六类生计资本的作用大小、影响范围、培育难度，探索性将其划分为三个层次（图 4-2）：分别是深层次的基础资本、潜层次的支撑资本与表层次的复合资本。其中，人力资本与文化资本具有培育或生产耗费时间较长、一旦习得与获得短期不易改变的特性，因此，二者是深层次的基础资本，是其他四类资本开发与培育的基础，是家庭内生发展的原动力。社会资本作为人类社会本质属性的体现，既是人力资本与文化资本发展的衍生品，也是可以直接被加以使用创造物质资本与金融资本的工具；自然资本作为人力资本与文化资本直接影响的客观存在，可以被加以利用创造物质资本与金融资本，因此，其与社会资本是潜层次的支撑资本，是家庭内生发展的助动力。物质资本与金融资本作为可以体现家庭生活质量的量化资本，是家庭生产生活追求的直接目标，受到前述四类资本的直接影响，同时也会反作用其他四类资本，且其存量比较容易测度，可以直接影响家庭发展状况。因此，物质资本和金融资本是表层次的复合资本，是家庭内生发展的直接动力。

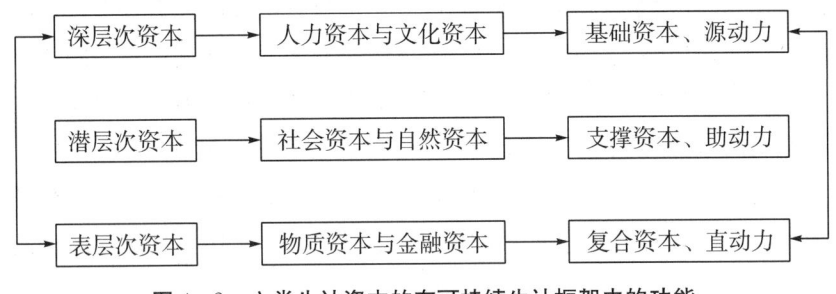

```
深层次资本 → 人力资本与文化资本 → 基础资本、源动力
潜层次资本 → 社会资本与自然资本 → 支撑资本、助动力
表层次资本 → 物质资本与金融资本 → 复合资本、直动力
```

图 4-2　六类生计资本的在可持续生计框架中的功能

4.4.2 深层次的基础资本：人力资本与文化资本的功能

（1）人力资本的功能

在六类生计资本中，作为凝聚了知识、经验、技术、健康等要素的人力资本最为重要，是其他五类资本发挥作用的根本基础。经济学家卢卡斯（Lucas）(1988)认为，物质资本、社会资本、人力资本中，人力资本最为关键。经济增长来源于人力资本的积累，人力资本投资可提高人们自己的工作效率，增加收入，形成内部效应；同时还影响周围他人提高生产效率，促进收益递增的扩散，形成外部效应[135]。人力资本对其他形式的资本具有支配和推动作用，人力资本的拥有是实现可持续生计的必要不充分条件，物质资本、金融资本等价值量的实现和创造必须通过人力资本的运作（孙晗霖等，2020）[136]。高梦滔、姚洋（2006）研究发现，人力资本相比于物质资本更加具有扩大农户收入不平等程度的作用[137]。美国国际发展总署的蒂莫西·巴奥尼（Timothy Mahoney）(2004)指出各种资本相辅相成，具有互补性，其他资本会影响人力资本的发展，但人力资本具有活化、开发、培育其他资本的能动性，具有的"替代效应"能弥补其他资本的不足[138]。约翰·加尔布雷斯（John K. Galbraith）在《丰裕的社会》一书中指出，现代经济活动需要大量受过训练的人，对人的投资和对物质资本的投资同样重要，改善资本或者技术进步几乎完全取决于对教育和科学的投资。没有对人的投资，物质投资虽也能使产量增加，但这种增长是有限的（王明杰，2006）[107]。西奥多·舒尔茨（Theodore Schultz）(1983)认为："当代高收入国家的财富主要是人的能力。"其在1964年出版的《改造传统农业》中指出，贫穷国家之所以贫穷，最重要的是没有把更多的资本"用来增加人力投资"。人的知识水平、能力等人力资本如果与实物资本不相称，"仅仅增加某些物质资源时，吸收资本的速度必然是低的"，正是由于"人的能

力没有与物质资本保持齐头并进",从而才使人的存在本身变成了"经济增长的限制因素"(舒尔茨,1983,2006)[139-141]。只有足够的人力资本,才能更好利用自然资源,构建经济社会组织,推进国家发展。根据马克思的阐述,货币和物质资本在生产中只是一种介质,真正能产生和创造价值的是"凝结在生产中的无差别的人类劳动"(李迁,2009)[142]。马歇尔(Marshall)(1964)认为,"所有资本中最有价值的是对人本身的投资"[143]。因此,人力资本居六类生计资本之首,对其他五类生计资本具有重要的能动作用,是深层次、最重要的资本。

在中国,大量的实证研究表明,人力资本是影响和制约贫困县域经济增长的核心因素(杨立雄,2016)[144]。家庭人力资本存量扩大也有利于农户收入的增加、农业技术的进步、地区经济的发展和农民生活水平的提高(金晓彤,2015)[145]。对个人而言,人力资本是摆脱贫困的关键,教育和培训是构成人力资本投资的核心内容,借助教育、培训等手段,使劳动者尤其是文化程度较低者获得有关知识和掌握相关技能,是提高劳动者素质,反社会贫困最重要、最有效的途径之一(余少祥,2020)[146]。一个人的收入与受教育程度具有非常强的关联性,受过高等教育的劳动者的平均一生收入要高于文盲或受教育水平较低的劳动者的平均一生的收入(徐淑红,2016)[147]。我国民族地区人力资本投资普遍偏低,导致人力资本水平不高,影响人们增加收入能力的提高,促使普遍贫困产生(杜明义,2013)[148]。

(2) 文化资本的功能

文化作为另一种深层次的资本,具有典型的民族性、继承性、发展性特征,对个体及群体、家庭及社区、民族与国家有着深刻的影响。文化手段迫力使得个人必须遵守法律与秩序,必须学习和服从社会的传统马林诺夫斯基(Malinowski,1987)[149]。在社会场当中,资本的积累,特别是文化资本的积累,往往决定了竞争的成败(徐望,2019)[150]。长期定居、变化缓慢、相对封闭的农业社会往往会促成传统的性格导向,往往抗拒变化,产生以冷漠、保守、拒绝、抵制、反对为特征的抵御心理,致使价值理念、思维方式、生活习惯与现代经济社会发展相脱节,甚至代代相传,这在落后地区更加明显。过去扶贫实践也表明,尽管干部驻村、结对帮扶等精准政策成效显著,但部分地区少数困难群体"等靠要"思想严重,信奉得过且过的人生理念者并不少见。上述文化因素对落后地区困难群体的生产生活行为影响深远,一旦形成,很难改变。因此,文化资本属于对家庭及个体作用较大的深层次资本。

4.4.3 潜层次的支撑资本：社会资本与自然资本的功能

（1）社会资本的功能

弗朗西斯·福山（Francis Fukuyama）从文化层面看待社会资本，其将社会资本的着重点放在价值观和准则或非正式规范上面，而价值观、非正式规范在深层次上都受到文化的影响，因此，经价值、准则或非正式规范的传递，文化就成为社会资本的深层决定性条件（杨月如，2006）[151]。科尔曼（Coleman）（1988）指出，微观和中观层面的社会资本可通过人力资本媒介起作用，即强调社会资本作为一种具有生产能力的公共资源能够对人力资本的代际传递产生影响[152]。普特南（1993）指出社会资本逐渐被认为是全世界经济发展的关键因素。社会资本提高了投资于物质资本和人力资本的收益。社会资本的存在和发展客观上是推动经济上升的动力[153]。约瑟夫·斯蒂格利茨（Joseph E. Stiglitz）将社会资本视为非正式制度，认为它在经济增长中有重要作用。社会资本是一种非市场力量，它能够显著地减少贫困，社会资本对于特别穷的群体来说更加重要格鲁特尔特（Grootaert，2010）[154]。社会资本能显著减少贫困，提高农户收入，增进人与人之间的相互信任、合作和交流（王肖婧，2019）[155]。家庭直接通过社会资本所拥有以及使用的社会网络获取有用的信息、资源以及机会，从而直接或间接影响家庭福利和贫困发生（关爱萍，2017）[156]。从经济个体看，社会资本有利于更好的资源配置；从经济总量看，社会资本有利于增长和发展（谭崇台，2004）[157]。

同时，人力资本也对社会资本的生产、扩大与丰富具有重要影响。高水平的人力资本者更容易获取到新的社会资源，联系到更高地位的网络成员并扩大自己的网络范围，提高社会交往的深度与广度，深化所拥有的社会关系网络。家庭的人力资本可以通过社会经济组织等途径间接增加农业收入、减少非农收入，并在异质性社会网络的交互作用下促进非农化的发展，即二者呈现出互补关系（童宏保，2003；周晔馨，2013）[158][159]。人力资本和社会资本的互动关系是千丝万缕的，两种资本之间既可以互相转换，又辩证统一于个体的地位获得中。人力资本是起决定性作用的内因与基础，而社会资本也是不可忽视的重要影响方面（侯祖戎，2010）[160]。因此，社会资本作为潜层次资本，对人力资本与文化资本的培育和发展具有一定的辅助，可以进一步延伸人力资本与文化资本的影响。

（2）自然资本的功能

自然资本是一个国家或地区的重要财富。习近平总书记强调，绿水青山既是自然财富，又是经济财富，要牢固树立绿水青山就是金山银山的理念。① 迈克尔·P.托达罗（Michael P. Todaro）通过对比发展中国家和发达国家的自然环境，认为贫困是由过于恶劣的气候环境直接或间接引发的，灾害与贫困具有重合性和一致性（张大维，2011）[161]。生态环境脆弱是导致贫困的主要因素，生态问题解决不好，发展难以为继。据统计，95%的贫困人口和大多数贫困地区分布在生态环境脆弱、敏感和重点保护的地区（程冠军，2018）[162]。农户的贫困状况很大程度依赖于其所在的位置（Gustafsson，魏众，2002）[163]，地理位置对贫困的影响很大，许多最贫穷的国家为高昂的交通成本所困。被陆地包围的多山地区面临着扼杀几乎所有现代经济活动的高昂交通成本，以及经济上与世隔绝的状态（萨克斯，2007）[164]，交通落后道路不畅，是制约贫困地区发展、贫困人口增收的主要瓶颈，缺水是贫困地区面临的共同难题，制约着贫困地区、贫困人口的发展②。

  人类来源于自然，而又依赖于自然，良好的自然资本禀赋是推动经济增长的重要动力，是其他资本发展的基础和前提，尤其是直接对表层次的物质资本和金融资本产生作用，自然资本禀赋的多寡导致国家与地区之间的分工不同，分工影响产业发展，进而影响个体和家庭的物质资本与金融资本；而自然资本的开发利用又受到人力资本、文化资本及金融资本的直接影响，高质量高水平的人力资本有助于创新，提高生产率，从而更好利用自然资本；文化资本直接影响人的生产行为与生活行为，"靠山吃山、靠水吃水"充分体现了文化资本对自然资本的作用，而"天人合一、道法自然"既是中国文化精髓的体现，又是文化资本与自然资本关系最好的说明。自然资本也会影响人力资本，沃克（Walker）（2013）认为自然资本、低教育和低增长之间有着密切的联系，如果资源行业的劳动力比高技能劳动者的工资增加更多，则会降低当地居民投资教育的积极性；薄弱的自然资本地区的人力资本必然受到自然灾害等不利因素的负面作用[165]。

4.4.4 表层次的复合资本：物质资本与金融资本的功能

  在物质资本与金融资本方面，学者研究发现，家庭生产性用地与生产性固

---

  ① 习近平在全国生态环境保护大会上强调 全面推进美丽中国建设 加快推进人与自然和谐共生的现代化[EB/OL].（2023-7-18）[2023-7-18]. https://politics.gmw.cn/2023-07/18/content_36705496.htm.

  ② 国务院扶贫开发领导小组办公室. 脱贫攻坚政策解读[M]. 北京：党建读物出版社，2016：141.

定资产对农户收入及收入不平等有正向影响。赵亮等利用吉林省农户抽样调查数据进行回归分解,研究发现耕地对农村内部收入不平等的增加有显著影响,且其解释能力超过一半。赵晓锋等研究发现,与增加生产性资产相比,扩大土地经营面积对农户家庭收入的作用更加显著,人均耕地面积的增加有助于降低陷入贫困的概率(潘慧,章元,2017)[166]。现金已被证实是一种有效的援助方式,能够以更快的速度和更低的成本帮助他们。选择的权利可以让难民家庭决定他们最需要什么,也让他们能够成为当地经济的积极贡献者安妮·罗瑞(Annie Lowrey,2019)[167]。

物质资本与金融资本作为家庭生活水平的直接体现和参与生产劳动的媒介及报酬形式,在一定程度上是其他四类资本作用成果的显现甚至是最终目标,是确定家庭和个人经济状况的主要决定性因素。这两类资本比较容易观察与测度,因此,是六类生计资本中的表层次资本。物质资本和金融资本与其他四类资本相互影响、相互作用,人力资本与文化资本决定了家庭和个人获取物质资本和金融资本的基本能力。大量研究表明,高水平的人力资本、良好的思维观念可以带来较高的收入,进而带来物质与金融资本的增加;后者也反过来作用前者,物质资本与金融资本的数量与质量也影响着人力资本、文化资本与社会资本水平,影响着居民对自然资本的依赖程度。很难想象一贫如洗的家庭能够顺利培养出受过高等教育的子女,现实往往是许多贫困家庭的子女因收入、读书无用论的观念等因素早早辍学打工,中断了正规教育这一重要人力资本的来源渠道;物质资本与自然资本密切相关,前者来源于后者,往往又成为改造后者的工具;社会资本在物质与金融资本的积累过程中同样发挥着重要作用,而后者反过来又会对前者产生影响。

4.4.5 生计资本间作用强度分析

需要指出的是六类生计资本之间的相互作用及在生计框架中的功能并非一成不变,而是会随着时间、空间范围、家庭状况、个体特点、地区经济社会发展情况等因素发生变化,甚至相互转化。结合现实情况及六类生计资本两两之间的相关系数分析,若将相关系数值分为三个区间,最高区间定义为"强作用"、中间区间定义为"一般作用"、最低区间定义为"弱作用",则六类生计资本两两之间的作用强度见表4-1。总体来看,人力资本与其他五类资本的关系强度为"强作用"和"一般作用",没有"弱作用"的情况,基本可以表明人力资本在六类生计资本及家庭可持续生计及内生发展中的核心地位;金融资本与其他五类资本的作用强度有两个"强作用"、一个"一般作用"、两个

"弱作用"，表明金融资本在六类生计资本及家庭可持续生计及内生发展中的重要地位；自然资本与物质资本分别和其他五类资本的作用强度为一个"强作用"、两个"一般作用"、两个"弱作用"；文化资本与其他五类资本的作用强度为一个"强作用"、一个"一般作用"、三个"弱作用"；社会资本与其他五类资本的作用强度为两个"一般作用"、三个"弱作用"。

表 4-1 六类生计资本间的作用强度

资本关系		人力资本	文化资本	社会资本	自然资本	物质资本	金融资本
深层次、基础资本	人力资本		强作用	一般作用	强作用	一般作用	强作用
	文化资本	强作用		弱作用	一般作用	弱作用	弱作用
潜层次、支撑资本	社会资本	一般作用	弱作用		弱作用	一般作用	弱作用
	自然资本	强作用	一般作用	弱作用		弱作用	一般作用
表层次、复合资本	物质资本	一般作用	弱作用	一般作用	弱作用		强作用
	金融资本	强作用	弱作用	弱作用	一般作用	强作用	

4.4.6 拓展后的可持续生计框架

按照英国国际发展署提出的可持续生计框架，其主要内容为：在自然环境、公共服务、制度政策及文化等因素作用下形成的脆弱性环境中，作为可持续生计框架核心的生计资本，决定了生计策略采用的类型，进而导致相应的生计输出结果，生计结果又反作用于生计资本，影响资本的性质和状况，依次循环往复（柏振忠，李亮，2014）[4]。本书将文化资本引入可持续生计资本，进一步拓展了可持续生计框架，结合报告内容，拓展后的可持续生计框架如图4-3①所示。在报告中，以"生计资本"为切入点，重点分析了生计资本、生计策略、生计结果与对策措施四个部分。需要注意的是在生计环境中，自然环境、公共服务与社会文化的部分内容已经纳入本书中的自然资本与文化资本。换言之，本书中的自然资本与文化资本的衡量指标与自然环境、公共服务与社会文化的部分内容基本一致。

---

① 图中六类资本之间的箭头线条越粗，说明相互作用越强。

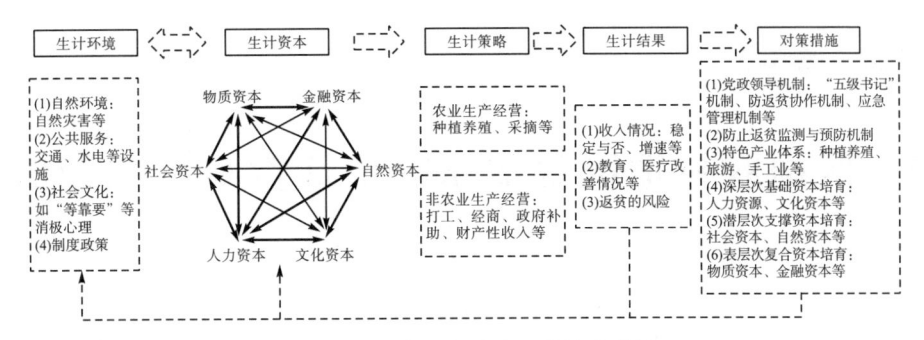

图 4-3　本报告拓展后的可持续生计框架

4.5 小　结

本部分内容基于融入了文化资本的可持续框架，阐述了人力资本、文化资本、社会资本、自然资本、物质资本与金融资本六类生计资本的内涵，并探讨了生计资本在可持续生计框架中的功能作用，将六类生计资本划分为三个层次：分别是由人力资本、文化资本构成的深层次的基础资本，社会资本、自然资本构成的潜层次的支撑资本，物质资本、金融资本构成的表层次的复合资本。随后，分析了六类生计资本间的作用强度，结合研究内容，并提出了拓展后的可持续生计框架。

5 西南农村地区脱贫家庭生计资本禀赋分析

在厘清可持续生计资本内涵及功能作用的基础上，有必要对西南农村地区脱贫家庭生计资本禀赋的现状展开分析，以便后续研究内容的开展。

5.1 基本调研情况

课题组师生共计18人，于2019年7月—2020年2月，采取分层抽样的方法对四川省、重庆市、云南省、广西壮族自治区的12个国家扶贫工作重点县进行实地入户调研，问卷调查内容包括访员观察部分、家庭基本信息、人力资本情况、文化资本情况、社会资本情况、自然资本情况、物质资本情况、金融资本情况与政策效果九个板块，获取有效问卷1286份。西南地区四省（自治区、直辖市）共计获得调研问卷1286份。每个省（自治区、直辖市）具体样本情况见表5-1。四川省调研了606户建档立卡贫困家庭，调研时已经脱贫家庭占比79.6%，未脱贫家庭占比20.4%，少数民族家庭占比50.6%[①]；重庆市调研了252户建档立卡贫困家庭，调研时已经脱贫家庭占比94.3%，未脱贫家庭占比5.7%，少数民族家庭占比87.6%；广西壮族自治区调研了233户建档立卡贫困家庭，调研时已经脱贫家庭占比30.5%，未脱贫家庭占比69.5%，少数民族家庭占比98.4%；云南省调研了195户建档立卡贫困家庭，调研时已经脱贫家庭占比81.5%，未脱贫家庭占比18.5%，少数民族家庭占比41.6%。四川省样本家庭主要分布在甘孜藏族自治州的德格县、宜宾市的兴文县、凉山彝族自治州的盐源县与广元市的旺苍县；重庆市样本家庭主要分布在酉阳土家族苗族自治县与万州区的恒河土家族自治乡；广西壮族自治区样本家庭主要分布在河池市的都安瑶族自治县和百色市代管的靖西市；云南省样本家庭主要分布在大理白族自治州的鹤庆县、红河哈尼族彝族自治州的红河

---

① 因为问卷没有对受访家庭每位成员的民族类型进行询问，故少数民族家庭的判定由受访者民族类型替代。调研时，以最熟悉家庭事务且在家庭生产生活中发挥主导作用的成员作为受访者。

县、昭通市的镇雄县和德宏傣族景颇族自治州梁河县。

表 5-1 调研样本基本情况

调研省份	省样本量（户）	调研县	县样本量（户）	脱贫家庭占比（%）	未脱贫家庭占比（%）	少数民族家庭占比（%）
四川省	606	德格县	250	79.6	20.4	50.6
		兴文县	190			
		盐源县	98			
		旺苍县	68			
重庆市	252	酉阳土家族苗族自治县	194	94.3	5.7	87.6
		万州区（恒河土家族自治乡）	58			
广西壮族自治区	233	都安瑶族自治县	183	30.5	69.5	98.4
		靖西市	50			
云南省	195	鹤庆县	50	81.5	18.5	41.6
		红河县	50			
		镇雄县	50			
		梁河县	45			
总体情况	1286	1286		83.3	16.7	77.8

5.2 生计资本的常用衡量指标

梳理既有研究成果，在人力资本层面，劳动力的数量对于家庭发展十分重要，有必要引入劳动力数量（刘春芳，2017；杜巍等，2018）[168][169]指标，受教育程度（伍艳，2016；苏芳，2017；孙晗霖等，2020）[15][170][136]作为衡量人力资本的经典指标也应予纳入，劳动力健康状况（苏芳，2017；孙晗霖等，2020；吴雄周等，2021）[170][136][86]对贫困家庭至关重要，尤其是最主要劳动力的健康状况①，此外，就业技能情况也会影响人力资本水平，进而影响其可持

---
① 报告中最主要劳动力是指家庭中年收入最多的那位劳动力。

续生计与内生发展能力。在文化资本层面，调研发现，"'等、靠、要'式的懒惰思想""因循守旧，对新事物、新技术的不愿接受甚至排斥"是导致家庭不愿意改变，安于现状，难以实现可持续生计和内生发展的障碍。红白喜事等文化习俗往往会显著增加家庭支出，尤其是给家庭带来较大的经济压力与心理负担，因此，有必要了解一下农村地区家庭的红白喜事支出额度。在脱贫地区还有一个现象：适龄学生弃学打工的问题，甚至形成一种不良风俗，导致部分居民的教育观、工作观、生活观等发生变化，给脱贫地区和脱贫家庭带来负面影响，十分不利于人力资本的积累和脱贫家庭长期发展。在社会资本层面，以血缘和地缘为主线构建起的中国农村，农民缺少获得其他资本的优势，社会资本是他们可以获得的最丰富的、最便宜的资本，家庭成员处理人际关系的能力、亲朋好友的任职情况、亲朋好友的数量（袁梁，2017；宁泽逵，2017；孙晗霖等，2020)[171][103][136]均会影响其社会资本的获得，因此，有必要将其纳入分析来测度社会资本。在自然资本层面，结合调研地区自然条件情况，如自然灾害频发、山多地岖导致的交通不便、矿产资源比较丰富等，以自然灾害、市场距离和矿产资源情况来测度自然资本存量。在物质资本层面，常以固定资产住房面积与土地面积来衡量（赵雪雁，2011；伍艳，2016)[73][15]，耐用消费品拥有情况也可以在一定程度反映家庭的物质资本水平，因此，可以纳入统计范围。在金融资本层面，既有文献大多以收入水平进行测度，考虑到农村地区退耕还林（草）、高原补贴等情况，也有必要将政府的转移支付（袁梁，2017；孙晗霖等，2020)[171][136]纳入分析。

5.3 农村地区脱贫家庭可持续生计资本禀赋分析

5.3.1 四川省可持续生计资本禀赋分析

四川省地处中国西南地区内陆，位于中国大陆地势三大阶梯中的第一级和第二级，即处于第一级青藏高原和第二级长江中下游平原的过渡带，地貌复杂，以山地为主要特色，具有山地、丘陵、平原和高原4种地貌类型，分别占全省面积的74.2%、10.3%、8.2%、7.3%。四川省东连重庆市，南邻云南省、贵州，西接西藏自治区，北接陕西、甘肃、青海，总面积为48.6万平方千米，是我国陆地面积大省和人口大省。

复杂的自然地理环境、多元化的民族聚居特征以及地处内陆的区位条件使得四川省民族地区经济社会发展滞后，贫困人口多，可持续生计和内生发展能力不强,实现巩固拓展脱贫攻坚成果同乡村振兴有效衔接的任务很重、难度很大。截至2013年底,四川省常住人口为8107万,其中,农村常住人口4467万人,建档立卡贫困人口625万,贫困发生率9.6%,经过六年时间大力实施精准扶贫战略,到2019年底,贫困人口降至20万,年均减少100万以上,贫困发生率从9.6%下降到0.3%。

(1) 致贫原因分析

制定返贫抑制及可持续生计对策的前提是厘清家庭贫困的原因,调研数据显示(图5-1),询问受访者被列为建档立卡贫困家庭的最主要两项因素中,因为缺少劳动力导致贫困的家庭占比42.2%,成为第一致贫因素;排在第二位的是因病(残)致贫,有高达41.7%家庭因为病(残)陷入贫困;因为缺少资金陷入贫困的家庭占比36.2%,因为缺少技术陷入贫困的家庭占比26.2%,因缺少土地进行农业生产经营而陷入贫困的家庭占比8.3%,因为孩子上学支出而陷入贫困的家庭占比5.1%,因为交通不便陷入贫困的家庭占比1.8%,还有1.1%的家庭因为不幸遭遇自然灾害而陷入贫困,其他原因占比1.1%[①]。

总体来看,在导致四川省家庭陷入贫困的因素中,主要为家庭内在原因所致,一是缺少劳动力,二是健康状况不佳。

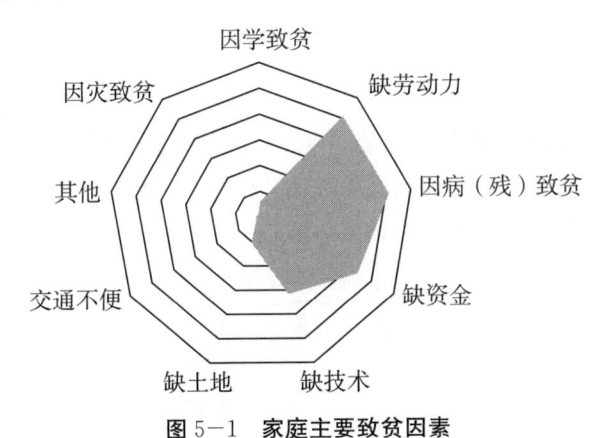

图5-1 家庭主要致贫因素

(2) 急需的帮扶项目

调研时,询问贫困家庭最需要的一项帮扶项目,排在第一位的是医疗支持,受访家庭占比22.9%;排在第二位的是生活补助,有21.6%的家庭;排

---

① 因为是多选题,每个家庭可以选择2项致贫因素,故各选项占比之和不为100%。其他省份与此相同。

在第三位的是就业技能培训，占比12.2%；有8.8%的家庭最需要教育帮扶；8.3%的家庭最需要产业帮扶；急需信贷帮扶的家庭占比5.0%；3.7%的家庭最需要危房改造和易地搬迁；2.1%的家庭最需要农产品销售方面的帮扶；最需要农业保险帮扶的家庭占比2.1%；最需要基础设施建设的家庭占比2.1%；需要其他帮扶的家庭占比11.2%。(图5-2)

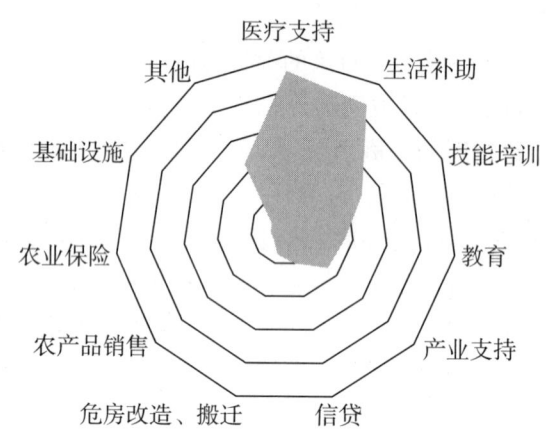

图5-2 家庭急需的帮扶项目

(3) 人力资本情况

①家庭成员基本情况

在四川省受访家庭中，统计（图5-3）显示，脱贫家庭户规模平均为4.1人。其中，两人及以下家庭占比20.5%，17.7%的家庭为三口之家，有四位成员的家庭占比22.3%，五口之家占比17.1%，有12.6%的家庭有六位成员，有七口及以上成员的家庭占比9.8%。

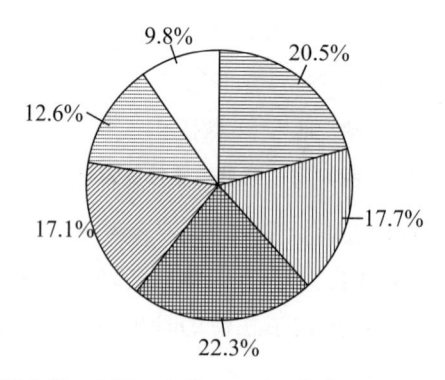

图5-3 家庭户规模情况

按照《中国统计年鉴2019》数据来看，截至2018年底，四川省平均家庭户规模为2.91人，而课题组调研脱贫家庭户规模为4.1人，比前者多1.2人左右。按照家庭户数结构来看，据国家统计年鉴数据整理，四川省两人及以下家庭占比47.2%、三口之家占比22.6%、四口之家占比14.9%、五口之家占比9.2%、六口之家占比4.2%、七口及以上成员的家庭占比1.9%。四川省贫困家庭中，三口及以下成员的家庭占比较低，四口及以上成员的家庭占比较高，贫困家庭成员规模显著高于省平均水平。

在人口结构上，未成年人口平均占比23.4%，60岁及以上老年人口平均占比15.6%，丧失劳动能力的人口平均占比11.5%。值得注意的是50.6%的受访家庭有患有慢性疾病的成员。具有劳动能力的18~59周岁成员平均占比为49.5%，每个家庭约2.0人。统计数据显示，受访者及其配偶受教育年限之和均值为11.9年。

②最主要劳动力情况

每位成员在家庭事务上发挥的作用存在差异，对于脱贫家庭而言，最主要的那位劳动力①往往在家庭日常生活生产、摆脱贫困及抑制返贫等方面发挥着重要作用，因此，有必要对其基本情况进行分析，以判断家庭可持续生计和内生发展能力情况。统计数据（图5-4）显示，受访家庭中最主要劳动力的平均年龄为42岁。现实表明，40岁左右的人正值壮年，此时生活阅历、工作经验、劳动能力等均比较良好。具体来看，最主要劳动力中，18~30周岁的占比20.5%，31~40周岁的占比29.0%，41~50周岁的占比27.0%，51~60周岁的占比14.7%，60周岁以上占比为8.8%。

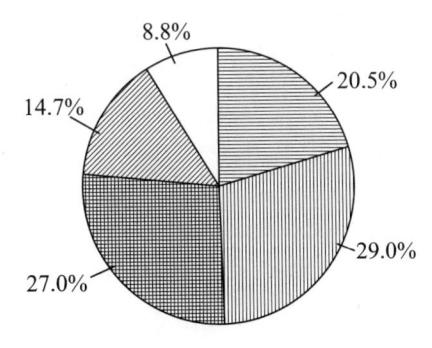

图5-4 最主要劳动力年龄结构

---

① 这里最主要劳动力是指收入最高的那位成员。

仅仅统计年龄还不足以说明最主要劳动力的人力资本水平，其身心健康状况对于家庭摆脱贫困及未来抑制返贫同样具有重要作用，因此，应当得到关注，调研数据（图5-5）显示，最主要劳动力身心健康状况"非常好"的家庭占比12.0%，"比较好"的占比41.9%，"一般"的占比30.2%，需要注意的是，仍然有14.8%的家庭最主要劳动力的身心健康状况"比较差"，1.0%的家庭最主要劳动力的身心健康状况"很差"。总体来看，有46.0%的家庭最主要劳动力的身心健康状况不算好，这对于家庭而言是一个潜在隐患。

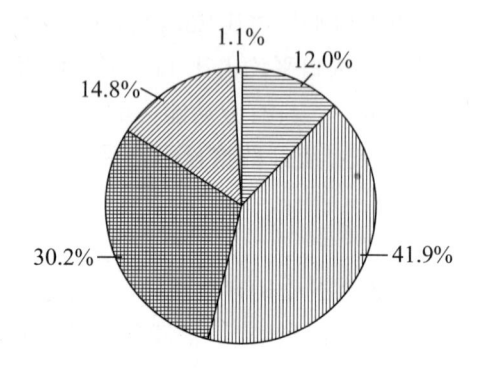

图5-5 最主要劳动力身心健康状况

③技能培训情况

调研显示，自从建档立卡以后，44.6%的家庭有成员参与过政府组织的与就业相关的技能培训，其中，47.1%的家庭参加了种植技术培训，42.6%的家庭参加了养殖技术培训，26.8%的家庭参加了机械、电器及手工艺培训，9.9%的家庭参加了餐饮服务培训①。（图5-6）

---

① 因为是多选题，故各项之和不为100%，重庆市、广西壮族自治区、云南省同此。

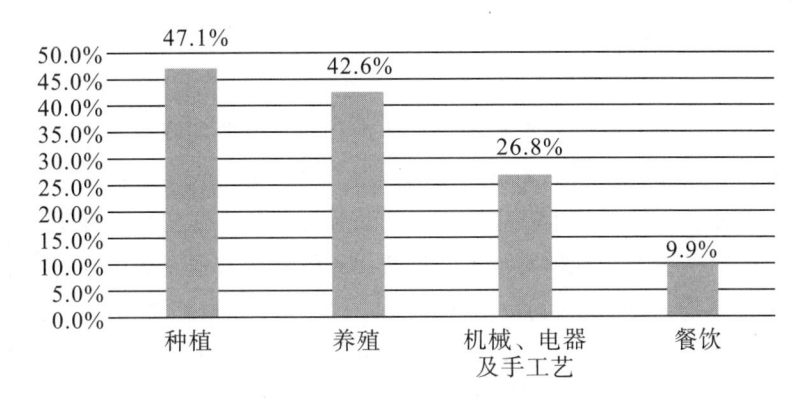

5 西南农村地区脱贫家庭生计资本禀赋分析

图 5-6 就业技能培训情况

(4) 社会资本情况

①亲友任职情况

亲友关系对于家庭日常生产生活十分重要，89.3%的受访家庭表示，没有亲朋好友在企事业单位担任职务。有相关任职的家庭只有10.7%。显示出大部分家庭社会网络关系规模较小。

②家庭交际能力

家庭交际能力对于社会资本而言十分重要，数据显示（图5-6），与受访家庭关系比较紧密的亲朋好友平均数量在6人。受访家庭交际能力（处理人际关系的能力）① 得分均值4分。其中，19.3%的家庭得分为3分，52.7%的家庭得分为4分，23.4%的家庭得分为5分，2分及以下家庭占比4.6%。总体来看，大部分受访家庭有比较强的交际能力。

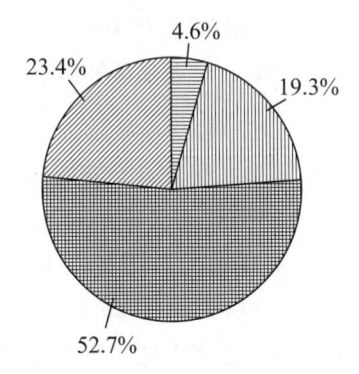

图 5-7 家庭交际能力得分情况

---

① 主观评分题，范围在1~5分，分值越高，表示交际能力越强。其他省份与此相同。

(5) 物质资本情况

①住房情况

物质资本作为家庭生活水平的直接体现和参与就业的媒介及报酬形式，是确定家庭和个人经济状况的主要决定性因素。对于中国农村居民而言，通过多年储蓄改善住房条件是其生产生活的重要目标，因此，住房情况在很大程度可以体现农村居民物质资本积累水平。据四川省的调研数据发现，在房屋建筑结构上，10.8%的家庭房屋为1层砖瓦房，31.8%的家庭为1层混凝土房，21.4%的家庭为1层土木房，20.6%的家庭为2层及以上楼房，15.4%的家庭为2层石木房。约98.1%的家庭住房为自有产权房屋。

在房屋面积上，受访家庭户均房屋面积140.0平方米[①]，具体来看，46.1%的家庭住房面积在100平方米以下，100～200平方米的家庭占比41.7%，200平方米以上的家庭占比12.2%。可以看出，近90%家庭房屋面积在200平方米以下[②]。

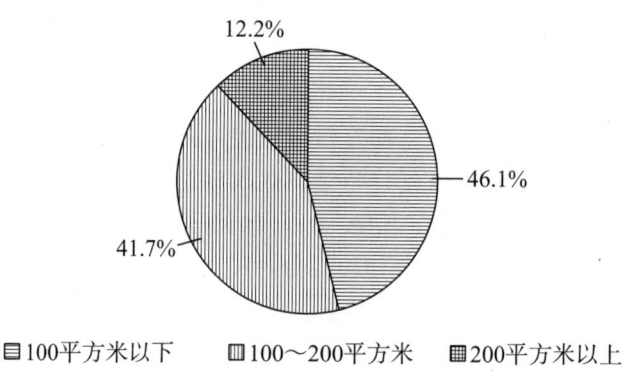

图5-8 房屋面积情况

②耕种土地面积

土地作为农村家庭的主要生产要素，对家庭收入水平具有重要影响。调研数据（图5-9）显示，四川省民族地区家庭耕种土地的平均面积为20亩[③]，其中，60.4%的家庭耕种土地规模为5亩及以下，20.5%的家庭耕种面积为5～10亩，9.1%的家庭耕种面积为10～20亩，耕种20亩以上的家庭占比10.0%。应该来说，受制于四川省多山地、少平原的自然地理条件，在农耕地

[①] 房屋面积为住房面积与院落面积之和。其他省份与此相同。
[②] 文中涉及的数值区间为左开右闭。其他省份与此相同。
[③] 文中土地包括耕地、林地、牧草地、养殖水面，含租入土地。重庆市、广西壮族自治区、云南省与此相同。

区，绝大部分家庭户均耕种土地规模普遍偏小，之所以统计的耕种土地平均面积在20亩，主要是因为样本县中有一牧区县，县域面积1.14万平方千米，但常住人口只有8.8万人左右，地广人稀，人均牧草地、林地规模较大。

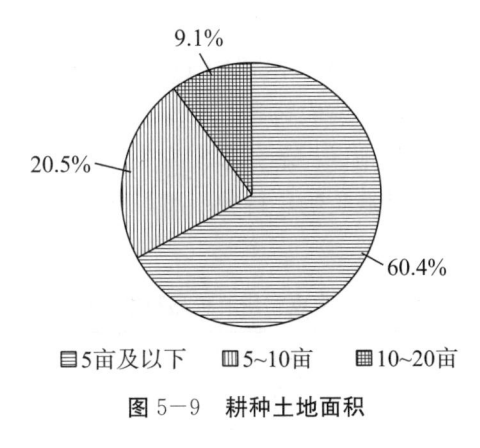

图 5-9 耕种土地面积

③耐用消费品

耐用消费品作为可以多次使用、寿命较长的产品，对于家庭生活与生产十分重要。基于四川省民族地区的调研数据（表5-2）显示，93.4%的家庭拥有彩色电视机，其中，97.0%的家庭拥有1台彩色电视机，拥有2台彩色电视机的家庭占比3.0%，户均彩色电视机的价值在1552元。91.4%的家庭拥有手机，其中，30.3%的家庭拥有1部手机，27.6%的家庭拥有2部手机，22.4%的家庭拥有3部手机，13.0%的家庭拥有4部手机，6.7%的家庭拥有5部及以上手机，户均手机价值约2234元。6.3%的家庭拥有计算机，其中，80.0%的家庭拥有1台计算机，20.0%的家庭拥有2台计算机，户均计算机价值3000元。67.5%的家庭拥有1台冰箱，平均价值1156元。调研发现，暂时没有受访家庭装有空调。76.4%的家庭拥有洗衣机，户均洗衣机价值880元。8.0%的家庭拥有电动车，96.0%的家庭拥有1辆电动车，4.0%的家庭拥有2辆电动车，户均电动车价值2645元。4.0%的家庭拥有汽车，户均汽车价值8.156万元。44.4%的家庭拥有摩托车，其中4.0%的家庭拥有2辆摩托车，户均摩托车价值5079元。10.0%的家庭拥有农用三轮车，户均三轮车价值7556元。仅有0.6%的家庭拥有货车，户均货车价值5.0万元。仅有1.0%的家庭拥有收割机，户均收割机价值7000元。仅有5.8%的家庭拥有旋耕机，户均旋耕机价值3934元。

根据2019年国家统计年鉴数据，截至2018年末，四川省农村居民平均每百户年末彩色电视机拥有量为116.6台，手机拥有量为252.4部，洗衣机为

94.6台，冰箱为98.2台，空调为91.4台，计算机为36.0台，电动车为29.5辆，汽车为25.2辆，摩托车为35.3辆。若将调研样本家庭相应耐用消费品折算为平均每百户指标，则彩色电视机拥有量为104.1台，手机拥有量为237.9部，洗衣机为88.1台，冰箱为79.1台，计算机为8.3台，电动车为9.3辆，汽车为5.2辆，摩托车为53.8辆。需要注意的是四川省民族地区贫困家庭平均每百户摩托车拥有量是四川省农村家庭平均值的1.5倍，这可能与四川省山地较多的地理环境以及民族地区村落分布较为分散有关，在难以负担起汽车的情况下，摩托车在动力、装载货物、行驶距离等方面比电动车在山地区域更具优势。

表5-2 家庭耐用消费品基本情况①

耐用消费品名称	家庭拥有率（%）	市场价值（元）
彩色电视机	93.4（104.1，116.6）	1552
手机	91.4（237.9，252.4）	2234
洗衣机	76.4（88.1，94.6）	880
冰箱	67.5（79.1，98.2）	1156
空调	—（—，91.4）	—
计算机	6.3（8.3，36.0）	3000
电动车	8.0（9.3，29.5）	2645
汽车	4.0（5.2，25.2）	81560
摩托车	44.4（53.8，35.3）	5079
农用三轮车	10.0	7556
货车	0.6	50000
收割机	1.0	7000
旋耕机	5.8	3934

① 表中"—"表示样本量为零或极少，其他省份与此相同。表格括号外数值为基于调研数据计算的耐用消费品拥有率，括号内数值，左侧为调研的四川省民族地区2018年末贫困家庭平均每百户年末主要耐用消费品拥有量，右侧为根据2019年国家统计年鉴数据计算的2018年末四川省农村居民平均每百户主要耐用消费品拥有量；其他省份括号内容与此相同。

(6) 金融资本情况

①收入情况

在收入方面，调研数据（图5-10）显示，四川省民族地区受访家庭2018年的总收入均值为4.010万元，人均收入0.978万元，显著低于国家统计局统计的2018年西部地区农村居民人均可支配收入1.183万元和2018年四川省农村居民人均可支配收入1.333万元。具体来看，年收入在2万元及以下的家庭占比30.9%，2万~4万元之间的占比30.7%，4万~6万元之间的占比20.5%，6万~8万元之间的占比8.4%，8万~10万占比3.9%，10万元以上占比5.6%。可以看出，4万元以下家庭占比超过60%。

在转移性收入上[①]，87.9%的家庭享受到了政府转移支付，转移支付均值为1.249万元。在家庭总收入中，工资性收入占比37.9%，而国家统计局2018年的统计显示，四川省居民家庭工资性收入占家庭总可支配收入的49.3%，比前者高出11.4个百分点。国家统计局2018年的统计显示全国农村居民家庭工资性收入占家庭总可支配收入的41.0%，比受访家庭同一指标高出3.1个百分点。

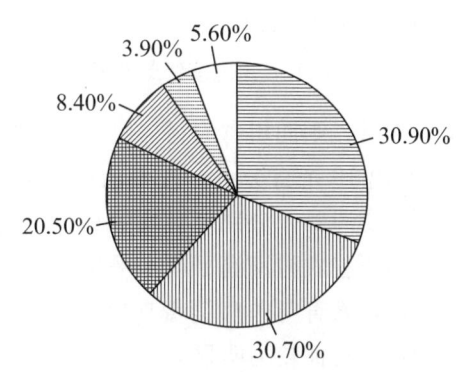

图 5-10 家庭收入情况

需要注意的是，最主要劳动力所得收入占家庭总收入的比例高达66.2%，一方面说明最主要劳动力对家庭发展的重要性，但另一方面也意味着家庭可持续生计面临较高的风险与脆弱性，一旦最主要劳动力出现身心健康问题、失业或意外，意味着家庭收入水平可能会出现断崖式下降，进一步加大脱贫的难度

---

① 本书中转移性收入主要包括贫困补助、养老金、退耕还林还草、农业支持保护补贴、高原补贴等各类来自政府的补贴。重庆市、广西壮族自治区、云南省同四川省。

和返贫的可能性。

②消费支出

在支出方面，家庭总消费支出均值为 2.576 万元，占总收入的 64.2%。其中，生活消费支出占比 41.5%，教育支出占比 19.4%，医疗支出占比 19.7%，其他支出占比 19.4%（图 5-11）。根据 2019 年国家统计年鉴数据，2018 年四川省农村居民人均消费支出 12723 元，若将四川省民族地区调研家庭消费支出进行人均核算，则人均消费支出为 6440 元，仅为四川省农村居民人均消费额的二分之一。

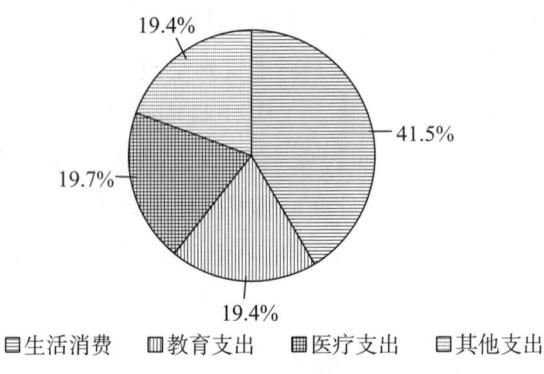

图 5-11 家庭消费支出情况

若按消费支出结构来看，则四川省农村居民生活消费支出占总消费支出的 60.5%[1]，比调研家庭高出 19 个百分点，教育消费支出占比 7.3%[2]，医疗消费支出占比 10.6%[3]（图 5-12），分别比调研家庭低了近 12 个百分点和 9 个百分点。可以看出，与四川省农村家庭平均水平相比，四川省民族地区贫困家庭生活消费支出占比偏低，教育与医疗消费支出占比偏高，家庭"节衣缩食"以"支援"人力资本的行为特征较为明显。

---

[1] 课题问卷中的生活消费支出包括食品、烟酒、衣着、通信四类。四川省级层面的生活消费支出基于《中国统计年鉴 2019》中食品烟酒、衣着、生活用品及服务、交通通信四类数值之和。其他省份数据来源与此相同。

[2]《中国统计年鉴 2019》中教育消费支出是指教育文化娱乐消费支出，研究报告问卷教育消费支出主要是指学杂费、上学交通费等。其他省份同此。

[3]《中国统计年鉴 2019》中医疗消费支出是指医疗保健消费支出，研究报告问卷中是指看病、住院等支出。其他省份同此。

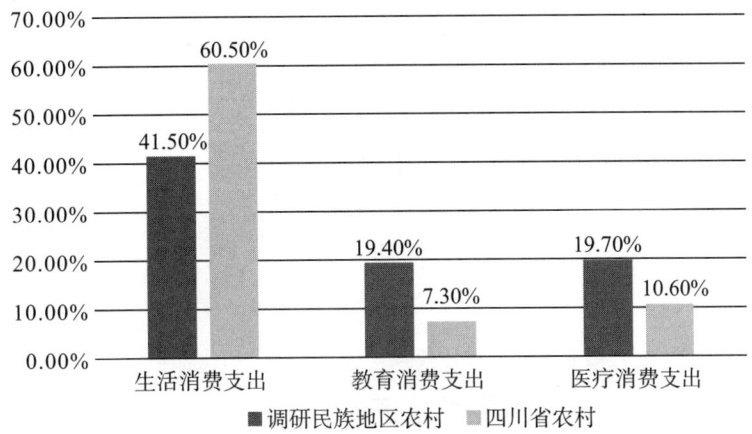

图 5-12　各类消费支出占比

③负债情况

调研数据（图 5-13）显示，42.4%的家庭有负债，平均负债额度为 5.453 万元。具体来看，负债的原因主要集中在教育与疾病上，其中，因病负债占总负债额度的 44.6%，教育负债占负债总额度的 41.0%，其他负债占比为 14.4%。

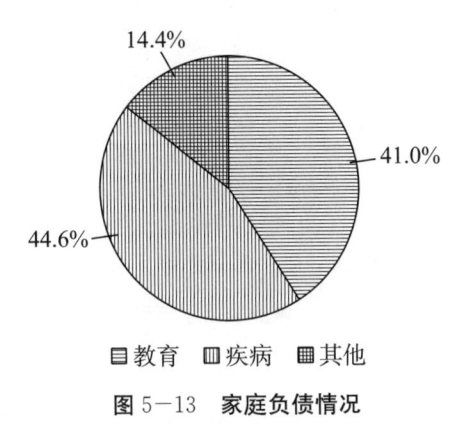

图 5-13　家庭负债情况

(7) 文化资本现状

①吃苦耐劳的品质

我国的扶贫实践和非贫困家庭发展及脱贫家庭摆脱贫困的经历均表明，吃苦耐劳的品质对家庭生产和生活具有重要影响。在四川省民族地区的调研发现（图 5-14），有 10.8% 的受访者表示与周围人相比，自己吃苦耐劳的能力"非常强"；57.5% 的受访者表示"比较强"，28.0% 的受访者表示跟周围人"差不多"，还有 3.7% 的受访者表示自己吃苦耐劳的能力"比较差"。

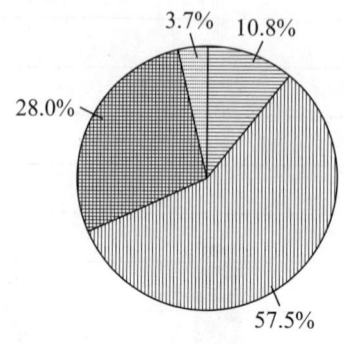

图中数据:
3.7% 10.8%
28.0%
57.5%
■非常强 ■比较强 ■差不多 ■比较差

图 5-14　吃苦耐劳能力

调研还发现，在农闲季节，58.2%的受访者表示大部分家庭成员会去打工、经商或经营家庭，一般并不会闲着；33.1%的受访者表示一部分家庭成员有事可做，一部分成员则在家闲着；8.7%的受访者表示大部分家庭成员无所事事，吃喝玩乐。（图 5-15）

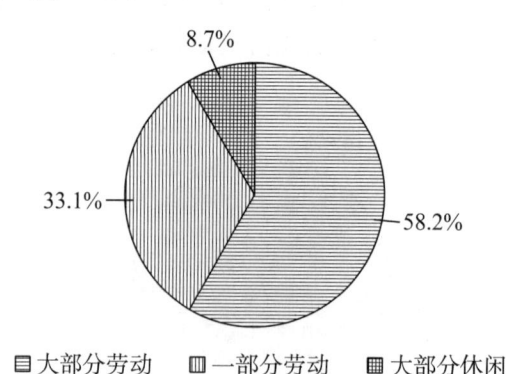

8.7%
33.1%
58.2%

■大部分劳动　■一部分劳动　■大部分休闲

图 5-15　家庭农闲季节劳作情况

②对新事物的接受速度

对新事物的接受速度既能反映家庭成员对待新事物的态度和理念，又能体现其学习能力、好奇心与进取心，可以较好衡量文化资本。针对四川省民族地区贫困家庭的调研数据显示（图 5-16），在新事物的接受速度方面，仅有3.2%的受访者表示，与周围邻居相比，自己及家庭成员对新事物的接受速度非常快，19.8%的家庭接受新事物的速度比较快，39.4%的家庭跟邻居相比，接受新事物的速度差不多，32.1%的家庭比邻居接受新事物的速度比较慢，5.5%的家庭表示很慢。

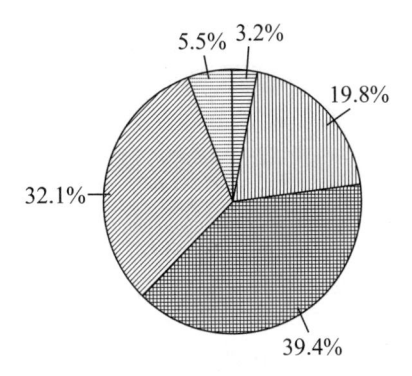

5 西南农村地区脱贫家庭生计资本禀赋分析

```
        5.5%  3.2%
              19.8%

    32.1%


              39.4%

■非常快 ■比较快 ■差不多 ▨比较慢 ▤非常慢
```

图 5-16　对新事物的接受速度

③葬礼和婚礼的花费

红白事作为我国传统民间习俗，对家庭日常生产和生活有着重要影响，尤其是在部分民族地区，红白事消费支出往往给家庭带来沉重的经济负担。调研数据显示（图 5-17），受访者所在社区及附近地区举办一次葬礼的花费均值大概在 2.12 万元，占比超过家庭全年收入的二分之一。其中，花费在 1 万元及以下的社区占比 33.3%，1 万～2 万元的社区占比 24.7%，2 万～3 万元的社区占比 20.9%，3 万～5 万元的社区占比 18.8%，5 万元以上的社区占比 2.3%。

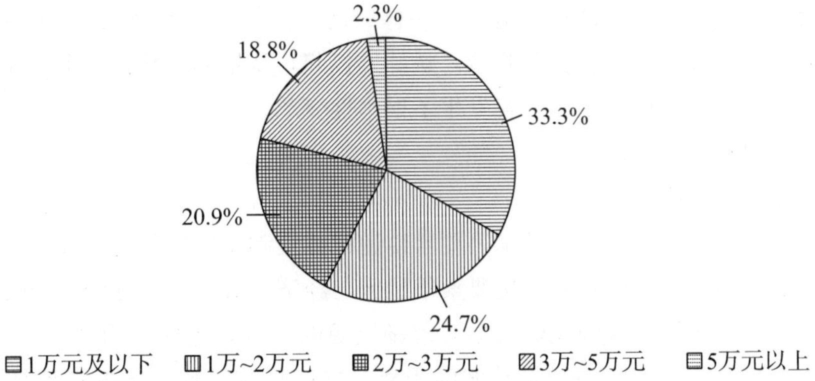

```
         2.3%
    18.8%
                  33.3%


    20.9%

              24.7%

■1万元及以下 ■1万~2万元 ■2万~3万元 ▨3万~5万元 ▤5万元以上
```

图 5-17　葬礼习俗支出情况

举办一次婚礼的花费均值大概在 2.89 万元。其中，花费在 1 万元及以下的社区占比 14.8%，1 万～2 万元的社区占比 27.8%，2 万～3 万元的社区占比 16.2%，3 万～5 万元的社区占比 38.0%，5 万元及以上的社区占比 3.2%。（图 5-18）

```
        3.2%   14.8%
38.0%
                27.8%
        16.2%
```

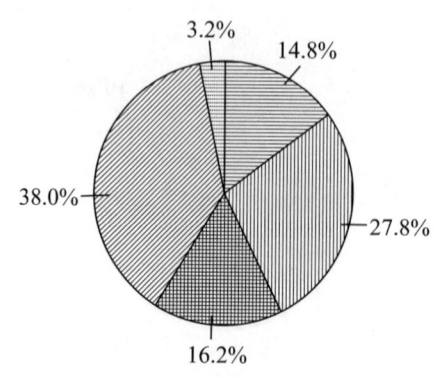

▤ 1万元及以下　▥ 1万~2万元　▧ 2万~3万元　▨ 3万~5万元　▩ 5万元以上

图 5-18　婚礼习俗支出情况

④弃学打工现象

适龄学生弃学打工的现象在脱贫地区和脱贫家庭中屡见不鲜，甚至形成一种不良风俗，导致部分居民的教育观、工作观、生活观等发生变化，给脱贫地区和脱贫家庭带来负面影响，十分不利于人力资本的积累和脱贫家庭长期发展。调研发现，在四川省民族脱贫地区仅有2.5%的受访者表示本社区中小学弃学打工的现象比较普遍，这或许与四川省深入实施民族地区教育发展"十年行动计划"有关。自精准扶贫战略实施以来，四川省始终把民族地区教育作为全省教育脱贫攻坚的主战场、硬骨头，在全国首创民族地区"9+3"免费职业教育计划，先后通过实施民族地区"一村一幼"计划、民族地区15年免费教育计划、支教计划等教育扶贫政策，从娃娃抓起，从培养本地留得下、能用上的人才入手，推动民族地区教育发生了根本性变革。

(8) 自然资本情况

①距市场中心距离

现实表明，市场信息、技术等要素传递往往受制于区位环境条件，而县城作为距农村地区最近的较大市场要素集聚区与经济中心区，家庭到县城的距离可能会影响其所能获取的就业机会等市场资源的多寡，进而影响其经济行为，因此，有必要分析家庭距最近县城的距离。据四川省民族地区的调研数据显示，受访家庭距最近县政府的平均距离为26.9千米，其中，2.0%的家庭在10千米及以下，10千米~20千米的家庭占比47.5%，20千米~50千米的家庭占比41.9%，50千米以上的家庭占比8.6%。总体来看，受制于西南地区多山地形限制，家庭距县城的距离相对较大，给其生产与生活带来极大不便。(图5-19)

8.6%　2.0%

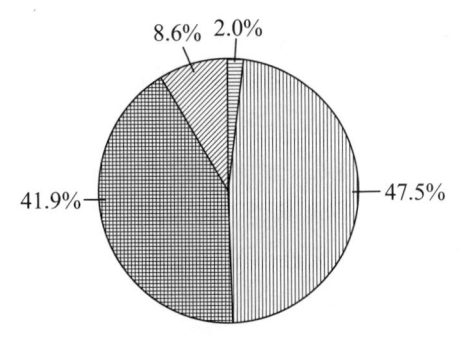

41.9%　　　　　47.5%

▦ 10公里及以下　▦ 10~20公里　▦ 20~50公里　▦ 50公里以上

图 5-19　距市场中心的距离

② 矿产资源

矿产资源作为非常重要的自然资本，对于脱贫地区和脱贫家庭发展具有重要意义，调研发现，7.3%的社区处于矿产资源储藏范围之内，主要为铁矿、金银矿和非金属矿产资源。

③ 自然灾害情况

自然灾害作为对家庭生产生活有重大影响的不可抗力因素，与自然地理环境密切相关，而四川省少数民族聚居区域自然地理条件相对恶劣，自然灾害比较多发，49.0%的受访者表示社区或附近经常会发生滑坡、泥石流、洪水、水土流失、冰雹等自然灾害，给家庭生产和生活带来了较大的负面影响。

案例缩影：来自一个样本县的所见所思

1. 地形复杂，交通闭塞

四川省民族地区 Y 县境内地形以四周高山峡谷、中部丘陵盆地为主，海拔在 2300 米至 2800 米，最高海拔 4393 米，最低海拔 1200 米。调研村以土路为主，下雨天土路湿滑，开车危险系数极高。土路并未家家连通，居民存在严重的"出行难、行路难、运输难"状况。该县交通基础设施建设的滞后，直接影响了教育发展、医疗卫生、水电供给等民生问题。

2. 距县城远，货运成本高

Y 县运输方式以公路运输为主，较其他运输方式相比本就成本偏高，同时运距远，从西昌到 Y 县就需要 5 个小时，到其他城市耗时更久。货物运输费高，一定程度上影响当地的物价与运进货物的种类、数量。（从北京寄顺丰快递到 Y 县需要 6 天。当地文书告诉课题组，Y 县盛产苹果，但运输不便，运费高，所以针对苹果运输，国家有补贴，运费一般是 8 元一箱，一箱 8~10

斤，一箱苹果卖40～60元不等，运费占比很高）

3. 缺少大型企业入驻，当地经济与外界互动少

农户主要收入来自苹果种植，一般是苹果商看中果农家的苹果，就商量好一斤的价格，整片卖出，价格统一，不分优劣。有些苹果商为了卖价格高的早上市的苹果，在苹果还未完全成熟时就采摘了，果农其实不太愿意这么早采摘，一是未完全成熟的苹果重量轻但价格固定好了不改，这样就会少赚钱；二是未完全成熟的苹果口感欠佳，可能对Y县苹果的良好品牌产生不利影响。苹果产业停留在初级生产阶段，当地没有苹果加工厂，不能延长产业链，提高苹果附加值。苹果卖给苹果商的价格很低，品种好的"红富士""红将军"售价2～3元一斤，而品种差一点的"金帅"只能卖4～7毛一斤。

4. 农户各自为政，协作程度很低

由于没有固定的苹果、花椒收购商，苹果、花椒价格变化很大，特别是花椒的价格，一日一价。当地农户蹲在马路边售卖自种花椒，或坐等收购商上门，定价权在收购商手中，花椒需求量不大的时候收购商就会将价格压低。当地文书告诉课题组，Y县有一个花椒油生产厂，是国家资助办的，会收购花椒，但收购量不定，而且当地花椒种植户一般都在马路边等着收购商来收，不会专程去花椒油生产厂售卖花椒。Y县农户拥有土地面积狭小，导致种植规模小，而且青壮年外出务工，家里只剩老幼，缺乏劳动力，果木照料不周，导致产量进一步降低。

5. 机械化程度低，生产成本较高

果农请人摘苹果一般是7分钱一斤，一个人一天能摘2500～3000斤，一天能赚200元左右；码货是按天来算，也是200元左右一天。花椒农请人摘花椒一般是3.5～4元钱一斤，一个人一天能摘30～40斤，一天能赚120元左右。苹果树修枝、打药等都是纯手工，效率很低。

6. 扶贫目标瞄准偏离，扶贫方式存在偏差

赠送种牛、种羊、果树苗等生产资料来更换品种，赠"五件套"等生活用品进行帮扶。但是只提供生产资料不提供技术支持，农民没办法通过技术进行改革，还是按照以前的种植养殖办法进行种植养殖，收益效果没有显著提高。很多贫困户表示更期望能得到优势经济种植项目帮扶，并得到市场销售方面的帮助，把农产品获得好价钱卖出去而获得长久发展收益。

7. 农户患病者较多，医疗卫生条件亟待改善

当地建档立卡户很多都患有疾病，如风湿、骨折、残疾、脑瘫，虽然精准扶贫政策下来后医疗条件有进一步改善，但是治不了大病，如患有脑瘫、精神

病之类的只能去外地更好的医院医治,但是有的外地医院不能报销,需要农户自己承担巨额医疗费用。

8. 种植业特色不明显,风险比较高

Y县大多农户种植苹果、花椒,很少种植其他经济作物,农产品单一,同行销售竞争压力大。而且种苹果、花椒主要"看天吃饭",遇上冰雹、霜冻等自然灾害就会损失很大,特别是冰雹,若将苹果树枝丫打坏,会导致未来三年苹果产量质量不高。苹果树老化或者换新品种树苗,需要投入5年才会有收成,投入时间长,这5年在苹果树上完全是只有支出,没有收入。

绝大多数减贫帮扶措施仍侧重于传统种养殖业,很少根据困难群体实际优势而采用特色产业、休闲农业、乡村旅游等新兴帮扶模式来实现减贫。

9. 思想观念保守,主动脱贫动力不足

受访家庭成员受教育程度低,文盲与半文盲占比较高,知识运用能力较弱,新技术接受速度也较低。思想观念陈旧保守,参与意识不强。很少有农户参加村上组织种植、养殖技术培训,有的是因为农忙没时间去,有的是不想去,觉得浪费时间,还不如把培训的时间拿去打工还能挣钱;有的是完全不听专家的指导,觉得专家指导得还不如自己种植的好,所以村里开展技能培训会的效果并不是很好。

部分原贫困农户安于现状,积极性和主动性没有得到激发,导致自身没有改变生活状况、创造好的生活条件的内生动力,存在"等、靠、要"的思想,希望政府给钱给物,坐等奔小康,不愿意脱贫,觉得自己返贫率很高。

10. 借贷情况严重,还款压力大

Y县绝大多数农户都向当地信用社借钱,一般是今年年初先借钱种植苹果,等苹果成熟有收成后就去还钱,第二年再去借钱,收苹果后再还钱,一年下来盈余并不多甚至为负,年年如此,没有多余资金从事其他生产经营活动。

11. 人才匮乏,劳动力外流形势严峻

据Y县X村文书介绍,整个村没有考上几个大学生,考上研究生的几乎没有,整个村受教育程度低,而且本地人才多愿意去大城市发展,劳动力往往大多希望外出打工挣钱,不愿在本地发展脱贫,外面的人才大多不愿意来Y县发展。

12. 生活垃圾处理方式简单粗暴,尚未实现户户通自来水

调研时发现,Y县部分村落生活垃圾直接焚烧或者埋进土里,对土壤、大气、水等产生的污染较大;厕所均是旱厕,厕所潮湿阴暗且如厕后不经任何处理,气味很大,严重影响卫生条件的改善;居民多用井水,尚未实现家家户户

通自来水，饮水安全有待进一步提高。

13. 传统风俗习惯氛围厚重

办一场婚礼和葬礼花销很大，不同家庭办的方法不同，婚礼差一点的3万~5万，好一点的有10万元以上，开支很大。每家每户都会张贴八卦图、上香罐，有的还会放镜子，每个月固定时间会上香，不管多穷都会上香，每年祭拜也有不少的花销。

14. 原贫困户居住分散，信息传递难

原贫困户居住很分散，寻找贫困户耗时长，有的贫困户居住在高山，交通十分不便，政府帮扶人员费时费力进行帮扶，成本高，但帮扶效果不好且难以验收。

5.3.2 重庆市可持续生计资本禀赋分析

截至2013年底，重庆市常住人口为2970万，其中，农村常住人口1237万人，建档立卡贫困人口165.9万人，贫困发生率7.1%，经过六年时间大力实施精准扶贫战略，到2019年底，贫困人口降至2.4万人，贫困发生率从7.1%下降到0.12%。

重庆市位于中国内陆西南部、长江上游地区，面积8.24万平方千米有长江横贯全境（流程691千米），地貌以丘陵、山地为主，其中山地占76%；少数民族主要有土家族、苗族。复杂的自然地理环境、地处内陆的区位条件使得重庆市民族地区经济社会发展相对滞后，贫困发生率比较高，家庭可持续生计和内生发展能力不强，防止规模性返贫的任务比较重。

（1）致贫原因

制定返贫抑制及可持续生计对策的前提是厘清家庭贫困的原因。在重庆市民族地区的调研数据显示（图5-20），被列为建档立卡贫困家庭的最主要两项因素中，排在第一位的是因学致贫，占比48.4%，排在第二位的是因病（残）致贫，占比43.0%，排在第三位的是缺技术致贫，占比20.7%；以及缺劳动力致贫占比6.3%，因灾致贫占比3.1%，缺资金致贫占比1.1%，交通条件落后致贫占比1.1%。

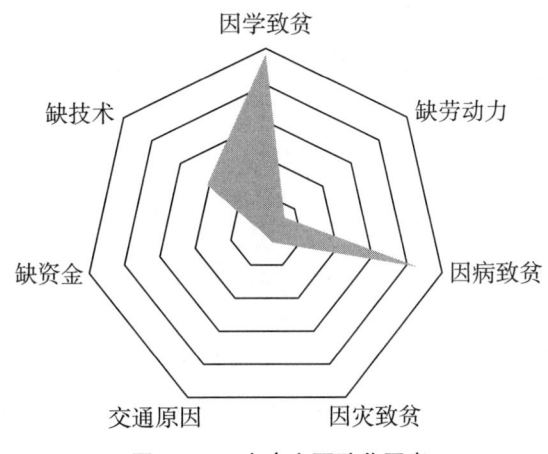

5 西南农村地区脱贫家庭生计资本禀赋分析

图 5-20 家庭主要致贫因素

(2) 急需的帮扶项目

在针对重庆市民族地区受访家庭最需要支持的事项上，排在第一位的是教育支持，占比 45.0%，排在第二位的是医疗卫生支持，占比 23.1%，排在第三位的是信贷支持，占比 13.1%，产业支持占比 6.0%，危房改造、搬迁占比 4.6%，技能培训支持占比 4.0%，生活补助占比 2.3%，其他占比 1.9%。（图 5-21）

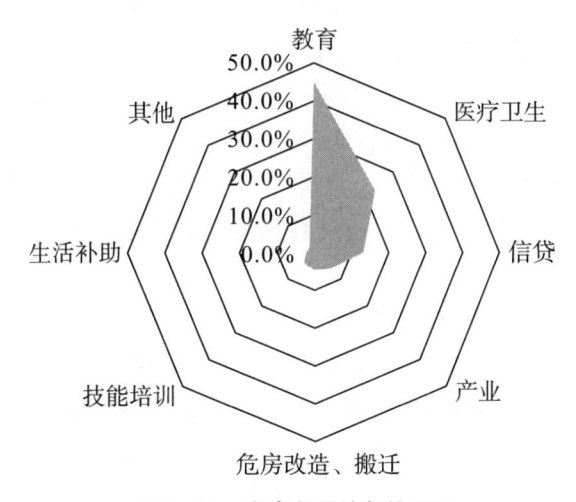

图 5-21 家庭急需的帮扶项目

(3) 人力资本情况

①家庭成员基本情况

在调研家庭中，每户平均 4.7 人，两人及以下家庭占比 12.0%，三口之

家占比11.0%，四口之家占比27.1%，五口之家占比18.7%，六口之家占比16.0%，七口及以上成员家庭占比15.2%。(图5-22)

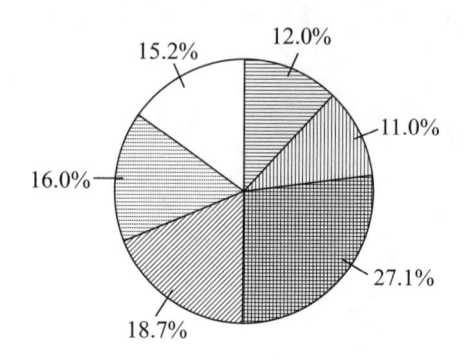

图5-22 贫困家庭户规模情况

按照《中国统计年鉴2019》数据来看，截至2018年底，重庆市平均家庭户规模为2.9人，而课题组调研的脱贫家庭户规模为4.7人，比前者多1.8人左右。按照家庭户数结构来看，据国家统计年鉴数据整理，重庆市两人及以下家庭占比46.6%，三口之家占比23.4%，四口之家占比15.6%，五口之家占比9.0%，六口之家占比4.2%，七位及以上成员的家庭占比1.2%。可以看出，重庆市脱贫家庭中三口及以下家庭占比较低，四口及以上成员的家庭占比较高，脱贫家庭成员规模显著高于重庆市平均水平。

在人口结构上，未成年人口平均占比27.6%，60岁及以上老年人口平均占比15.0%，丧失劳动能力的人口平均占比7.0%。值得注意的是40.6%的受访家庭有患有慢性疾病的成员。具有劳动能力的18~59周岁成员占比均值为51.6%，每户家庭约2.4人。统计数据显示，受访者及其配偶受教育年限之和均值为11.4年。

②最主要劳动力情况

基于重庆市民族地区的统计数据显示，受访家庭中最主要劳动力的平均年龄为42.2岁，与四川省脱贫家庭最主要劳动力的年龄均值42.0岁十分接近。具体来看，最主要劳动力中，18~30周岁占比15.6%，31~40周岁占比28.7%，41~50周岁占比36.8%，5~60周岁占比12.4%，60周岁以上占比为6.5%。(图5-23)

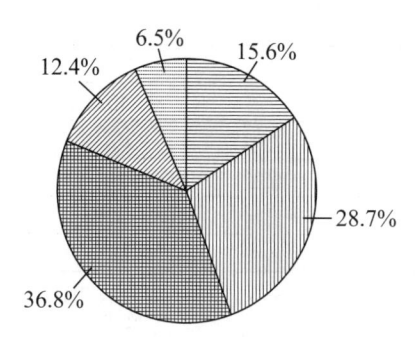

5 西南农村地区脱贫家庭生计资本禀赋分析

图 5-23 最主要劳动力年龄

最主要劳动力的身心健康状况对于家庭摆脱贫困及未来抑制返贫具有重要作用。调研数据显示，重庆市民族地区脱贫家庭最主要劳动力身心健康状况自我感觉"非常好"的家庭占比 18.1%，"比较好"的占比 60.8%，"一般"的占比 17.0%，需要注意的是，仍然有 4.1%的家庭表示最主要劳动力的身心健康状况"比较差"，这部分家庭可能会面临较高的返贫风险。

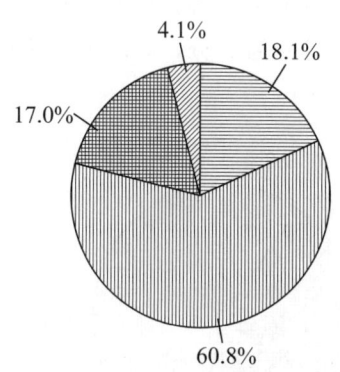

图 5-24 最主要劳动力的身心健康状况

③技能培训情况

调研显示，自从建档立卡以后，56.7%的家庭有成员参与过政府组织的与就业相关的技能培训，其中，62.7%的家庭参加了种植技术培训，35.5%的家庭参加了养殖技术培训，40.2%的家庭参加了机械、电器及手工艺培训，10.6%的家庭参加了餐饮服务培训。（图 5-25）

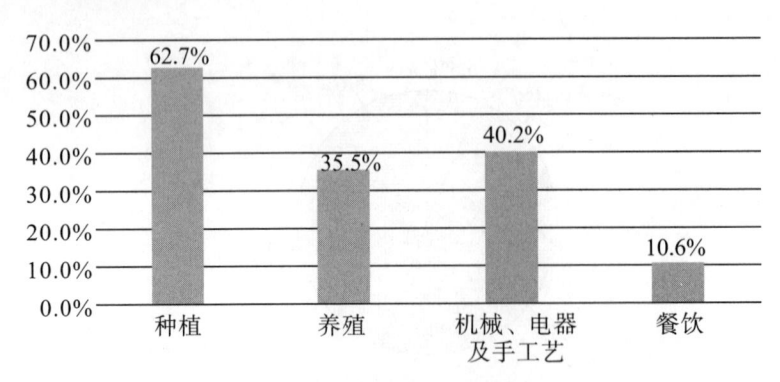

图 5-25　就业技能培训情况

(4) 社会资本情况

①亲友任职情况

在重庆市民族地区的调研显示，仅有 8.5% 的受访家庭有亲朋好友在企事业单位担任职务。没有亲友有相关任职的家庭有 91.5%。

②家庭交际能力

数据显示，与受访家庭关系比较紧密的亲朋好友平均数量在 13 人。受访家庭交际能力（处理人际关系的能力）得分均值 3.6 分。其中，2 分及以下家庭占比 5.3%，41.6% 的家庭得分为 3 分，43.3% 的家庭得分为 4 分，9.8% 的家庭得分为 5 分。（图 5-26）

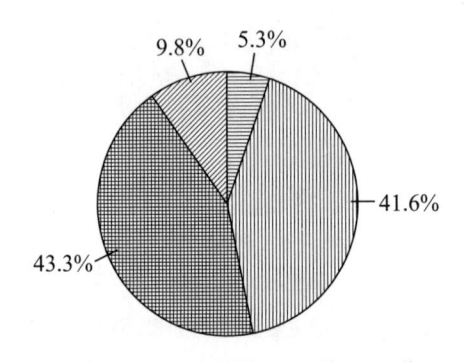

图 5-26　交际能力得分情况

(5) 物质资本情况

①住房情况

住房情况在一定程度可以体现居民物质资本积累水平。首先，在房屋建筑结构上，统计显示，38.0% 的家庭房屋为 1 层砖瓦房，15.7% 的家庭为 1 层混凝土房，23.7%的家庭为1层土木房，22.6%的家庭为2层及以上楼房。受访家庭住房均为自有房屋。

其次，在房屋面积上，受访家庭户均房屋面积132.0平方米，具体来看，39.8%的家庭住房面积在100平方米以下，100～200平方米的家庭占比54.5%，200平方米以上的家庭占比5.7%。（图5-27）

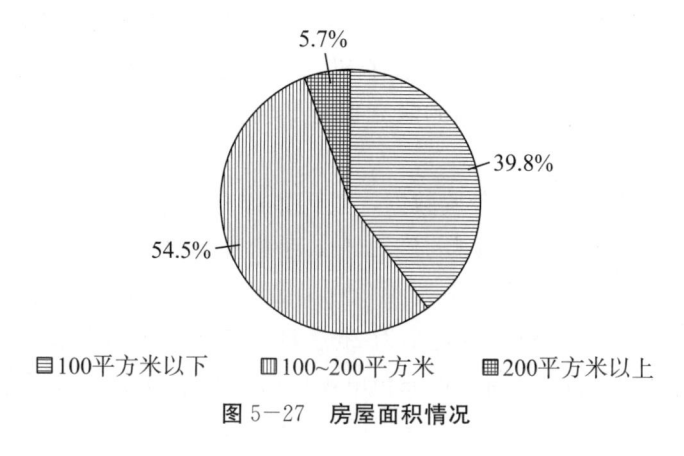

图5-27 房屋面积情况

②耕种土地面积

调研数据显示，重庆市民族地区家庭耕种土地的平均面积在9.8亩，其中，44.2%的家庭耕种土地为5亩及以下，24.8%的家庭耕种面积为5～10亩，15.3%的家庭耕种面积为10～20亩，耕种20亩以上的家庭占比15.7%。（图5-28）

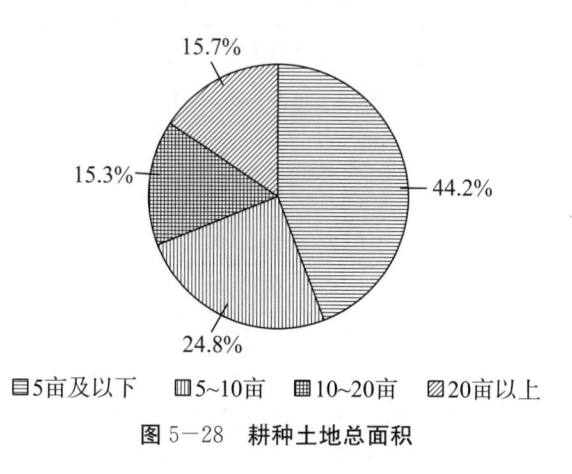

图5-28 耕种土地总面积

③耐用消费品

基于重庆市民族地区家庭的调研数据显示，89.2%以上的家庭拥有彩色电

视机，其中，97.0%的家庭拥有 1 台彩色电视机，3.0%的家庭拥有 2 台彩色电视机，户均彩色电视机拥有量 0.92 台，户均彩色电视机的价值在 1300 元。88.9%的家庭拥有手机，其中，27.5%的家庭拥有 2 部及以下手机，35.1%的家庭拥有 3 部手机，28.7%的家庭拥有 4 部手机，8.7%的家庭拥有 5 部及以上手机，户均手机价值约 3900 元。受访家庭中暂时均未购买计算机。76.1%的家庭拥有 1 台冰箱，平均价值 1300 元。仅有 7.4%的家庭装有空调，平均价值 2600 元。68.1%的家庭拥有洗衣机，户均洗衣机价值 1200 元。33.8%的家庭拥有摩托车，其中 7.0%的家庭拥有 2 辆摩托车，户均摩托车价值 6400 元。（表 5-3）

根据 2019 年国家统计年鉴数据，截至 2018 年末，重庆市农村居民平均每百户年末彩色电视机拥有量为 122.6 台，手机拥有量为 261.4 部，洗衣机为 91.8 台，冰箱为 102.0 台，空调为 150.1 台，计算机为 45.2 台，电动车为 13.2 辆，汽车为 23.7 辆，摩托车为 25.7 辆；若将调研样本家庭相应耐用消费品折算为平均每百户指标，则彩色电视机拥有量为 112.4 台，手机拥有量为 239.1 部，洗衣机为 85.1 台，冰箱为 95.0 台，空调为 9.9 台，摩托车为 44.6 辆；需要注意的是重庆市民族地区脱贫家庭平均每百户摩托车拥有量是重庆市农村家庭平均值的 1.7 倍，而电动车拥有率却极低，这可能与重庆市民族地区村落主要位于山地地区有关，在难以负担起汽车的情况下，摩托车在动力、装载货物、行驶距离等方面比电动车在山地区域更具优势。

表 5-3　家庭拥有耐用消费品基本情况

耐用品名称	家庭拥有率（%）	市场价值（元）
彩色电视机	89.2（112.4，122.6）	1300
手机	88.9（239.1，261.4）	3900
洗衣机	68.1（85.1，91.8）	1200
冰箱	76.1（95.0，102.0）	1300
空调	7.4（9.9，150.1）	2600
计算机	—（—，45.2）	—
电动车	—（—，13.2）	—
汽车	—（—，23.7）	—
摩托车	33.8（44.6，25.7）	6400
农用三轮车	—	—

续表5-3

耐用品名称	家庭拥有率（%）	市场价值（元）
货车	—	—
旋耕机	—	—

(6) 金融资本情况

①收入改善情况

在收入方面，样本家庭2018年总收入均值6.295万元，人均收入1.339万元，高于《中国统计年鉴2019》统计的2018年西部地区农村居民人均可支配收入1.183万元，略低于2018年重庆市农村居民人均可支配收入1.378万元。具体来看，年收入在2万元及以下的家庭占比5.3%，2万~4万元之间的占比6.1%，4万~6万元之间的占比22.9%，6万~8万元之间的占比32.2%，8万~10万元占比19.6%，10万元以上占比13.9%。

在转移支付上，91.4%的家庭享受到了政府转移支付，转移支付均值为1.632万元。《中国统计年鉴2019》数据显示，2018年重庆市农村居民家庭工资性收入占家庭总可支配收入的35.2%；全国农村居民家庭工资性收入占家庭总可支配收入的41.0%，基于重庆市民族地区农村贫困家庭工资性收入占总收入的比重为72.9%，显著高于重庆市和全国平均水平，出现这一结果的主要原因可能是因为重庆市作为直辖市，拥有较高的城镇化率，《中国统计年鉴2019》数据显示，截至2018年底，重庆市城镇化率为65.0%，在全国排在第9位，比邻省四川省高出近13个百分点。此外，或许也与重庆市的就业扶贫政策密切相关，如在2017年出台的《关于进一步加强就业扶贫工作的通知》、2018年颁布的《关于进一步加大就业扶贫政策支持力度和落实力度的通知》、2019年出台的《打赢人力资源和社会保障脱贫攻坚战若干政策措施》中，明确规定了贫困劳动力享受就业创业政策的年龄上限（年满16周岁）、贫困劳动力就近就地就业的支持、加大创业带动就业的支持、加大组织化劳务输出的支持、促进贫困人员转移就业、加大对贫困劳动力就业创业培训的支持等内容。此外，调研也发现，有稳定收入渠道的家庭中，88.5%的家庭表示打工是其稳定收入的来源。（图5-29）

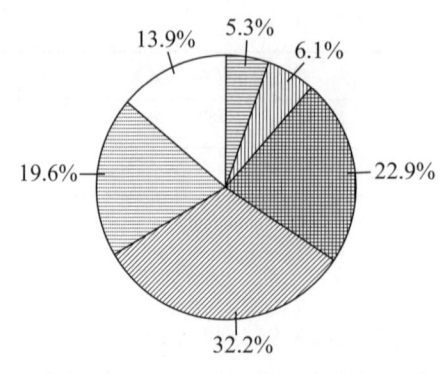

[图饼:5.3%, 6.1%, 22.9%, 32.2%, 19.6%, 13.9%]
■2万元及以下 ■2万~4万元 ■4万~6万元 ▨6万~8万元 ■8万~10万元 □10万元以上

图 5-29　家庭收入情况

调研数据显示，最主要的劳动力所得收入占家庭总收入的比例高达68.0%左右，一方面说明最主要劳动力对家庭生活的重要性，另一方面也意味着家庭收入的稳定性面临较高的风险与脆弱性，一旦最主要劳动力收入出现意外状况，家庭收入可能会出现断崖式下降，进一步加大了返贫的可能性。

②消费支出

在支出方面，重庆市民族地区贫困家庭总支出均值为 3.32 万元，占总收入的 52.7%。其中，生活消费支出占比 43.9%，教育支出占比 18.0%，医疗支出占比 14.7%，其他支出占比 23.4%。根据《中国统计年鉴 2019》数据，2018 年重庆市农村居民人均消费支出 11977 元，若将重庆市民族地区调研家庭消费支出进行人均核算，则人均消费支出为 7064 元，不到重庆市农村居民人均消费额的 60%。（图 5-30）

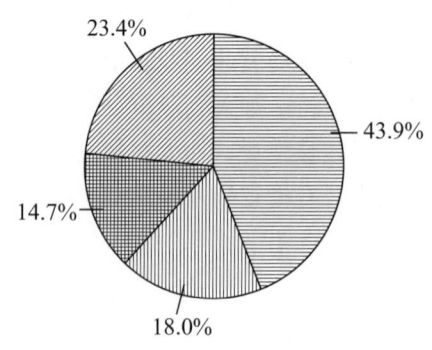

[图饼:23.4%, 43.9%, 18.0%, 14.7%]
■生活消费　■教育支出　■医疗支出　▨其他支出

图 5-30　消费支出结构

5 西南农村地区脱贫家庭生计资本禀赋分析

若按消费支出结构来看，则重庆市农村居民生活消费支出占总消费支出的59.3%，比调研家庭高出近16个百分点；教育消费支出占比11.2%，医疗消费支出占比9.0%，分别比调研家庭低了近7个百分点和6个百分点。可以看出，与重庆市农村家庭平均水平相比，民族地区脱贫家庭生活消费支出占比偏低，教育与医疗消费支出占比偏高，和四川省民族脱贫家庭类似，"节衣缩食"以"支援"人力资本的行为特征较为明显。（图5-31）

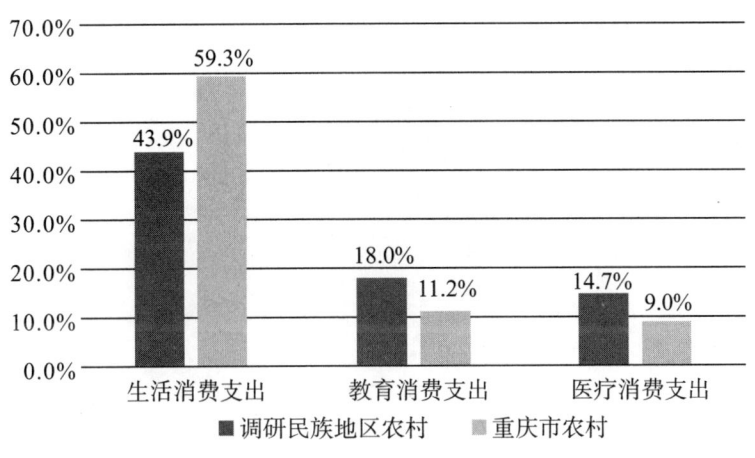

图5-31 各类消费支出占比

③负债情况

统计数据显示，31.4%的家庭有负债情况，平均负债额度4.39万元。具体来看，负债的原因主要集中在教育与疾病上，其中，因教育支出负债占比41.2%，因病负债占比54.7%，其他负债4.1%。（图5-32）

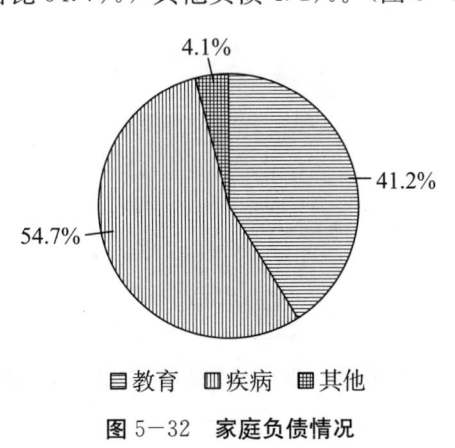

图5-32 家庭负债情况

(7) 文化资本情况

①吃苦耐劳的品质

在重庆市民族地区的调研显示（图5-33），13.7%的受访者表示与周围人相比，自己吃苦耐劳的能力非常强，52.7%的受访者表示比较强，28.8%的受访者表示跟周围人差不多，仅有4.8%的受访者表示自己吃苦耐劳的能力比较差。总体来看，大部分受访者的吃苦耐劳能力强，但不能否认仍然有小部分群体吃苦耐劳能力比较差。

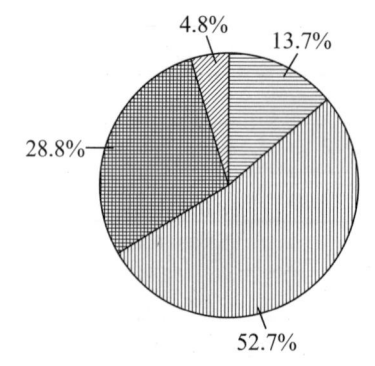

图5-33 吃苦耐劳的品质

调研还发现（图5-34），在农闲季节，40.6%的受访者表示大部分家庭成员会去打工、经商或经营家庭，一般并不会闲着；55.7%的受访者表示一部分家庭成员有事可做，一部分家庭成员则在家闲着；3.7%的受访者表示大部分家庭成员无所事事，吃喝玩乐。

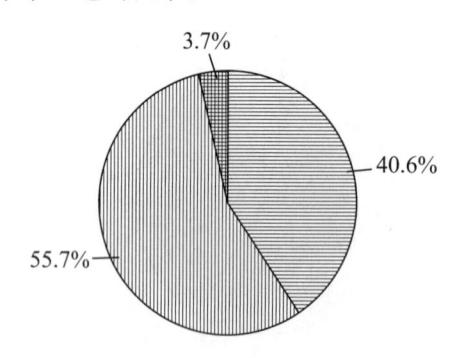

图5-34 农闲季节劳作情况

② 对新事物的接受速度

调研数据显示（图 5-35），在新事物的接受速度方面，仅有 1.3% 的受访者表示，与周围邻居相比，自己及家庭成员对新事物的接受速度非常快；31.4% 的家庭接受新事物的速度比较快；40.4% 的家庭跟邻居相比，接受新事物的速度差不多；19.4% 的家庭比邻居接受新事物的速度慢；7.5% 的家庭接受新事物的速度很慢。

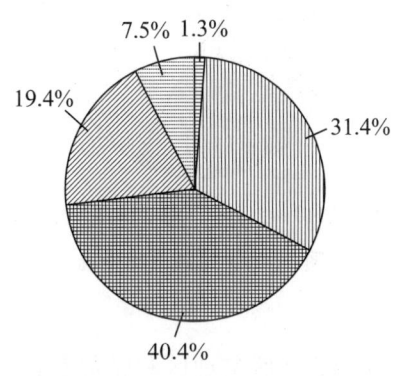

图 5-35　对新事物的接受速度

③ 葬礼和婚礼的花费

红白事作为我国传统习俗，对家庭日常生产和生活产生重要影响，尤其是在少数民族地区，往往给家庭带来沉重的经济负担。调研数据显示（图 5-36），受访者所在社区及附近地区举办一次葬礼的花费均值大概在 1.51 万元。其中，花费在 1 万元及以下的社区占比 47.5%，1 万~2 万元的社区占比 46.5%，2 万~3 万元的社区占比 5.0%，3 万~5 万元的社区占比 1%。

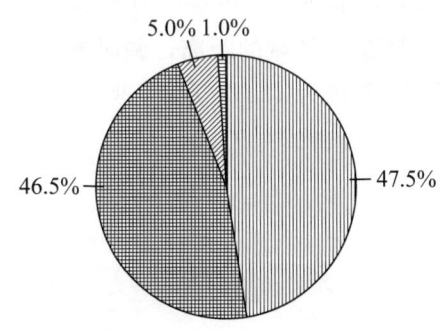

图 5-36　葬礼支出情况

举办一次婚礼的花费均值大概在 1.64 万元。其中，花费在 1 万元及以下的社区占比 41.8%，1 万~2 万元的社区占比 46.5%，2 万~3 万元的社区占比 9.0%，3 万~5 万元的社区占比 2.7%。（图 5-37）

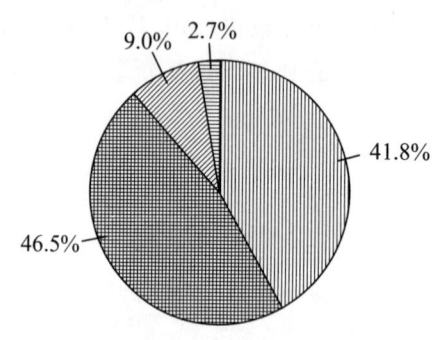

图 5-37 婚礼支出情况

④弃学打工的现象

适龄学生弃学打工的现象在脱贫地区和脱贫家庭中屡见不鲜，甚至形成一种不良风俗，导致部分居民的教育观、工作观、生活观等发生变化，给脱贫地区和脱贫家庭带来负面影响，十分不利于人力资本的积累和脱贫家庭长期发展。调研发现，5.7%的受访者表示本社区中小学弃学打工的现象比较普遍。

（8）自然资本情况

①距市场中心距离

现实表明，市场信息、技术等要素传递往往受制于区位环境条件，而县城作为距农村地区最近的较大市场要素集聚区与经济中心区，家庭到县城的距离可能会影响其所能获取的就业机会等市场资源的多寡，进而影响其经济行为，因此，有必要分析家庭距最近县城的距离，调研数据显示（图 5-38），受访家庭距最近县政府的平均距离为 12.83 千米，其中，35.1%的家庭在 10 千米及以下，10~20 千米的家庭占比 64.9%。

图 5-38 距市场中心的距离

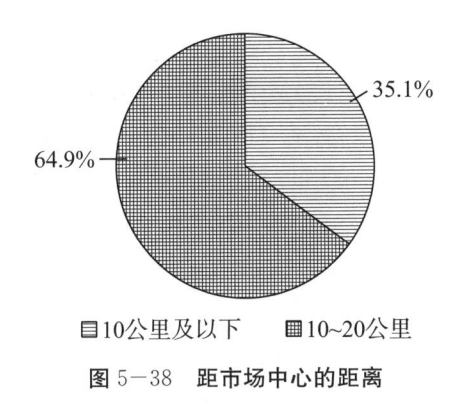

②矿产资源情况

矿产资源作为非常重要的自然资本，对于脱贫地区和脱贫家庭发展具有重要意义。调研发现，49.4%的社区处于矿产资源储藏范围之内，矿产资源主要为铁矿和水气矿产（如优质地下水、矿泉水等）。

③自然灾害情况

重庆市多丘陵、山地，地质地貌复杂，自然灾害较为频繁，35.0%的受访者表示社区或附近经常会发生滑坡、泥石流、水土流失等自然灾害，给家庭生产和生活带来巨大负面影响。

5.3.3 广西壮族自治区可持续生计资本禀赋分析

广西壮族自治区位于云贵高原东南边缘，两广丘陵西部。山多地少是广西壮族自治区土地资源的主要特点，山地、丘陵和石山面积占总面积的69.7%，平原和台地占27%，水域面积占3.3%。自治区东连广东省，南临北部湾并与海南省隔海相望，西与云南省毗邻，东北接湖南省，西北靠贵州省，西南与越南社会主义共和国接壤，土地总面积23.76万平方千米，管辖北部湾海域面积约4万平方千米。

截至2013年底，广西壮族自治区常住人口为4719万，其中，农村常住人口2604万人，635万建档立卡贫困人口，贫困发生率为18.0%，2012年至2019年全区累计减少贫困人口950万人，年均减贫119万人，贫困发生率从18%降至1%以下。长期以来，由于自然地理与文化、历史等因素，广西壮族自治区部分地区经济社会发展滞后，贫困人口分布范围广、集群性特征明显、贫困发生率较高，可持续生计和内生发展能力不强，实现巩固拓展脱贫攻坚成果同乡村振兴有效衔接的任务很重、难度很大。

（1）致贫原因

制定返贫抑制及可持续生计对策的前提是厘清家庭贫困的原因，在广西壮族自治区民族地区的调研数据显示（图5-39），被列为建档立卡贫困家庭的最主要两项因素中，排在第一位的是因学致贫，占比42.0%，排在第二位的是因病（残）致贫，占比为29.2%，缺技术致贫排在第三位，占比23.0%，交通条件落后导致贫困占比19.3%，缺劳动力致贫占比14.4%，因灾致贫占比3.3%，其他原因占比2.5%。

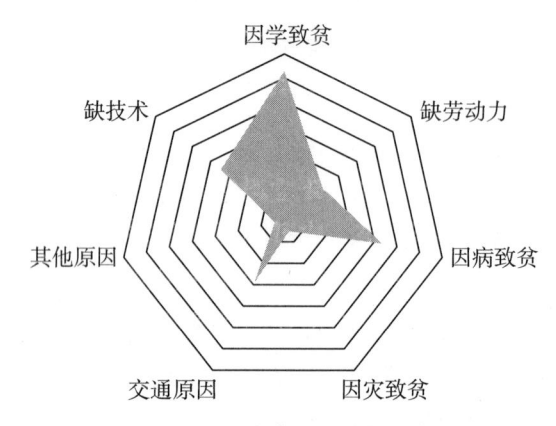

图5-39 家庭主要致贫因素

（2）急需的帮扶项目

在受访家庭最需要支持的项目中，排在第一位的是教育支持，占比35.9%；排在第二位的是医疗支持，占比18.8%；生活补助占比15.5%，排在第三位；培训支持占比14.7%；产业支持占比6.5%，危房改造、搬迁占比2.0%，基础设施建设占比2.8%，其他占比3.8%。（图5-40）

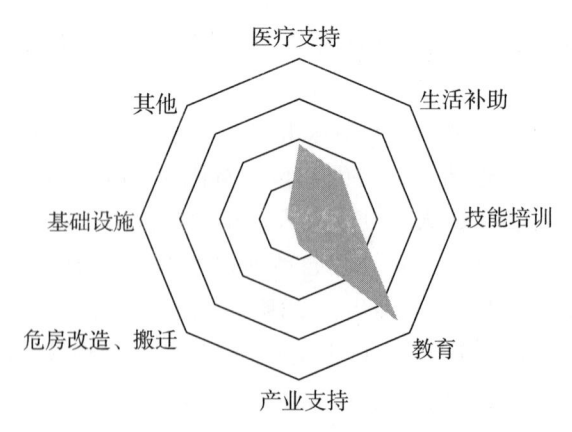

图5-40 家庭急需的帮扶项目

(3) 人力资本情况

①家庭成员基本情况

在受访家庭中，户均规模 5.1 人，其中，两口及以下家庭占比 5.7%，三口之家占比 11.1%，四口之家占比 25.9%，五口之家占比 23.8%，六口之家占比 13.1%，七位及以上成员家庭占比 20.4%。（图 5-41）

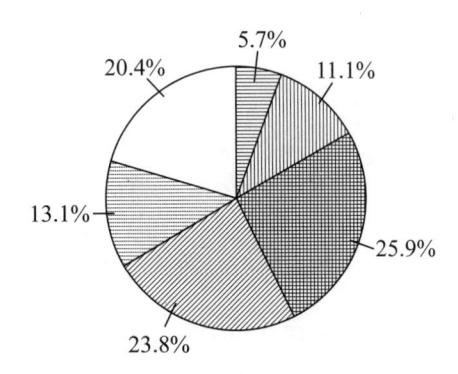

图 5-41 家庭成员数量

按照《中国统计年鉴 2019》数据来看，截至 2018 年底，广西壮族自治区平均家庭户规模为 3.4 人，而课题组调研脱贫家庭户规模为 5.1 人，比前者多 1.7 人左右。按照家庭户数结构来看，据国家统计年鉴数据整理，广西壮族自治区两人及以下家庭占比 36.3%，三口之家占比 21.0%，四口之家占比 20.4%，五口之家占比 11.6%，六口之家占比 6.2%，七口及以上成员的家庭占比 4.5%。可以看出，广西壮族自治区贫困家庭中，三口及以下成员的家庭占比较低，四口及以上成员的家庭占比较高，贫困家庭成员规模显著高于全省平均水平。

在人口结构上，未成年人口平均占比 26.6%，60 岁及以上老年人口平均占比 14.7%，丧失劳动能力的人口平均占比 11.7%。值得注意的是 20.5% 的受访家庭有患有慢性疾病的成员。具有劳动能力的 18~59 周岁成员占比均值为 47.0%，每个家庭约 2.4 人。统计数据显示，受访者及其配偶受教育年限之和均值为 11.5 年。

②最主要劳动力情况

每位成员在家庭事务上发挥的作用存在差异，对于贫困家庭而言，最主要的劳动力往往在家庭日常生活生产及抑制返贫等方面发挥着重要作用，因此，有必要对其基本情况进行分析。统计数据显示，受访家中最主要劳动力的平均年龄为42.0岁。42岁左右的年龄正值壮年，且生活阅历、工作经验等均比较丰富。具体来看，最主要劳动力中，18~30周岁占比15.1%，31~40周岁占比27.0%，41~50周岁占比44.3%，51~60周岁占比11.4%，60周岁以上占比为2.2%。（图5-42）

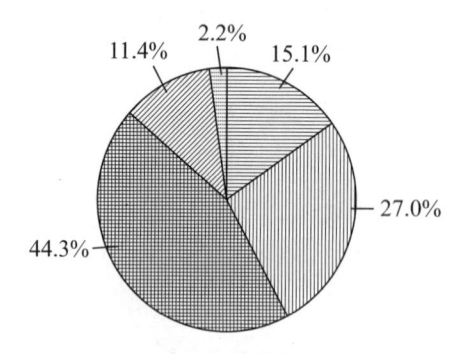

图5-42 最主要劳动力年龄结构

最主要劳动力的身心健康状况对于家庭摆脱贫困及未来抑制返贫具有重要作用，因此，应当得到关注。调研数据显示（图5-43），最主要劳动力身心健康状况"非常好"的家庭占比3.0%，"比较好"的占比42.6%，"一般"的占比48.1%，需要注意的是，仍然有6.3%的家庭表示最主要劳动力的身心健康状况"比较差"。

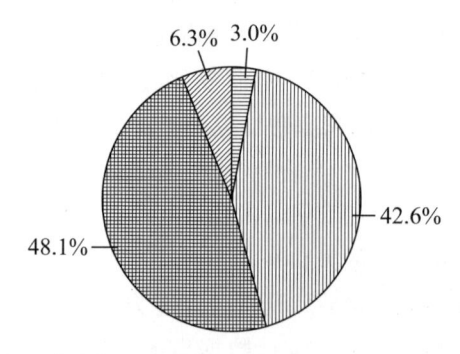

图5-43 最主要劳动力的身心健康状况

③技能培训情况

调研显示（图5-44），自从建档立卡以后，58.8%的家庭有成员参与过政府组织的与就业相关的技能培训，其中，64.0%的家庭参加了种植技术培训，28.0%的家庭参加了养殖技术培训，29.0%的家庭参加了机械、电器及手工艺培训，12.0%的家庭参加了餐饮服务培训。

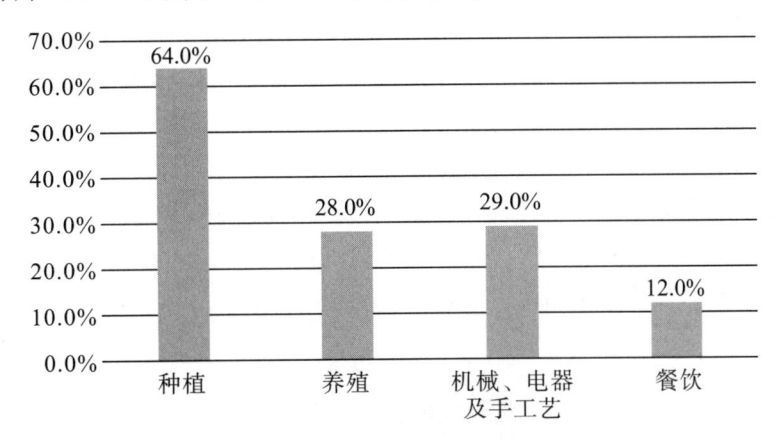

图 5-44 就业技能培训情况

(4) 社会资本情况

①亲朋好友任职情况

84.0%的受访家庭表示，并没有亲朋好友在企事业单位担任职务，有相关任职的家庭只有 16.0%。

②家庭交际能力

调研数据显示（图 5-45），与受访家庭关系比较紧密的亲朋好友平均数量在 10.6 人。受访家庭交际能力（处理人际关系的能力）得分均值 3.27 分。其中，57.2%的家庭得分为 3 分，31.7%的家庭得分为 4 分，2.5%的家庭得分为 5 分，2 分及以下家庭占比 8.6%。

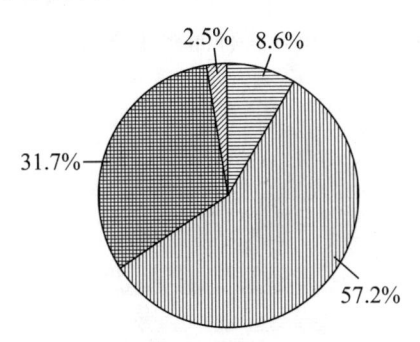

图 5-45 交际能力得分情况

（5）物质资本情况

①住房情况

住房情况在一定程度可以体现居民物质资本积累水平。首先，在房屋建筑结构上，统计显示，9.1%的家庭房屋为1层砖瓦房，56.8%的家庭为1层混凝土房，2.5%的家庭为1层土木房，29.8%的家庭为2层及以上楼房，其他类型占比1.8%。100.0%的家庭住房为自有房屋。

其次，在房屋面积上，受访家庭户均房屋面积101.5平方米，具体来看（图5-46），69.7%的家庭住房面积在100平方米以下，100~200平方米的家庭占比30.3%，200平方米以上的家庭占比0.0%。

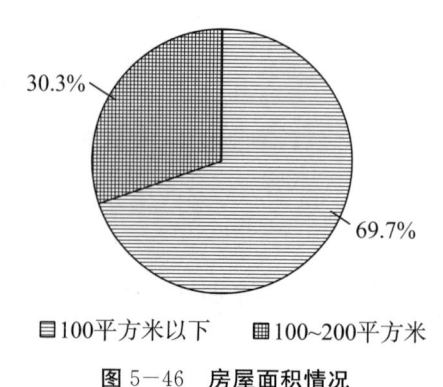

图5-46 房屋面积情况

②耕种土地面积

土地作为农村家庭的主要生产要素，对其收入具有重要影响。数据显示（图5-47），广西壮族自治区民族地区脱贫家庭耕种土地的平均面积为5.95亩，其中，81.3%的家庭耕种土地在5亩及以下，9.7%的家庭耕种面积为5~10亩，4.2%的家庭耕种面积为10~20亩，耕种面积在20亩以上的家庭占比4.8%。

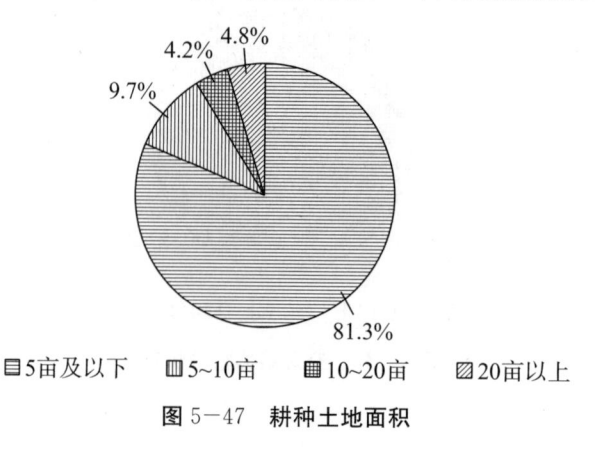

图5-47 耕种土地面积

③耐用消费品

耐用消费品作为可以多次使用、寿命较长的产品，对于家庭生活与生产十分重要。调研数据显示（表5-4），受访家庭中，91.7%的家庭拥有1台彩色电视机，户均彩色电视机拥有量0.92台，户均彩色电视机的价值在900元。92.6%的家庭拥有手机，其中，56.0%的家庭拥有2部及以下手机，25.8%的家庭拥有3部手机，14.2%的家庭拥有4部手机，4.0%的家庭拥有5部及以上手机，户均手机价值约2460元。3.7%的家庭拥有1台计算机，户均计算机价值2900元。74.1%的家庭拥有1台冰箱，平均价值1600元。仅有5.3%的家庭装有空调，平均价值2100元。31.2%的家庭拥有洗衣机，户均洗衣机价值1500元。24.7%的家庭拥有电动车，75.0%的家庭拥有1辆电动车，25.0%的家庭拥有2辆电动车，户均电动车价值2600元。1.6%的家庭拥有汽车，户均汽车价值5.43万元。16.9%的家庭拥有1辆摩托车，户均摩托车价值4000元。3.1%的家庭拥有农用三轮车，户均三轮车价值4500元。

表5-4 家庭耐用消费品基本情况

耐用品名称	家庭拥有率（%）	市场价值（元）
彩色电视机	91.7（92.2，104.0）	900
手机	92.6（232.9，294.4）	2460
洗衣机	31.2（32.9，73.1）	1500
冰箱	74.1（74.9，94.6）	1600
空调	9.5（5.3，37.4）	2500
计算机	3.7（3.7，35.3）	2900
电动车	24.7（30.9，54.1）	2600
汽车	1.6（1.4，15.5）	54300
摩托车	16.9（18.1，91.3）	4000
农用三轮车	3.1	4500
货车	—	—
收割机	—	—
播种机	—	—
旋耕机	—	—

根据2019年国家统计年鉴数据，截至2018年末，广西壮族自治区农村居民平均每百户年末彩色电视机拥有量为104.0台，手机拥有量为294.4部，洗

衣机为73.1台，冰箱为94.6台，空调为37.4台，计算机为35.3台，电动车为54.1辆，汽车为15.5辆，摩托车为91.3辆；若将调研样本家庭相应耐用消费品折算为平均每百户指标，则彩色电视机拥有量为92.2台，手机拥有量为232.9部，洗衣机为32.9台，冰箱为74.9台，空调为5.3台，计算机为3.7台，电动车为30.9辆，汽车为1.4辆，摩托车为18.1辆。可以看出，民族地区贫困家庭本报告拥有量均显著低于广西壮族自治区农村平均水平。

（6）金融资本情况

①收入情况

在收入方面，调研数据显示（图5-48），2018年广西壮族自治区民族地区贫困家庭总收入均值为4.085万元，人均收入0.801万元，显著低于国家统计局统计的2018年西部地区农村居民人均可支配收入1.183万元和2018年广西壮族自治区农村居民人均可支配收入1.243万元。具体来看，年收入在2万元及以下的家庭占比17.3%，2万~4万元之间的占比37.6%，4万~6万元之间的占比31.1%，6万~8万元之间的占比7.4%，8万~10万占比4.9%，10万元以上占比1.7%。

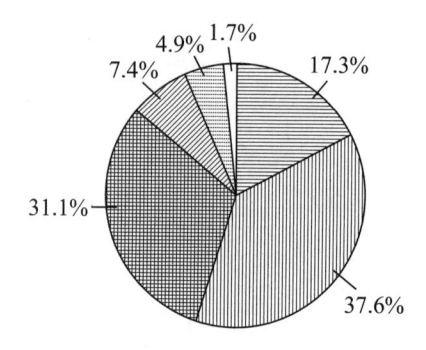

图5-48 家庭收入情况

在转移支付上，92.2%的家庭有政府转移支付收入，支付均值为1.161万元。《中国统计年鉴2019》数据显示，2018年广西壮族自治区居民家庭工资性收入占家庭总可支配收入的47.5%，全国农村居民家庭工资性收入占家庭总可支配收入的41.0%，而在广西壮族自治区民族地区贫困家庭的调研数据显示，工资性收入占家庭总收入的71.0%。这或许与广西壮族自治区实施的一系列就业扶贫政策有关。广西壮族自治区各级人社部门主要从5个方面来推进就业扶贫工作：一是建立完善农村贫困劳动力精准台账。按照有人员、有场地、有设备、有流程、有网络、有经费的"六有"标准，在全区建设了 1255 个乡镇（街道）就业社保服务中心、14268 个村级综合服务中心，基本建成"区、市、县、乡、村"五级联通的公共就业社保服务体系。二是努力提高贫困劳动力就业技能，连续 5 年组织开展农民工技能大赛，带动 40 多万名农民工开展岗位练兵，创新开展 48 所技工院校与 54 个贫困县结对帮扶贫困家庭"两后生"精准职业培训工作。三是促进贫困劳动力就地就近就业。制定鼓励企业吸纳贫困劳动力就业的相关政策，全区就业扶贫基地，定向招收贫困劳动力。四是扎实开展贫困劳动力转移就业服务工作。通过深化粤桂劳务协作、开展"春风行动"等就业援助专项行动、办好"专场招聘"等措施，组织一批贫困劳动力转移就业。五是大力扶持贫困劳动力自主创业，将建档立卡贫困人口纳入创业担保贷款及贴息对象范围，对符合条件的建档立卡贫困人口新注册个体工商户且有贷款需求的，指导其申请 10 万元以内的创业担保贷款，并给予创业担保贷款贴息。同时，部门还给予农民工新创办的各类市场主体一次性创业奖补，对农民工新创办的各类市场主体吸纳就业的，按实际吸纳人数给予带动就业奖补。同时，调研数据也发现，在具有稳定收入渠道的家庭中，90.0%的家庭表示其收入来自外出务工所得。

需要注意的是，最主要的劳动力所得收入占家庭总收入的比例高达53.4%，一方面说明最主要劳动力对家庭生活的重要性，另一方面也意味着家庭可持续生计面临较高的风险与脆弱性，一旦最主要劳动力出现意外，意味着家庭收入水平可能会出现断崖式下降，加大脱贫的难度和返贫的可能性。

②支出情况

在支出方面，家庭总支出均值为 2.266 万元，与总收入均值差额为 1.189 万元。其中，生活消费支出占比 44.1%，教育支出占比 32.3%，医疗支出占比 19.5%，其他支出占比 4.1%（图 5-49）。根据《中国统计年鉴 2019》数据，2018 年广西壮族自治区农村居民人均消费支出 10617 元，若将广西壮族自治区民族地区调研家庭消费支出进行人均核算，则人均消费支出为 4443 元，不到广西壮族自治区农村居民人均消费额的二分之一。

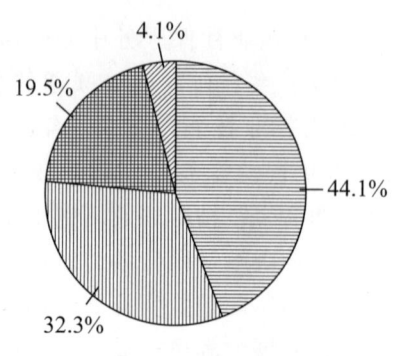

图 5-49 各类消费支出占比

若按消费支出结构来看（图 5-50），广西壮族自治区农村居民生活消费支出占总消费支出的 53.2%，比调研家庭高出近 9 个百分点；教育消费支出占比 11.7%，医疗消费支出占比 10.2%，分别比调研家庭低了近 20 个百分点和 9 个百分点。可以看出，与广西壮族自治区农村家庭平均水平相比，民族地区贫困家庭生活消费支出占比偏低，教育与医疗消费支出占比偏高，和四川省、重庆市民族脱贫家庭类似，"节衣缩食"以"支援"人力资本的行为特征较为明显。

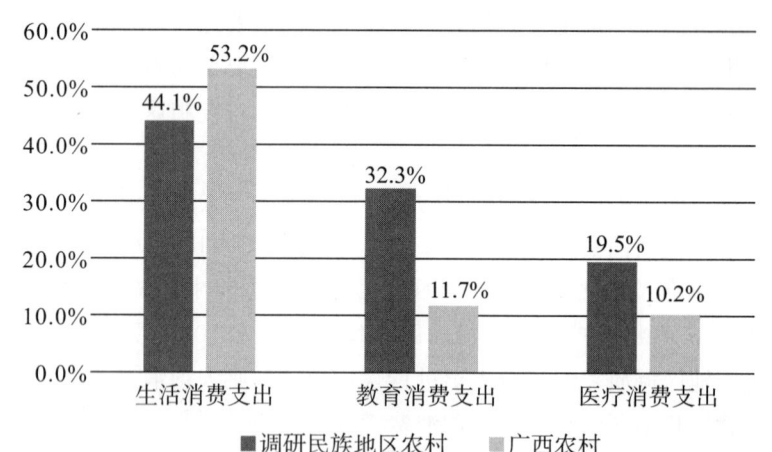

图 5-50 各类消费支出占比

③负债情况

统计数据显示，11.9%的家庭有负债情况，平均负债额度 2.49 万元。具体来看（图 5-51），负债的原因主要集中在教育与疾病治疗上，其中，因教育支出负债占比 35.0%，因病负债占比 17.8%，其他负债 47.2%。

47.2% 35.0%

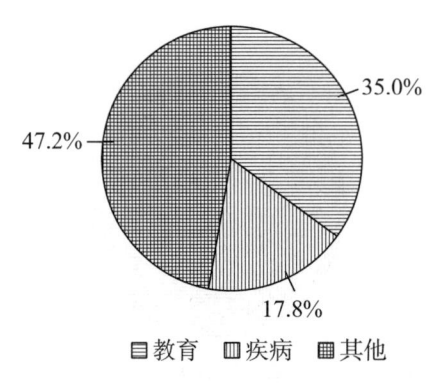

17.8%

☰教育 ⊞疾病 ☷其他

图 5-51　家庭负债情况

(7) 文化资本现状

①吃苦耐劳的品质

吃苦耐劳的品质对脱贫家庭生产和生活具有重要影响，6.6%的受访者表示与周围人相比，自己吃苦耐劳的能力非常强，54.5%的受访者表示比较强，35.9%的受访者表示跟周围人差不多，仅有3.0%的受访者表示自己吃苦耐劳的能力比较差。(图5-52)

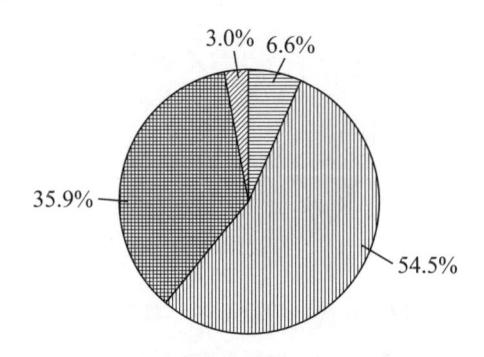

3.0%　6.6%

35.9%

54.5%

☰非常强　⊞比较强　☷差不多　▨比较差

图 5-52　吃苦耐劳的品质

调研还发现（图5-53），在农闲季节，54.5%的受访者表示大部分家庭成员会去打工、经商或经营家庭，一般并不会闲着；43.5%的受访者表示一部分家庭成员有事可做，一部分成员则在家闲着；2.0%的受访者表示大部分家庭成员无所事事，吃喝玩乐。

99

图 5-53 农闲季节劳作情况

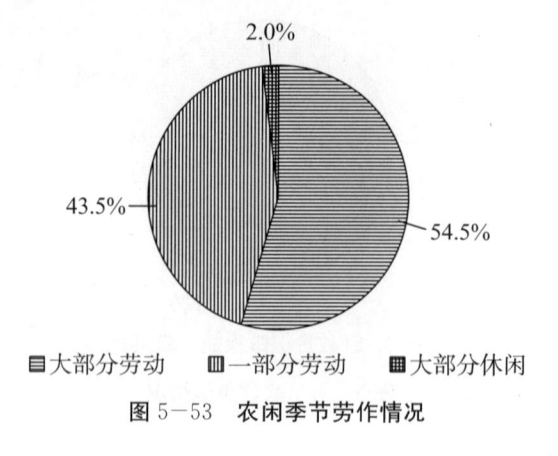

②对新事物的接受速度

调研数据显示（图 5-54），在新事物的接受速度方面，与周围邻居相比，10.7%的家庭表示接受新事物的速度比较快，70.4%的家庭跟邻居相比，接受新事物的速度差不多，18.9%的家庭比邻居接受新事物的速度慢。

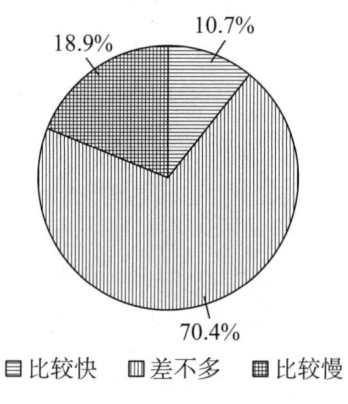

图 5-54 对新事物的接受速度

③葬礼和婚礼的花费

红白事作为我国传统习俗，对家庭日常生产和生活产生重要影响，尤其是在少数民族地区，调研数据显示（图 5-55），受访者所在社区及附近地区举办一次葬礼的花费均值大概在 2.081 万元。其中，花费在 1 万元及以下的社区占比 14.4%，1 万~2 万元的社区占比 66.2%，2 万~3 万元的社区占比 13.6%，3 万~5 万元的社区占比 4.1%，5 万元及以上的社区占比 1.7%。

5 西南农村地区脱贫家庭生计资本禀赋分析

图 5-55 葬礼支出情况

举办一次婚礼的花费均值大概在 2.19 万元。其中，花费在 1 万元及以下的社区占比 4.9%，1 万~2 万元的社区占比 66.2%，2 万~3 万元的社区占比 22.6%，3 万~5 万元的社区占比 6.3%。（图 5-56）

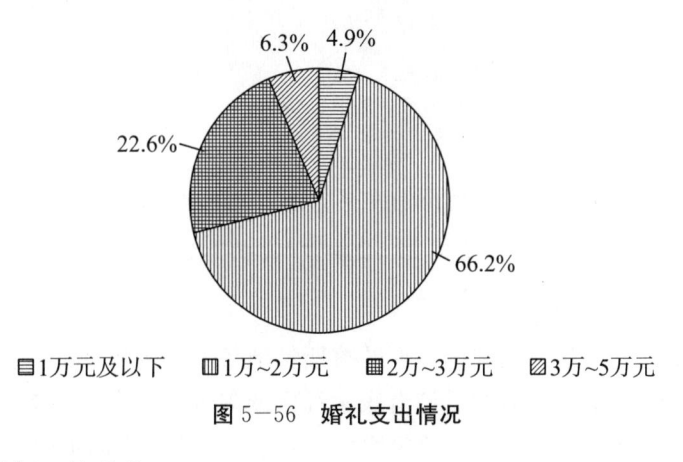

图 5-56 婚礼支出情况

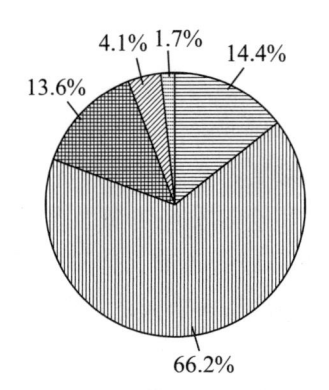

④弃学打工的现象

适龄学生弃学打工的现象在脱贫地区和脱贫家庭中屡见不鲜，甚至形成一种不良风俗，导致部分居民的教育观、工作观、生活观等发生变化，给脱贫地区和脱贫家庭带来负面影响，十分不利于人力资本的积累和脱贫家庭长期发展。调研发现，广西壮族自治区 28.8% 的受访者表示本社区中小学弃学打工的现象比较普遍。

(8) 自然资本情况①

①距县城中心距离

现实表明,市场信息、技术等要素传递往往受制于区位环境条件,而县城作为距农村地区最近的较大市场要素集聚区与经济中心区,家庭到县城的距离可能会影响其所能获取的就业机会等市场资源的多寡,进而影响其经济行为,因此,有必要分析家庭离最近县城的距离。调研数据显示(图5-57),受访家庭离最近县政府的平均距离为28.0千米,其中,5.7%的家庭在10千米及以内,10~20千米的家庭占比29.2%,20~50千米的家庭占比63.4%,50千米以外的家庭占比1.7%。总体来看,受制于西南地区多山地形限制,家庭离县城的距离相对较远,给其生产与生活带来极大不便。

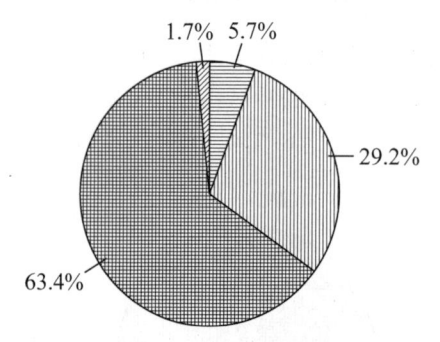

图5-57 距县城中心的距离

②自然灾害情况

广西壮族自治区作为我国典型的喀斯特地貌集中区域和低纬度沿海省份,自然灾害较为频繁,所有的受访者表示社区或附近经常会发生滑坡、泥石流、洪水、水土流失等自然灾害,给家庭生产和生活带来巨大的负面影响。

4.3.4 云南省可持续生计资本禀赋分析

云南省地处中国西南边陲,总面积39.41万平方千米,东与广西壮族自治区和贵州省毗邻,北以金沙江为界与四川省隔江相望,西北部与西藏自治区相邻近,西部与缅甸相邻,南部和东南部分别与老挝、越南接壤。云南省属山地高原地形,山地面积33.11万平方千米,占全省总面积的84%;高原面积3.9万平方千米,占全省总面积的10%;盆地面积2.4万平方千米,占全省总面

---

① 在广西壮族自治区调研的家庭均表示附近没有矿产资源,故未统计矿产资源情况。

积的6.0%。少数民族占总人口的33.12%。

截至2013年年底，云南省常住人口为4687万人，其中，农村常住人口2790万人，建档立卡贫困人口661万人[①]，贫困发生率14.1%，经过六年时间大力实施精准扶贫战略，年均减贫100万人左右，贫困发生率下降到2019年的1.32%。由于地理、历史、文化等因素使得云南省民族地区经济社会发展相对滞后，家庭可持续生计和内生发展能力不强，作为我国贫困县数量最多的省份，防止规模性返贫的任务非常繁重。

(1) 致贫原因

制定返贫抑制及可持续生计对策的前提是厘清家庭贫困的原因。在云南省民族地区贫困家庭的调研数据显示（图5-58），被列为建档立卡贫困家庭的最主要两项因素中，排在第一位的是因学致贫；占比47.5%，排在第二位的是缺技术致贫，占比22.0%；排在第三位的是缺资金致贫，占比22.0%；因病（残）致贫占比为18.6%，缺劳动力致贫占比18.6%，缺土地致贫占比11.8%，因灾致贫占比10.2%，交通条件落后导致贫困占比10.2%，其他原因占比3.4%。

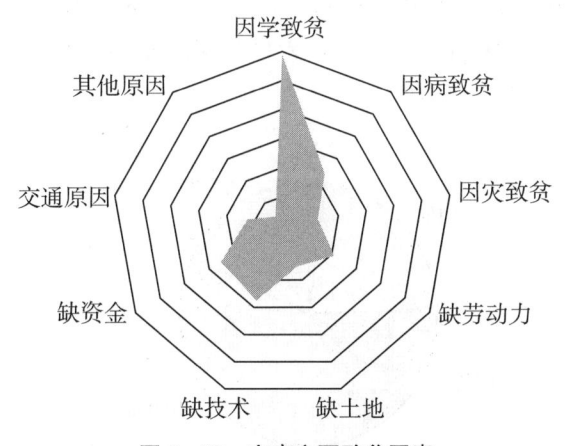

图5-58　家庭主要致贫因素

(2) 急需的帮扶项目

在受访家庭最需要支持的事项上，排在第一位的是产业支持，占比27.9%；教育支持占比22.6%，排在第二位；生活补助占比8.6%，排在第三位；技能培训支持占比7.5%，危房改造、搬迁占比7.5%，医疗支持占比

---

① 数据来源：国家统计局云南省调查总队. 云南省精准脱贫攻坚成效卓著［EB/OL］. 2017年10月10日，http://m.xinhuanet.com/yn/2017-10/10/c_136668849.htm。

6.5%，销售农产品占比3.2%，信贷支持占比3.2%，农业保险占比2.1%，基础设施建设占比2.1%，其他占比16.3%。（图5-59）

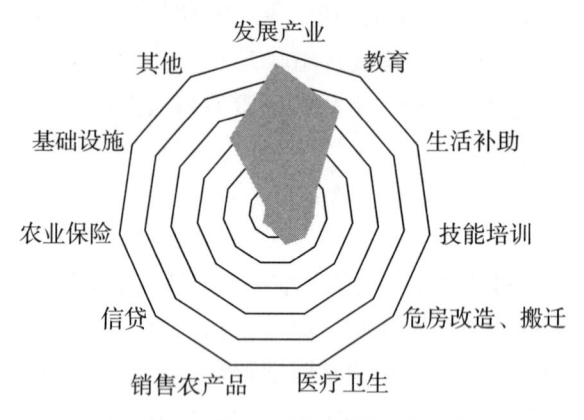

图5-59　脱贫家庭急需的帮扶项目

(3) 人力资本情况

①家庭成员基本情况

在受访家庭中，每户家庭平均4.5人，三口之家占比17.9%，四口之家占比40.0%，五口之家占比17.9%，六口之家占比22.1%，七口及以上成员家庭占比2.1%。（图5-60）

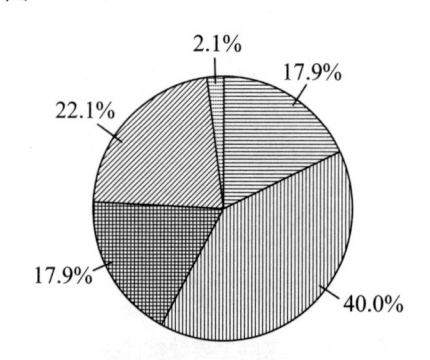

图5-60　家庭户规模情况

按照《中国统计年鉴2019》数据来看，截至2018年年底，云南省平均家庭户规模为3.3人，而课题组调研的贫困家庭户规模为4.5人，比前者多1.2人左右。按照家庭户数结构来看，据国家统计年鉴数据整理，云南省两人及以下家庭占比34.7%，三口之家占比22.3%，四口之家占比21.4%，五口之家占比12.0%，六口之家占比6.7%，七位及以上成员的家庭占比2.9%。可以

5 西南农村地区脱贫家庭生计资本禀赋分析

看出,云南省脱贫家庭中三口及以下家庭占比较低,四口及以上成员的家庭占比较高,脱贫家庭成员规模显著高于全省平均水平。

在人口结构上,未成年人口平均占比 12.8%,60 岁及以上老年人口平均占比 11.6%,丧失劳动能力的人口平均占比 6.0%。值得注意的是 32.6% 的受访家庭有患有慢性疾病的成员。具有劳动能力的 18~59 周岁成员占比均值为 69.6%,每个家庭约 3.1 人。统计数据显示,受访者及其配偶受教育年限之和均值为 11.5 年。

②最主要劳动力情况

对于贫困家庭而言,最主要的劳动力往往在家庭日常生活生产、摆脱贫困及抑制返贫等方面发挥着重要作用,因此,有必要对其基本情况进行分析。统计数据显示(图 5-61),受访家庭中最主要劳动力的平均年龄为 44.9 岁,现实表明,45 岁左右的年龄正值壮年,且生活阅历、工作经验等均比较丰富。具体来看,最主要劳动力中,18~30 周岁占比 13.1%,31~40 周岁占比 8.3%,41~50 周岁占比 61.9%,51~60 周岁占比 16.7%。

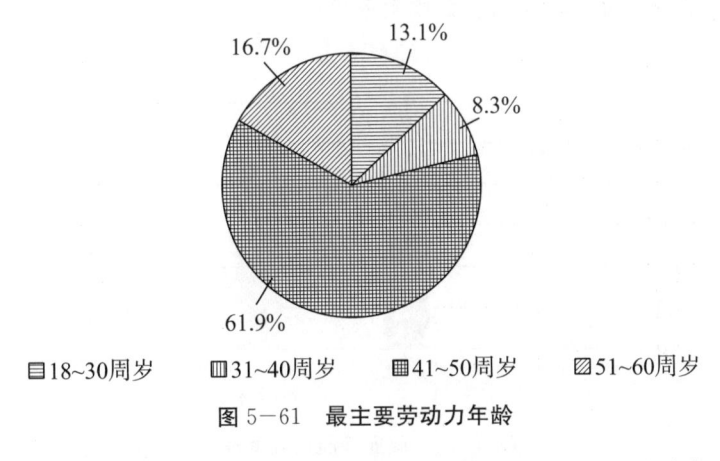

图 5-61　最主要劳动力年龄

调研数据显示(图 5-62),最主要劳动力身心健康状况非常好的家庭占比 9.1%,比较好的占比 37.5%,一般的占比 42.0%。需要注意的是,仍然有 11.4% 的家庭表示最主要劳动力的身心健康状况比较差,这对于处于脱贫家庭而言,是个不好的信号。

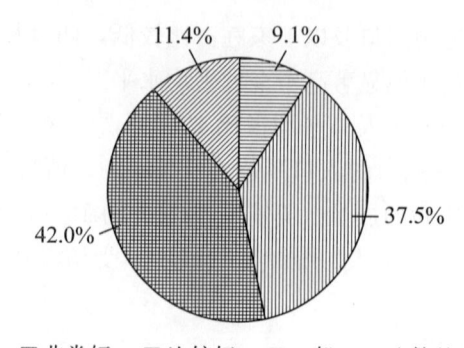

图 5-62 最主要劳动力的身心健康状况

③技能培训情况

调研显示（图 5-63），自从建档立卡以后，42.9%的家庭有成员参加过政府组织的与就业相关的技能培训，其中，26.1%的家庭参加了种植技术培训，30.4%的家庭参加了养殖技术培训，23.9%的家庭参加了机械、电器及手工艺培训，6.5%的家庭参加了餐饮服务培训[①]。

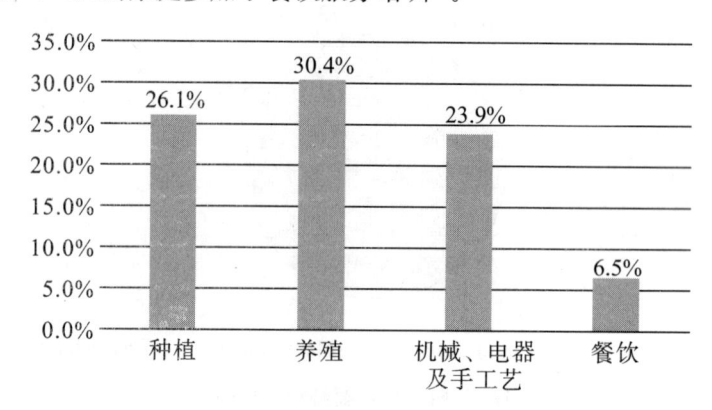

图 5-63 就业技能培训情况

（4）社会资本情况

①亲友任职情况

80.9%的受访家庭表示，没有亲朋好友在企事业单位担任职务，有相关任职的家庭只有 19.1%。

---

① 还有部分家庭参加了农产品深加工、法制教育等其他培训。因为类型多且分散，每项比例不高，故不再列出。

5 西南农村地区脱贫家庭生计资本禀赋分析

②家庭交际能力

数据显示（图5-64），与受访家庭关系比较紧密的亲朋好友平均数量为13人。受访家庭交际能力（处理人际关系的能力）得分均值3.42分。其中，52.1%的家庭得分为3分，33.0%的家庭得分为4分，8.5%的家庭得分为5分，2分及以下家庭占比6.4%。

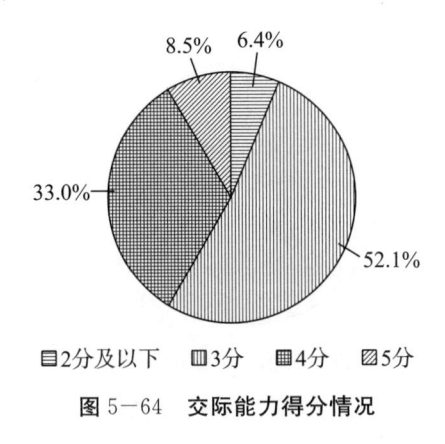

图5-64 交际能力得分情况

(5) 物质资本情况

①住房情况

住房情况在一定程度可以体现居民物质资本积累水平。首先，在房屋建筑结构上，统计显示，25.0%的家庭房屋为1层砖瓦房，20.6%的家庭为1层混凝土房，19.6%的家庭为1层土木房，34.8%的家庭为2层及以上楼房。约95.0%的家庭住房为自有房屋。

其次，在房屋面积上，受访家庭户均房屋面积153.4平方米，具体来看，44.4%的家庭住房面积在100平方米以下，100~200平方米的家庭占比40.0%，200平方米以上的家庭占比15.6%。（图5-65）

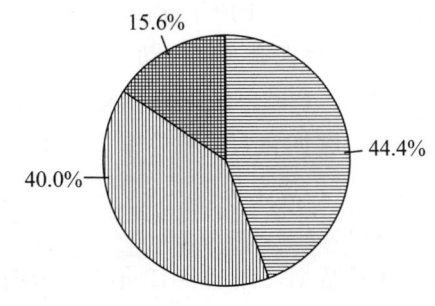

图5-65 房屋面积情况

②耕种土地面积

土地作为农村家庭的主要生产要素,对家庭收入水平具有重要影响。数据显示(图5-66),家庭耕种土地的平均面积为10.2亩,其中,60.8%的家庭耕种土地在5亩及以下,18.8%的家庭耕种面积为5~10亩,11.6%的家庭耕种面积为10~20亩,耕种20亩以上的家庭占比8.8%。

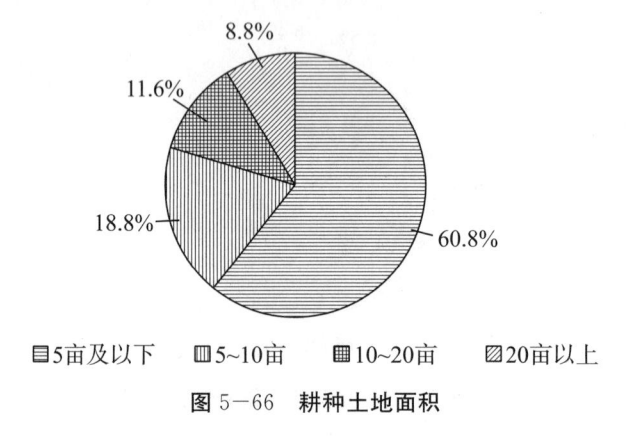

图5-66 耕种土地面积

③耐用消费品

耐用消费品作为可以多次使用、寿命较长的产品,对于家庭生活与生产十分重要。调研数据显示(表5-5),受访家庭中,73.7%的家庭拥有彩色电视机,其中,91.4%的家庭拥有1台彩色电视机,8.6%的家庭拥有2台彩色电视机,户均彩色电视机拥有量0.8台,户均彩色电视机的价值在2394元。78.9%的家庭拥有手机,其中,12%的家庭拥有2部及以下手机,33.3%的家庭拥有3部手机,44.0%的家庭拥有4部手机,9.3%的家庭拥有5部及以上手机,户均手机价值约5348元。65.3%的家庭拥有1台冰箱,平均价值2290元。仅有9.5%的家庭装有空调,平均价值2500元。63.1%的家庭拥有洗衣机,户均洗衣机价值1180元。22.1%的家庭拥有电动车,其中,76.2%的家庭拥有1辆电动车,23.8%的家庭拥有2辆电动车,户均电动车价值3050元。43.1%的家庭拥有摩托车,其中12.2%的家庭拥有至少2辆摩托车,户均摩托车价值3867元。24.2%的家庭拥有农用三轮车,户均三轮车价值7667元。仅有5.2%的家庭拥有货车,户均货车价值6.6万元。仅有2.0%的家庭拥有旋耕机,户均旋耕机价值6200元。

根据2019年国家统计年鉴数据,截至2018年末,云南省农村居民平均每百户年末彩色电视机拥有量为102.6台,手机拥有量为278.8部,洗衣机为83.2台,冰箱为79.7台,空调为1.7台,计算机为10.0台,电动车为18.5

辆，汽车为25.3辆，摩托车为76.4辆。若将调研样本家庭相应耐用消费品折算为平均每百户指标，则彩色电视机拥有量为82.6台，手机拥有量为284.9部，洗衣机为66.7台，冰箱为68.8台，摩托车为51.6辆，电动车27.9辆。需要注意的是，民族地区脱贫家庭平均每百户电动车拥有量高于云南省农村家庭平均值的可能原因在于受访家庭所在村落主要分布在坝子地带，地势相对平整，道路起伏小，村落布局相对紧凑，短程出行无须太大动力与持久力。

表5-5 家庭拥有耐用消费品基本情况

耐用消费品名称	家庭拥有率（%）	市场价值（元）
彩色电视机	73.7（82.6, 102.6）	2394
手机	78.9（284.9, 278.8）	5348
洗衣机	63.1（66.7, 83.2）	1180
冰箱	65.3（68.8, 79.7）	2290
空调	9.5（—, 1.7）	—
计算机	—（—, 10.0）	—
电动车	76.2（27.9, 18.5）	3050
汽车	—（—, 25.3）	—
摩托车	43.1（51.6, 76.4）	3867
农用三轮车	24.2	7667
货车	5.2	66000
旋耕机	2.0	6200

(6) 金融资本情况

①收入情况

在收入方面，家庭总收入均值3.334万元，人均收入为0.741万元，低于《中国统计年鉴2019》统计的2018年西部地区农村居民人均可支配收入1.183万元，和2018年云南省农村居民人均可支配收入1.077万元。具体来看（图5-67），年收入在2万元及以下的家庭占比36.4%，2万~4万元之间的占比30.3%，4万~6万元之间的占比27.3%，6万~8万元之间的占比6.0%。

在转移性收入上，73.0%的家庭有政府转移支付收入，支付均值为0.487万元。《中国统计年鉴2019》数据显示，2018年云南省居民家庭工资性收入占家庭总可支配收入的30.3%，全国农村居民家庭工资性收入占家庭总可支配收入的41.0%，而云南省民族地区脱贫家庭工资性收入占总收入的比重为70.0%。出现这种现象的原因可能在于云南省大力实施的就业扶贫政策，据悉，为改善贫困家庭就业状况，云南省以给予免费职业培训、给予外出务工奖补、给予一次性创业补贴、给予当地用人单位吸纳就业补贴、给予就业扶贫车间吸纳就业奖补、给予公益性特岗补贴、给予"易迁点"服务补贴等方式提升贫困家庭就业。

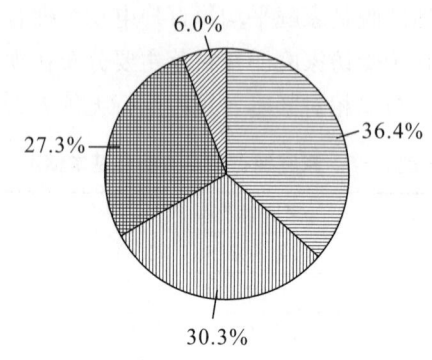

图 5-67 家庭收入情况

需要注意的是，最主要的劳动力所得收入占家庭总收入的比例高达67.0%，一方面说明最主要劳动力对家庭生活的重要性，但另一方面也意味着家庭可持续生计面临较高的风险与脆弱性，一旦最主要劳动力出现意外，意味着家庭收入水平可能会出现断崖式下降，加大返贫的可能性。

②支出情况

在支出方面，家庭总支出均值为3.870万元。其中，生活消费支出占比40.4%，教育支出占比28.7%，医疗支出占比15.4%，其他支出占比15.5%。根据《中国统计年鉴2019》数据，2018年云南省农村居民人均消费支出9123元，若将云南省民族地区调研家庭消费支出进行人均核算，则人均消费支出为8600元。（图5-68）

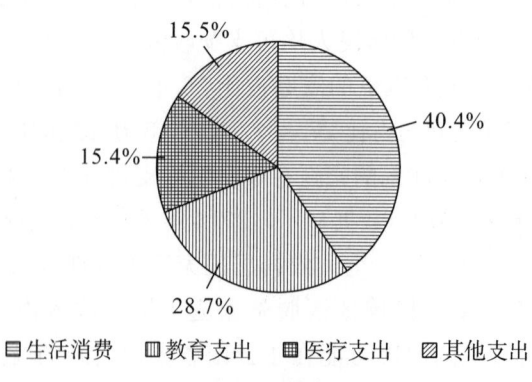

图 5-68 消费支出结构

5 西南农村地区脱贫家庭生计资本禀赋分析

若按消费支出结构来看（图5-69），则云南省农村居民生活消费支出占总消费支出的56.2%，比调研家庭高出近16个百分点；教育消费支出占比12.6%，医疗消费支出占比9.3%，分别比调研家庭低了近16个百分点和6个百分点。可以看出，与云南省农村家庭平均水平相比，民族地区脱贫家庭生活消费支出占比偏低，教育与医疗消费支出占比偏高，和四川省、重庆市、广西壮族自治区的民族贫困家庭类似，云南省民族地区脱贫家庭也存在"节衣缩食"以"支援"人力资本的行为。

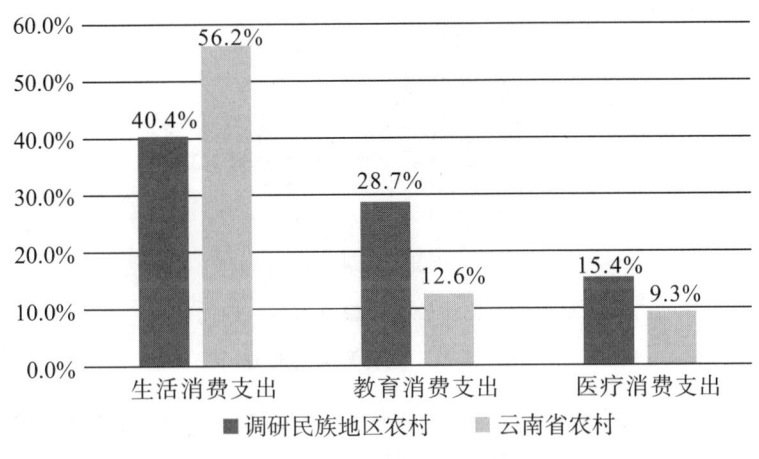

图5-69　各类消费支出占比

③负债情况

统计数据显示（图5-70），61.1%的受访家庭有负债情况，平均负债额度4.041万元。具体来看，负债的原因主要集中在教育与疾病上，其中，因教育支出负债占比45.0%，因病负债占比40.0%，其他负债15.0%。

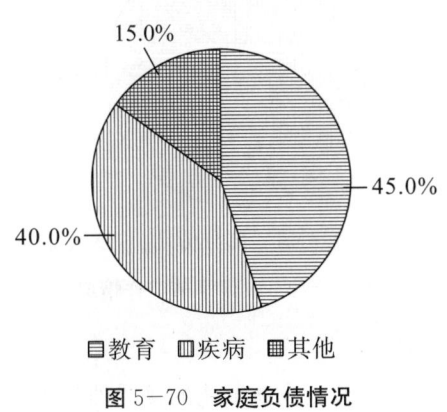

图5-70　家庭负债情况

(7) 文化资本现状

①吃苦耐劳的品质

吃苦耐劳的品质对脱贫家庭生产和生活具有重要影响，9.6%的受访者表示与周围人相比，自己吃苦耐劳的能力非常强，53.2%的受访者表示比较强，34.0%的受访者表示跟周围人差不多，仅有3.2%的受访者表示自己吃苦耐劳的能力比较差。(图5-71)

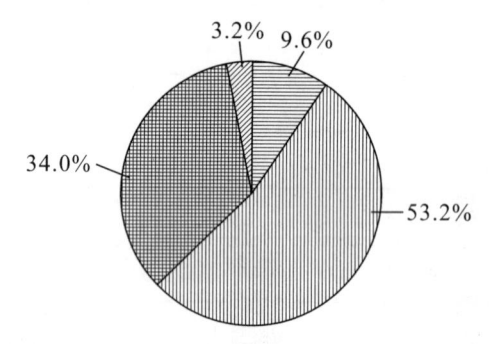

图5-71 吃苦耐劳的能力

调研还发现（图5-72），在农闲季节，55.2%的受访者表示大部分家庭成员会去打工、经商或经营家庭，一般并不会闲着；39.6%的受访者表示一部分家庭成员有事可做，一部分成员则在家闲着；5.2%的受访者表示大部分家庭成员无所事事，吃喝玩乐。

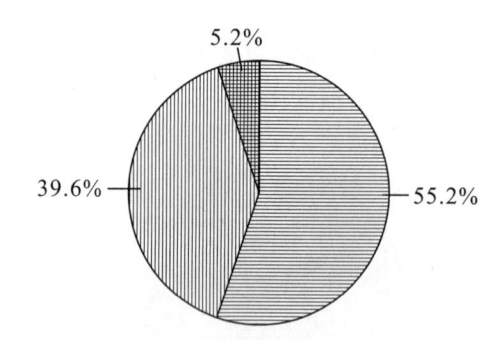

图5-72 农闲季节劳作情况

②对新事物的接受速度

调研数据显示（图5-73），在新事物的接受速度方面，仅有5.3%的受访者表示，与周围邻居相比，自己及家庭成员对新事物的接受速度非常快，

19.3%的家庭接受新事物的速度比较快，61.4%的家庭跟邻居相比，接受新事物的速度差不多，14.0%的家庭比邻居接受新事物的速度较慢或很慢。

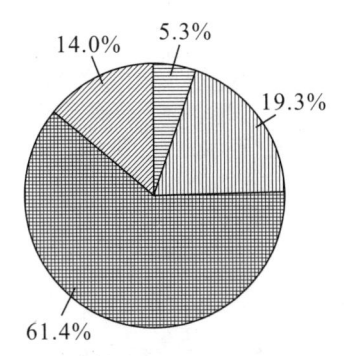

图 5-73 对新事物的接受速度

③葬礼和婚礼的花费

红白事作为我国传统习俗，对家庭日常生产和生活产生重要影响，尤其是在少数民族地区，往往给家庭带来沉重的经济负担。调研数据显示（图 5-74），受访者所在社区及附近地区举办一次葬礼的花费均值大概在 2.310 万元。其中，花费在 1 万元及以下的社区占比 42.6%，1 万～2 万元的社区占比 27.9%，2 万～3 万元的社区占比 18.0%，3 万～5 万元的社区占比 3.3%，5 万元及以上的社区占比 8.2%。

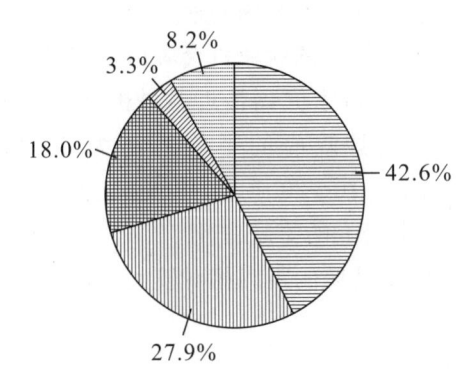

图 5-74 葬礼支出情况

举办一次婚礼的花费均值大概在 3.146 万元。其中，花费在 1 万元及以下的社区占比 29.8%，1 万～2 万元的社区占比 28.1%，2 万～3 万元的社区占比 14.0%，3 万～5 万元的社区占比 12.3%，5 万元以上的社区占比 15.8%。

(图5-75)

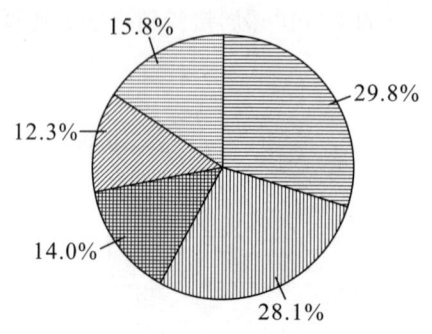

图 5-75 婚礼支出情况

④弃学打工的现象

适龄学生弃学打工的现象在脱贫地区和脱贫家庭中屡见不鲜,甚至形成一种不良风俗,导致部分居民的教育观、工作观、生活观等发生变化,给脱贫地区和脱贫家庭带来负面影响,十分不利于人力资本的积累和脱贫家庭长期发展。调研发现,29.0%的受访者表示本社区中小学弃学打工的现象比较普遍。

(8) 自然资本情况

①距市场中心距离

县城作为距离农村地区最近的较大市场要素集聚区与经济中心区,家庭到县城的距离可能会影响其所能获取的就业机会等市场资源的多寡,进而影响其经济行为,因此,有必要分析家庭离最近县城的距离。调研数据显示(图5-76),受访家庭离最近县政府的平均距离为27.7千米,其中,41.2%的家庭在10千米及以下,10~20千米的家庭占比22.3%,20~50千米的家庭占比14.1%,50千米以上的家庭占比22.4%。总体来看,受制于西南地区多山地形限制,家庭距县城的距离相对较大,给人们的生产与生活带来极大不便。

22.4%

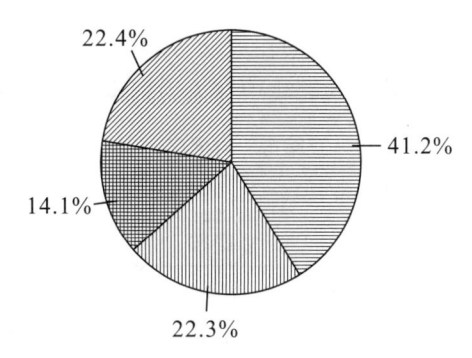

41.2%

14.1%

22.3%

▤ 10千米及以下　▥ 10~20千米　▦ 20~50千米　▨ 50千米以上

图 5-76　距市场中心的距离

②矿产资源情况

矿产资源作为非常重要的自然资本，对于脱贫地区和脱贫家庭发展具有重要意义。调研发现，11.9%的社区处于矿产资源储藏范围之内，矿产资源主要为煤矿或铁矿。

③自然灾害情况

云南省是我国地质灾害最严重的省份，也是世界上地质灾害的高发区，加之其属于亚热带高原季风性气候，干湿季节分明，河川纵横，湖泊众多，极易发生自然灾害。调研显示，92.0%的受访者表示社区或居住地附近经常会发生滑坡、泥石流、洪水、水土流失等自然灾害，给家庭生产和生活带来巨大负面影响。调研数据也显示，云南省因灾致贫的家庭占比达 6.3%。

5.4　生计资本在四省中的异质性

5.4.1　主要致贫原因

在主要致贫原因上[1]（表 5-6），对于四川省脱贫家庭而言，排在前三位的分别是"缺少劳动力""病残"和"缺资金"；对于重庆市与广西壮族自治区贫困家庭而言，排在前三位的均为"上学支出""病残"和"缺技术"；对于云南省贫困家庭而言，排在前三位的分别是"上学支出""缺资金"和"缺技术"。此外，"交通不便"导致贫困的问题在重庆市和云南省比较突出。总体来

---

[1]　"—"表示样本量极少或为 0，"结婚支出"和"发展能力不足"两项未在四川省、重庆市、广西壮族自治区和云南省的问卷中设置，而统一设置了"其他原因"选项；"其他原因"不再呈现。

看，导致家庭贫困的因素主要集中在"缺劳动力、上学支出、病残、缺技术和缺资金"，从资本视角来看，主要集中在人力资本和金融资本层面。

表5-6 四省（直辖市、自治区）主要致贫原因比较

致贫原因	家庭比例（%）			
	四川省	重庆市	广西壮族自治区	云南省
缺劳动力	42.2	6.3	14.4	18.6
病残	41.7	43.0	29.2	18.6
缺资金	36.2	1.1	—	22.0
缺技术	26.2	20.7	23.0	22.0
上学支出	5.1	48.4	42.0	47.5
交通不便	1.8	1.1	19.3	10.2
自然灾害	1.1	3.1	3.3	10.2
缺土地	8.3	—	—	11.8
结婚支出	—			
发展能力不足	—			

5.4.2 急需帮扶项目

在急需的帮扶项目上（表5-7），对于四川省脱贫家庭而言，排在前三位的分别是"医疗""生活补助"和"技能培训"；对于重庆市脱贫家庭而言，排在前三位的分别是"教育""医疗"和"信贷"；对于广西壮族自治区脱贫家庭而言，排在前三位的分别是"教育""医疗"和"生活补助"；对于云南省脱贫家庭而言，排在前三位的分别是"产业""教育"和"生活补助"。

表5-7 四省（直辖市、自治区）急需的帮扶项目比较

帮扶项目	家庭比例（%）			
	四川省	重庆市	广西壮族自治区	云南省
医疗	22.9	23.1	18.8	6.5
生活补助	21.6	2.3	15.5	8.6
技能培训	12.2	4.0	14.7	7.5
教育	8.8	45.0	35.9	22.6
产业	8.3	6.0	6.5	27.9

续表5-7

帮扶项目	家庭比例（％）			
	四川省	重庆市	广西壮族自治区	云南省
危房改造、易地搬迁	3.7	4.6	2.0	—
基础设施建设	2.1	—	2.8	2.1
农产品销售	2.1	—	—	3.2
农业保险	—	—	—	2.1
结亲帮扶	—	—	—	—
低保兜底	—	—	—	—

5.4.3 人力资本情况

在人力资本上（表5-8），脱贫家庭户规模最大的是广西壮族自治区，平均值为5.1人，其次是重庆市4.7人，然后是云南省4.5人，四川省4.1人。广西壮族自治区五口之家和七口及以上成员的家庭占比最高，四川省两人及以下成员的家庭占比最高，云南省四口之家和六口之家的占比最高。

在未成年人口比例上，重庆市占比最高，然后依次为广西壮族自治区、四川省和云南省。四川省脱贫家庭60岁及以上老年人口占比最高，然后依次为重庆市、广西壮族自治区、云南省。在丧失劳动能力的人口比例上，广西壮族自治区占比最高，为11.7％，其后依次为四川省、重庆市和云南省。四川省脱贫家庭的慢性疾病成员占比最高，然后依次为重庆市、云南省、广西壮族自治区。在18～59周岁的劳动力占比上，云南省占比最高，然后为重庆市、四川省和广西壮族自治区。受访者与其配偶受教育年限之和最大的为四川省，然后依次为广西壮族自治区、云南省和重庆市。四川省和广西壮族自治区脱贫家庭的最主要劳动力最年轻，平均年龄为42.0岁，然后依次为重庆市、云南省。重庆市脱贫家庭的最主要劳动力身心健康状况好的比例最高，然后依次为四川省、云南省，广西壮族自治区最低。

在就业技能培训方面，云南省最低；在培训类型上，广西壮族自治区参加了种植培训的家庭占比最高，云南省最低。四川省参加了养殖培训的家庭占比最高，广西壮族自治区最低；重庆市参加了机械、电器修理及手工艺培训的家庭占比最高，云南省最低；云南省参加了餐饮服务培训的家庭占比最低。

表 5-8　四省（直辖市、自治区）人力资本比较

指标情况	家庭比例（%）			
	四川省	重庆市	广西壮族自治区	云南省
家庭规模（人）	4.1	4.7	5.1	4.5
两口及以内家庭	20.5	12.0	5.7	—
三口之家	17.5	11.0	11.1	17.9
四口之家	22.3	27.1	25.9	40.0
五口之家	17.1	18.7	23.8	17.9
六口之家	12.6	16.0	13.1	22.1
七口及以上成员家庭	9.8	15.2	20.4	2.1
未成年人口占比	23.4	27.6	26.6	12.8
60岁及以上老年人口占比	15.6	15.0	14.7	11.6
丧失劳动能力的人口占比	11.5	7.0	11.7	6.0
慢性疾病成员占比	50.6	40.6	20.5	32.6
劳动能力的18~59周岁成员占比	49.5	51.6	47.0	69.6
受访者及其配偶受教育年限之和（年）	11.9	11.4	11.5	11.5
最主要劳动力的平均年龄（周岁）	42.0	42.2	42.0	44.9
最主要劳动力身心健康（非常好与比较好）	53.9	78.9	45.6	46.6
参加就业技能培训家庭比例	44.6	56.7	58.8	42.9
种植培训	47.1	62.7	64.0	26.1
养殖培训	42.6	35.5	28.0	30.4
机械、电器及手工艺	26.8	40.2	29.0	23.9
餐饮服务	9.9	10.6	12.0	6.5

5.4.4　文化资本现状

在文化资本层面（表5-9），四川省吃苦耐劳能力强的家庭占比最高，然后依次为重庆市、云南省和广西壮族自治区。家庭成员在农闲季节不会闲着的家庭比例从高到低依次为四川省、云南省、广西壮族自治区和重庆市。重庆市对新事物的接受速度快的家庭占比最高，然后依次为云南省、四川省和广西壮

族自治区。葬礼、婚礼支出额度最高的均是云南省，然后依次为四川省、广西壮族自治区和重庆市。中小学生弃学打工现象最常见的是云南省，然后依次为广西壮族自治区、重庆市和四川省。

表 5-9　四省（直辖市、自治区）文化资本情况

指标情况	家庭比例（%）			
	四川省	重庆市	广西壮族自治区	云南省
吃苦耐劳的能力强①	68.3	66.4	61.1	62.8
农闲季节大部分劳动	58.2	40.6	54.5	55.2
对新事物的接受速度快	23.0	32.7	10.7	24.6
葬礼支出均值（万元）	2.12	1.51	2.08	2.31
婚礼支出均值（万元）	2.89	1.64	2.19	3.15
中小学弃学打工的现象比较普遍	2.5	5.7	28.8	29.0

5.4.5　社会资本情况

在社会资本层面（表 5-10），有亲友任职企事业单位的占比从高到低依次为云南省、广西壮族自治区、四川省和重庆市。在亲友数量上，云南省和重庆市的家庭拥有更多的亲友。四川省贫困家庭的交际能力最强，随后依次为重庆市、云南省和广西壮族自治区。

表 5-10　四省（直辖市、自治区）社会资本比较

指标情况	家庭比例（%）			
	四川省	重庆市	广西壮族自治区	云南省
亲友任职	10.7	8.5	16.0	19.1
亲友数量	6.0	13.0	10.6	13.0
交际能力（分）	4.0	3.6	3.3	3.4

5.4.6　自然资本现状

在自然资本情况上（表 5-11），距市场中心最远的为广西壮族自治区，然后依次为云南省、四川省和重庆市。有矿产资源储藏的社区比例上，占比最

---

① 指标数值为"非常强"与"比较强"数值之和。

高的是重庆市，然后依次为云南省和四川省。广西壮族自治区受调研的社区自然灾害发生最频繁，然后依次为云南省、四川省和重庆市。重庆市受调研的社区位于旅游景区的比例最高，然后依次为云南省和四川省。

表 5-11 四省（直辖市、自治区）自然资本情况

指标情况	家庭比例（%）			
	四川省	重庆市	广西壮族自治区	云南省
市场中心距离（千米）	26.9	12.8	28.0	27.7
矿产资源	7.3	49.4	—	11.9
自然灾害	49.0	35.0	100	92.0
旅游景区	8.6	18.7	—	10.0

5.4.7 物质资本情况

在物质资本层面（表 5-12），首先在房屋平均面积上，从大到小依次为云南省、四川省、重庆市和广西壮族自治区。值得注意的是，在耕种土地面积上，四川省脱贫家庭耕种面积最大，然后是云南省、重庆市和广西壮族自治区。总体来看，广西壮族自治区无论是房屋面积，还是耕种土地面积，均排在末位。

表 5-12 四省（直辖市、自治区）物质资本比较

指标情况	家庭比例（%）			
	四川省	重庆市	广西壮族自治区	云南省
房屋平均面积（平方米）	140.0	132.0	101.5	153.4
100 平方米以下	46.1	39.8	69.7	44.4
100~200 平方米	41.7	54.5	30.3	40.0
200 平方米以上	12.2	5.7	0.0	15.6
耕种土地平均面积（亩）	20.0①	9.8	5.95	10.2
5 亩及以下	60.4	44.2	81.3	60.8
5~10 亩	20.5	24.8	9.7	18.8
10~20 亩	9.1	15.3	4.2	11.6
20 亩以上	10.0	15.7	4.8	8.8

---

① 四川省受访家庭耕种土地总面积数值较大的主要原因是有一个样本县位于甘孜藏族自治州，该县地广人稀，户均牧草地面积较大。

在耐用消费品层面（表5-13），脱贫家庭的彩色电视机拥有率从高到低依次为四川省、广西壮族自治区、重庆市和云南省。彩色电视机的价值从高到低依次为云南省、四川省、重庆市和广西壮族自治区。脱贫家庭的手机拥有率从高到低依次为广西壮族自治区、四川省、重庆市和云南省；手机价值最高的是云南省，然后依次为重庆市、广西壮族自治区和四川省。冰箱拥有率从高到低依次为重庆市、广西壮族自治区、四川省和云南省，冰箱价值最高的是云南省，然后为广西壮族自治区、重庆市和四川省。计算机拥有率最高的是四川省，然后是广西壮族自治区。脱贫家庭的洗衣机拥有率从高到低依次为重庆市、四川省、云南省和广西壮族自治区，而洗衣机价值最高的是广西壮族自治区，最低的是四川省。重庆脱贫家庭有最高低的电动车拥有率。重庆市和云南省脱贫家庭的汽车拥有率最低，四川省脱贫家庭的汽车价值最高。四川省的摩托车拥有率最高，广西壮族自治区最低，云南省和重庆市排在第二、三位；重庆市摩托车价值最高。云南省贫困家庭的农用三轮车拥有率最高，重庆市最低。云南省脱贫家庭的货车拥有率最高，价值也最高，重庆市和广西壮族自治区最低。总体来看，交通工具和农用机械的拥有率除了受到家庭经济实力的影响，受家庭所处自然地理环境的影响也较大。

表5-13 四省（直辖市、自治区）耐用消费品拥有情况

指标情况	家庭比例（%）			
	四川省	重庆市	广西壮族自治区	云南省
彩色电视机拥有率	93.4	89.2	91.7	73.7
彩色电视机总价值（元）	1552	1300	900	2394
手机拥有率	91.4	88.9	92.6	78.9
手机总价值（元）	2234	3900	2460	5348
计算机拥有率	6.3	—	3.7	—
计算机总价值（元）	3000		2900	
冰箱拥有率	67.5	76.1	74.1	65.3
冰箱总价值（元）	1156	1300	1600	2290
洗衣机拥有率	76.4	68.1	31.2	63.1
洗衣机总价值（元）	880	1200	1500	1180
空调拥有率	—	7.4	5.3	—

续表5-13

指标情况	家庭比例（%）			
	四川省	重庆市	广西壮族自治区	云南省
空调总价值（元）	—	2600	2100	—
电动车拥有率	8.0	—	24.7	22.1
电动车总价值（元）	2645	—	2600	3050
汽车拥有率	4.0	—	1.6	—
汽车总价值（万元）	8.156	—	5.430	—
摩托车拥有率	44.4	33.8	16.9	43.1
摩托车总价值（元）	5079	6400	4000	3867
农用三轮车拥有率	10.0	—	3.1	24.2
农用三轮车总价值	7556	—	4500	7667
货车拥有率	0.6	—	—	5.2
货车总价值（万元）	5.0	—	—	6.6
联合收割机拥有率	1.0	—	—	—
联合收割机总价值（元）	7000	—	—	—
旋耕机拥有率	5.8	—	—	2.0
旋耕机总价值（元）	3934	—	—	6200

5.4.8 金融资本情况

在金融资本层面（表5-14），首先，在收入水平上，重庆市脱贫家庭总收入均值最高，为6.295万元，云南省最低，为3.334万元。总收入在2万元及以下的家庭，云南省占比最高，重庆市占比最低；10万元以上的收入区间，重庆市占比最高，云南省占比最低。工资性收入占总收入比重最高的是重庆市，然后依次为广西壮族自治区、云南省和四川省。重庆市最主要的劳动力所得收入占家庭总收入的比例最高，然后是云南省、四川省、广西壮族自治区，前三位省市比例十分接近。

表 5-14 四省（直辖市、自治区）收入情况

指标情况	家庭比例（%）			
	四川省	重庆市	广西壮族自治区	云南省
2018年总收入均值（万元）	4.010	6.295	4.085	3.334
2万元及以下	30.9	5.3	17.3	36.4
2万~4万元	30.7	6.1	37.6	30.3
4万~6万元	20.5	22.9	31.1	27.3
6万~8万元	8.4	32.2	7.4	6.0
8万~10万元	3.9	19.6	4.9	0
10万元及以上	5.6	13.9	1.7	0
工资性收入占比	37.9	72.9	71.0	70.0
最主要的劳动力所得收入占家庭总收入的比例	66.2	68.0	53.4	67.0

在消费支出及负债层面（表5-15），家庭总支出额度最高的是云南省，然后依次为重庆市、四川省和广西壮族自治区。具体来看，用于生活支出占比最高的是广西壮族自治区，然后依次为重庆市、四川省和云南省。值得注意的是，四省市生活支出比例比较接近，位于40%~45%区间。教育支出占比最高的是广西壮族自治区，然后依次为云南省、四川省和重庆市，广西壮族自治区与云南省教育支出占比接近，在30%左右，四川省和重庆市教育支出占比比较接近，在20%左右。医疗支出占比最高的是四川省，然后依次为广西壮族自治区、云南省和重庆市，四省市这一比例比较接近，集中在15%~20%区间。

在家庭负债上，云南省脱贫家庭的负债比例最高，然后依次为四川省、重庆市和广西壮族自治区；在负债额度上，四川省最高，然后依次为重庆市、云南省和广西壮族自治区。因教育负债占总负债额比例最高的是云南省，然后依次为重庆市、四川省和广西壮族自治区。因病负债占总负债额比例最高的是重庆市，然后依次为四川省、云南省和广西壮族自治区。

表 5—15　四省（直辖市、自治区）消费支出及负债情况

指标情况	家庭比例（%）			
	四川省	重庆市	广西壮族自治区	云南省
总支出均值（万元）	2.576	3.320	2.266	3.870
生活支出占比	41.5	43.9	44.1	40.4
教育支出占比	19.4	18.0	32.3	28.7
医疗支出占比	19.7	14.7	19.5	15.4
负债家庭比例	42.4	31.4	11.9	61.1
平均负债额度（万元）	5.453	4.390	2.490	4.041
教育负债占比	41.0	41.2	35.0	45.0
因病负债占比	44.6	54.7	17.8	40.0

5.4.9　总体评价及对策措施

总体来看，四川省应重点改善脱贫家庭劳动力数量、健康状况及生活补助状况。重庆市与广西壮族自治区应采取有效措施减轻脱贫家庭的教育支出负担，改善健康状况，加强对脱贫家庭的技能培训。云南省应该采取有效措施减轻脱贫家庭的教育支出负担，改善其生活补助状况，加强对其技能培训和产业发展支持。在各项生计资本中，农村地区脱贫家庭最需要、最迫切改善的是人力资本情况。

5.5　小　结

本部分内容就西南农村地区的四川省、重庆市、广西壮族自治区、云南省的脱贫家庭的致贫原因、急需的帮扶项目，以及人力资本、文化资本、社会资本、自然资本、物质资本与金融资本六类生计资本的禀赋现状进行了分析，并将四省市（直辖市、自治区）的生计资本禀赋做了对比分析，找出各自特性，以便明晰各省未来防返贫政策侧重点。同时，为更好分析西南农村地区脱贫家庭所处宏观环境，根据实际调研的访谈、直接观察情况，本书笔者还特别将四川省一个样本县做了案例分析。

6 西南农村地区脱贫家庭生计资本对生计策略及返贫风险的影响

生计资本是开展生计策略的前提与基础,在厘清生计资本的内涵、生计资本禀赋现状的基础上,有必要就生计资本如何影响脱贫家庭生计策略的选择进行分析。生计资本同时又是脱贫家庭防止返贫和能否实现可持续生计的基本保障,因此,也有必要就生计资本对未来返贫的影响开展研究。

6.1 生计策略选择的理论逻辑——比较优势理论

比较优势又称相对优势,最早用于对国际贸易现象的解释,是指各国在土地、劳动力、资本、技术乃至于制度等有形和无形的资源禀赋上存在着相对差异,从而使一个国家在某类产品的生产上具有生产率的相对优势。也可以认为,如果一个国家在本国生产一种产品的机会成本低于在其他国家生产该种产品的机会成本,则这个国家在生产该种产品上就拥有比较优势(陈立敏,2006)[172]。瑞典经济学家伊·赫克歇尔(Eli Heckscher)和佴蒂尔·俄林(Bertil Ohlin)基于亚当·斯密(Adam Smith)的绝对优势理论和大卫·李嘉图(David Ricardo)的比较优势理论,进一步提出要素禀赋结构理论,要素禀赋结构是指一个经济中自然资源、劳动力和资本的相对份额。各个国家的要素禀赋存在差异,有的劳动力资源丰富,有的自然资源丰富,有的资本资源丰富;各个国家分工生产使用本国最丰富的生产要素的产品(徐元国,2003;马刚,2006)[173-174]。李嘉图与赫尔歇尔和俄林的比较优势通常是外生比较优势,而杨小凯认为,通过专业化、分工、报酬递增、学习效应、交易效率的提高等可以创造并培植出内生比较优势(王元颖,2005)[175],在李嘉图与俄林的理论中,已指出的外生比较优势来源有劳动力、资本、自然资源等,而人力资本是内生比较优势的来源(徐元国,2004)[173]。

加里·贝克尔认为家庭不仅仅是一个消费单位,更重要的是一个生产单位(郭砚莉,2007)[176]。对于家庭而言,比较优势存在两种可能:一种是

绝对比较优势，即家庭每种或某种生计资本禀赋优于其他家庭禀赋，从而更易选择其意愿的生计策略；另外一种是相对比较优势，即家庭生计资本禀赋均不及其他家庭，但在本家庭多类生计资本禀赋中，家庭选择最丰富的生计资本用于生计策略。家庭基于自身生计资本结构来确定比较优势，进而选择生计策略，不同于企业的"原材料—生产加工—产品"生产模式，家庭的生产模式为"生计资本—生计策略—获得收入的机会"，家庭的"产品"即为"获得收入的机会"。脱贫家庭或许使用具有比较优势的生计资本选择生计策略，以生计策略创造的收入来弥补或改善不具备比较优势的生计资本，从而追求全面发展。

6.2 基于生计资本水平的生计策略选择

6.2.1 生计资本水平指数测算

综合对四川省、重庆市、广西壮族自治区、云南省四省（直辖市、自治区）生计资本水平的分析，并结合实际调研情况和问卷数据的完整性，课题选择"劳动力数量、教育年限、最主要劳动力健康状况与就业技能培训"作为测算人力资本指数的基础，选择"吃苦耐劳的能力与对待新事物、新技术的态度及接受速度"作为测算文化资本指数的基础，选择"交际能力、亲朋任职与亲朋数量"作为测算社会资本指数的基础，选择"自然灾害状况、市场距离、矿产资源状况"作为测算自然资本指数的基础，选择"土地面积、住房面积与耐用资产"作为测算物质资本的基础，选择"转移支付和净收入水平"作为测算金融资本的基础。

本书使用了优序图法、AHP方法、商权TOPSIS方法、CRITIC方法、独立性方法、信息量方法对各项二级指标进行权重赋予。在综合考虑样本家庭实际调研情况、专家学者意见、既有文献研究和六类方法计算权重的结果基础上，本书认为使用优序图法的权重计算结果更适于农村地区脱贫家庭。优序图法同样是利用了数字大小的相对性，数据上为专家针对各个指标进行大分析，相比其他方法"优序图法"更易理解、操作简便，适合有较多指标时使用，结果可信度也较高（卢璐，2018）[177]。

优序图法（Precedence Chart）是美国学者穆迪（P. Moody）于1983年提出并应用的，它的原理是用矩阵图示的办法两两比较分析各因素对目标的重要程度。运用优序图法计算权重时，首先需要构建优序图权重表，假设确定的

指标个数为 n 个。将这 n 个比较因素行、列分别写在 $n*n$ 的表格中。表格中对角线所在的格子因为是两两的相同因素，可不进行比较，通过斜线代替。其他空余表格则通过三个数字（1，0.5，0）进行两两比较确定重要性。具体操作为："1"表示该组比较中，前者是相对重要的，然后在对应的格子里写"1"。反之，若后者是相对重要的，则写"0"；若写"0.5"，则表示同等重要。平均值相对更大时计为1分，相对更小时计为0分，平均值完全相等时计为0.5分；平均值越大意味着重要性越高，权重也会越高。

完成优序图权重计算表后，结合优序图权重计算表，针对每行数据求和，得到指标得分，针对指标得分进行归一化处理，最终得到权重值。根据指标得分计算各分析项（指标）重要性权重的计算公式为：

$$w_i = \frac{A_i}{\sum_{i=1}^{17} A_i} \tag{1}$$

上式中，w_i 是每项指标的权重，A_i 是每项指标得分，i 为用于分析的指标数量。表6-1是六类生计资本17项二级指标的定义、均值与优序图法计算的权重情况。为强化对比，文章除对950户脱贫家庭的生计资本水平指数进行测算外，也将调研时336户仍未脱贫家庭的生计资本水平指数进行了统计[①]。

6.2.2 脱贫家庭与未脱贫家庭的生计资本水平指数

统计显示，除劳动力数量、教育年限、亲朋任职、自然灾害、市场距离指数，调研时，已经脱贫家庭的指标略低于未脱贫家庭，脱贫家庭在其他11项指标的指数均值均高于未脱贫家庭。因为17项指标的数值很难在短时间内改变，因此，指标均值基本表明，脱贫家庭摆脱贫困得益于优于未脱贫家庭的生计资本水平指数。

[①] 本部分分析只适用四川省、重庆市、广西壮族自治区与云南省四省1286户家庭样本，调研时已经脱贫家庭950户，未脱贫家庭336户。需要注意的是，在计算"自然灾害""市场距离"指标的加权值时，考虑到这两个指标值越大，可能越不利于家庭生计资本的积累，因此权重以负值进行统计。

表 6-1 生计资本水平指数（可持续生计能力指数）测算

生计资本	二级指标	指标定义	指标均值 脱贫	指标均值 未脱贫	权重 脱贫	权重 未脱贫	加权后的均值 脱贫	加权后的均值 未脱贫
深层次基础资本	人力资本	劳动力数	家庭劳动力总数量	2.758	2.771	0.043	0.053	0.119	0.147
		教育年限	受访者和配偶受教育年限之和	10.290	11.904	0.106	0.096	1.091	1.143
		健康状况	家庭最主要劳动力健康状况，主观赋值题，1~5分，分值越高，表明越健康	3.650	3.480	0.074	0.077	0.270	0.268
		就业培训	建档立卡以后，家庭成员参加了政府组织的就业技能培训，赋值为1，否则为0	0.513	0.382	0.020	0.028	0.010	0.011
	文化资本	吃苦耐劳	家庭成员吃苦耐劳的品质，主观赋值题，1~5分，分值越好，表明品质越强	3.762	3.622	0.082	0.065	0.308	0.235
		接受态度	家庭成员对待新事物、新技术的态度及接受速度，主观赋值题，1~5分，分值越高，表明对新事物的认可及接受能力越强	3.076	3.067	0.066	0.028	0.203	0.086

6 西南农村地区脱贫家庭生计资本对生计策略及返贫风险的影响

续表6-1

生计资本	二级指标	指标定义	指标均值 脱贫	指标均值 未脱贫	权重 脱贫	权重 未脱贫	加权后的均值 脱贫	加权后的均值 未脱贫
潜层次支撑资本	社会资本 交际能力	家庭成员处理人际关系能力,主观赋值题,1~5分,分值越高,表明能力越强	3.835	3.429	0.090	0.071	0.345	0.243
	社会资本 亲朋任职	关系紧密的亲朋好友任职企事业单位,赋值为1,否则为0	0.197	0.301	0.004	0.015	0.001	0.005
	社会资本 亲朋数量	关系紧密的亲朋好友数量	15.124	12.225	0.113	0.102	1.709	1.247
	自然资本 自然灾害	最近一年,家庭附近发生自然灾害,赋值为1,否则为0	0.545	0.672	−0.027	−0.040	−0.015	−0.027
	自然资本 市场距离	家庭离最近一个县城的距离(千米),仅回归分析时,取对数值	2.815	3.026	−0.059	−0.046	−0.166	−0.139
	自然资本 矿产资源	村子及附近有矿产资源,赋值为1,否则为0	0.211	0.181	0.012	0.034	0.003	0.006

续表6-1

生计资本	二级指标	指标定义	指标均值 脱贫	指标均值 未脱贫	权重 脱贫	权重 未脱贫	加权后的均值 脱贫	加权后的均值 未脱贫
表层次复合资本	物质资本	土地面积	家庭耕种的土地总面积（亩，包含耕地、林地、草地），仅回归分析时，取对数值	14.621	13.239	0.121	0.108	1.769	1.430
		住房面积	家庭房屋（含院落）总面积（平方米），仅回归分析时，取对数值	134.6	127.6	0.045	0.041	6.057	5.232
		耐用资产（万元）	耐用性消费品与生产性资产的价值，包括牛、羊等畜禽及收割机、拖拉机等生产工具、交通工具和耐用性消费品，仅回归分析时，取对数值	3.136	1.483	0.053	0.048	0.166	0.071
	金融资本	转移支付	来自政府的年度转移支付，如贫困补助、养老金、退耕还林还草、农业支持保护补贴、高原补贴等（万元），仅回归分析时取对数值	1.293	0.914	0.035	0.079	0.045	0.072
		年净收入	不包含转移支付的家庭年收入减去总支出（万元），仅回归分析时取对数值	1.342	0.827	0.051	0.069	0.068	0.057

得到六类生计资本二级指标权重 W_{ih}（$i=1\cdots6$，$h=1\cdots4$）后，假设样本家庭每项指标数值为 X_{ik}（$i=1\cdots6$，$k=1\cdots950$ 或 336），则加权后的指标数值为 $Z_k = W_{ih} * \times X_{ik}$，则六类生计资本的总和值为 $\sum_{h=1}^{4} Z_k$，计算结果见表6-2。可以看出，调研时已经脱贫家庭的总资本为11.984，比未脱贫家庭高出近1.9个单位。具体来看，除人力资本和金融资本外，脱贫家庭的其他四类资本水平均高于未脱贫家庭。尤其是在短期内难以积累的社会资本、自然资本与文化资本方面，脱贫家庭的这三类资本均高于未脱贫家庭，表明生计资本禀赋对

于家庭摆脱贫困具有积极作用，同时也说明了生计资本禀赋对于家庭可持续生计和内生发展能力的重要性。

表 6-2 脱贫家庭与未脱贫家庭的生计资本水平指数（可持续生计能力指数）

资本类别	均值 脱贫家庭	均值 未脱贫家庭
人力资本	1.489	1.568
文化资本	0.512	0.321
社会资本	2.055	1.495
自然资本	−0.178	−0.160
物质资本	7.992	6.733
金融资本	0.114	0.129
总资本量	11.984	10.086

6.2.3 生计资本水平对生计策略的影响

（1）生计资本水平对收入渠道稳定性的影响

收入渠道不仅与脱贫家庭生计策略选择密切相关，还关系家庭未来是否返贫。以家庭"是否有稳定的收入渠道"为分组变量。统计发现，无论是脱贫家庭，还是未脱贫家庭，有稳定收入渠道的家庭总生计资本指数均要高于无稳定收入渠道家庭。可见，生计资本对收入渠道的稳定性具有重要作用。（图 6-1）

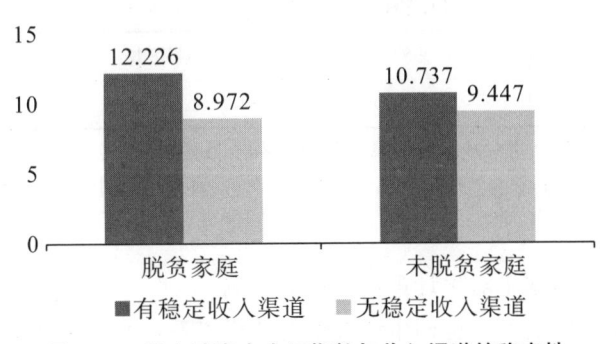

图 6-1 总生计资本水平指数与收入渠道的稳定性

为进一步分析生计资本对脱贫家庭收入渠道的影响，构建以下二元 Logit 模型，基本方程如下：

$$Wenqu_i = 1(\alpha_1 Ren_i + \alpha_2 Shehui_i + \alpha_3 Wuzhi_i + \alpha_4 Jin_i + \alpha_5 Ziran_i + \alpha_6 Wenhua_i + \mu_i > 0) \quad (2)$$

上式中，$Wenqu_i$ 为二元因变量"收入渠道"，当括号内表达式成立时，$Wenqu_i=1$，表示家庭 i 有稳定的收入渠道，否则为 0。Ren_i 表示脱贫家庭人力资本存量指数，$Shehui_i$ 表示社会资本存量指数，$Wuzhi_i$ 表示物质资本存量指数，Jin_i 表示金融资本存量指数，$Ziran_i$ 表示自然资本存量指数，$Wenhua_i$ 表示文化资本存量指数。α_1—α_6 是分别表示六类生计资本对收入渠道的影响系数，μ_i 为误差项，服从逻辑分布。

回归分析显示，六类生计资本水平与收入渠道的稳定性呈正向关系。具体来看（表6-3），人力资本指数每增加一个单位，家庭拥有稳定收入渠道的可能性增加 1 个百分点；文化资本指数每增加一个单位，家庭拥有稳定收入渠道的可能性增加 14.5 个百分点；社会资本指数每增加一个单位，家庭拥有稳定收入渠道的可能性增加 5.8 个百分点；自然资本指数每增加一个单位，家庭拥有稳定收入渠道的可能性增加 30.3 个百分点；物质资本指数每增加一个单位，家庭拥有稳定收入渠道的可能性增加 0.5 个百分点；金融资本指数每增加一个单位，家庭拥有稳定收入渠道的可能性增加 13.8 个百分点。

表6-3　生计资本水平对收入渠道稳定性对影响

变量	系数	变量	系数
人力资本	0.010*	自然资本	0.303*
	(1.667)		(1.730)
文化资本	0.145*	物质资本	0.005***
	(1.691)		(2.750)
社会资本	0.058***	金融资本	0.138***
	(3.950)		(3.760)

注：表中样本量为 906 户脱贫家庭（部分样本家庭数据缺失），系数表示边际效应，括号内为 Z 值，拟 R^2 为 0.097。"***""**""*"分别表示在 1%、5% 及 10% 统计水平显著。

(2) 生计资本水平对生计策略选择的影响

从收入渠道的类型，也即生计策略的选择来看，脱贫家庭生计策略主要集中在农业生产经营就业与非农业渠道就业两个方面。整体来看，以农业生产经营为第一生计策略的家庭占比 24%，以非农业渠道为第一生计策略的家庭占比 71%，以政府转移支付为第一生计策略的家庭占比 5%[①]。

---

① 这里第一生计策略是指给家庭创造最高收入的就业渠道。

从总生计资本指数来看，以总生计资本均值将家庭总资本分为高水平与低水平两组，统计显示，高水平总资本家庭中，75.0%的家庭选择以非农就业作为第一生计策略，22.1%的家庭将农业生产经营作为第一生计策略；而在低水平总资本家庭中，66.0%的家庭选择非农就业作为第一生计策略，24.3%的家庭将农业生产经营作为第一生计策略。以非农就业比例来比较，高水平组家庭比低水平组家庭高出9.0个百分点，以农业生产经营比例来看，低水平组家庭比高水平组家庭高出2.2个百分点[①]。现实表明，非农就业收入水平往往高于农业生产经营获得的收入。因此，在遵循比较优势的原则下，高水平生计资本存量家庭更倾向于选择非农就业作为第一生计策略，而低水平资本存量家庭更倾向选择农业就业作为第一生计策略。当然，以总生计资本来验证家庭是否按照比较优势原则来选择生计策略尚不足够。因此，有必要按照六类生计资本分类进行说明。按照比较优势内涵，可以分为一类资本、两类资本和多类资本（三类及以上）情形[②]。

①一类生计资本情形下的比较优势

只考虑一类资本情形时（表6-4），按照各类资本指数均值分为高资本指数组与低资本指数组。统计发现，只考虑人力资本时，尽管高人力资本指数组的家庭与低水平人力资本组家庭的占比最高的第一生计策略均为非农就业，但是前者比后者高出22.8个百分点，而在农业就业方面，后者比前者高出13.6个百分点，即在只考虑拥有人力资本一类生计资本时，低水平人力资本家庭遵循了比较优势原则，因此，选择对人力资本要求并不算高的农业生产经营的家庭占比更高。只考虑家庭拥有社会资本时，低资本组中有74.9%的家庭选择非农就业策略，高资本组有67.3%的家庭选择非农就业，比前者低7.6个百分点，而在农业生产经营策略上，高资本组家庭则发挥比较优势原则，有27%的家庭选择了农业生产经营，比低资本组家庭高出8.6个百分点。只考虑拥有物质资本时，尽管高资本组家庭在非农就业和农业就业的比例均高于低资本组，但在农业就业方面差距很小。只考虑金融资本时，高资本组家庭在非农就业上的比例比低资本组高出19个百分点，而在农业就业方面，低资本组则比前者高出11.4个百分点。只考虑自然资本时，高资本组家庭在非农就业上的比例比低资本组高出15.4个百分点，而在农业就业方面，低资本组则比前

---

① 非农就业比例与农业就业比例之和不是100%的原因在于，样本中还有少量家庭的最大收入来源渠道是政府的转移支付，这里不再列出。而且低水平资本组得到政府转移支付的家庭占比远高于高水平资本组。

② 不再展示多类资本的情形。

者高出12.4个百分点。只考虑文化资本时，高资本组家庭在非农就业上的比例比低资本组低9.8个百分点，而在农业就业方面，比低资本组高出3.2个百分点。整体来看，除只考虑物质资本时，高水平资本组家庭的生计策略比例均高于低资本组家庭外，其他五类资本情形下，在非农就业与农业就业生计策略选择上，两组家庭出现了此消彼长的特征，说明脱贫家庭基于生计资本禀赋，按照比较优势的原则来选择生计策略。

表6-4 只考虑一类生计资本时的生计策略选择

资本类型	高资本组生计策略 非农就业	高资本组生计策略 农业就业	低资本组生计策略 非农就业	低资本组生计策略 农业就业	比较优势 高、低资本组非农就业比例差值	比较优势 高、低资本组农业就业比例差值
总资本	75.0%	22.1%	66.0%	24.3%	9.0%	−2.2%
人力资本	82.3%	16.2%	59.5%	29.8%	22.8%	−13.6%
社会资本	67.3%	27.0%	74.9%	18.4%	−7.6%	8.6%
物质资本	74.8%	23.7%	67.3%	22.4%	7.5%	1.3%
金融资本	79.8%	18.1%	60.8%	29.5%	19.0%	−11.4%
自然资本	78.5%	17.0%	63.1%	29.4%	15.4%	−12.4%
文化资本	63.5%	25.6%	73.3%	22.4%	−9.8%	3.2%

②两类生计资本情形下的比较优势

将六类生计资本按照两类资本指数分为高、低水平两组（表6-5），在不考虑高高、低低组合的情况下，可分为28组[1]。其中，两组为一对比组，如，第1组与第2组为"低水平人力资本和高水平社会资本、高水平人力资本和低水平社会资本"比较组。统计显示，高水平人力资本、低水平社会资本的家庭中，选择非农就业作为第一生计策略的比例要远高于低水平人力资本、高社会资本组；尽管后者选择非农就业的家庭占比最高，但选择农业就业作为第一生计策略的家庭占比要远高于前者，说明两组资本禀赋不同的家庭，遵循比较优势原则进行了生计策略选择。高人力资本、低社会资本的家庭更倾向于非农就业，高社会资本、低人力资本的家庭在农业就业方面的比例则出现显著上升。第3组与第4组是考虑人力资本与物质资本时的组合统计。结果显示，尽管非

---

[1] 这里不考虑两类资本均为高水平或低水平时的情况，主要是因为利用比较优势进行就业策略的选择十分明显。

6 西南农村地区脱贫家庭生计资本对生计策略及返贫风险的影响

农就业依然是两组家庭第一生计策略,但第 4 组高水平人力资本、低水平物质资本的家庭选择非农就业的比例要远高于第 3 组低人力资本、高物质资本的家庭,而第 3 组选择农业就业的家庭比例要显著高于第 4 组。人力资本与其他五类资本组合的其他组别,基本沿袭了这一特征,即高水平人力资本家庭更愿意选择非农就业,低水平人力资本家庭更愿意选择农业就业。

第 11 组~第 18 组为社会资本与其他四类资本的组合模式。统计显示,无论其他四类资本存量如何,高水平社会资本组家庭选择农业就业的比例要高于低水平社会资本组家庭,这一特征与第 1 组、第 2 组人力资本和社会资本组合时的生计策略选择结果保持一致。第 19 组~第 22 组为金融资本与自然资本、文化资本的组合模式。统计显示,高水平金融资本组家庭选择非农就业的比例要高于低水平金融资本组家庭。第 23 组~第 24 组为物质资本与自然资本的组合状态,与低水平物质资本、高水平自然资本组相比,高水平物质资本、低水平自然资本组家庭选择农业生产经营的比例更高,选择非农就业的比例更低,这与第 3 组,物质资本与人力资本组合时的结论一致。尽管与第 11 组物质资本和社会资本组合时的生计策略选择不同,但也正好说明了,家庭正是基于不同的资本禀赋组合在运用比较优势来选择的生计策略。第 25 组~第 26 组为物质资本与文化资本的组合状态,与低水平物质资本、高水平文化资本组相比,高水平物质资本和低水平文化资本组的家庭选择非农就业的比例更高,而前者选择农业就业的比例更高。第 27 组~第 28 组为自然资本与文化资本的组合状态,与低水平自然资本、高水平文化资本组相比,高水平自然资本、低水平文化资本组的家庭选择非农就业的比例更高,而前者选择农业就业的比例更高。

总体来看,在考虑家庭拥有两类资本禀赋组合的前提下,统计发现,家庭在权衡两类资本禀赋水平基础上,总是会基于一类更有比较优势的资本禀赋进行生计策略选择,也即可以看到进行比较的两组家庭选择生计策略的比例差值基本呈现一正一负的特征[①]。

---

① 比例差值是前组比例值减去后组比例值的计算结果。

表6-5 考虑两类生计资本时的生计策略选择

生计策略	1组 低人力资本、高社会资本	2组 高人力资本、低社会资本	1组~2组比例差值	3组 低人力资本、高物质资本	4组 高人力资本、低物质资本	3组~4组比例差值	5组 低人力资本、高金融资本	6组 高人力资本、低金融资本	5组~6组比例差值
非农就业	54.3%	83.0%	−28.7%	67.5%	84.6%	−17.1%	71.9%	76.2%	−4.3%
农业就业	36.2%	15.0%	21.2%	29.3%	12.6%	16.7%	24.1%	20.3%	3.8%

	7组 低人力资本、高自然资本	8组 高人力资本、低自然资本	7组~8组比例差值	9组 低社会资本、高文化资本	10组 高社会资本、低文化资本	9组~10组比例差值	11组 低社会资本、高物质资本	12组 高社会资本、低物质资本	11组~12组比例差值
非农就业	65.7%	75.3%	−9.6%	53.8%	82.8%	−29.0%	79.9%	63.2%	16.7%
农业就业	24.6%	22.0%	2.6%	29.2%	15.5%	13.7%	17.9%	25.4%	−7.5%

	13组 低社会资本、高金融资本	14组 高社会资本、低金融资本	13组~14组比例差值	15组 低社会资本、高自然资本	16组 高社会资本、低自然资本	15组~16组比例差值	17组 低社会资本、高文化资本	18组 高社会资本、低文化资本	17组~18组比例差值
非农就业	84.7%	57.6%	27.1%	81.1%	62.1%	19.0%	66.7%	69.1%	−2.4%
农业就业	14.3%	33.7%	−19.4%	14.0%	30.5%	−16.5%	20.6%	26.3%	−5.7%

6 西南农村地区脱贫家庭生计资本对生计策略及返贫风险的影响

续表6-5

	19组 低金融资本、高自然资本	20组 高金融资本、低自然资本	19组~20组比例差值	21组 低金融资本、高文化资本	22组 高金融资本、低文化资本	21组~22组比例差值	23组 低物质资本、高自然资本	24组 高物质资本、低自然资本	23组~24组比例差值
非农就业	63.8%	69.6%	−5.8%	56.6%	82.0%	−25.4%	74.2%	65.8%	8.4%
农业就业	25.8%	25.4%	0.4%	28.3%	16.6%	11.7%	17.7%	31.1%	−13.4%
	25组 低物质资本、高文化资本	26组 高物质资本、低文化资本	25组~26组比例差值	27组 低自然资本、高文化资本	28组 高自然资本、低文化资本	27组~28组比例差值			
非农就业	54.8%	75.2%	−20.4%	57.7%	82.1%	−24.4%			
农业就业	26.0%	23.4%	2.6%	28.9%	14.8%	14.1%			

137

(3) 进一步验证：生计资本水平对生计策略的影响

为进一步验证生计资本水平对生计策略选择的影响，构建以下二元 Logit 模型，基本方程如下：

$$Feinong_i = 1(\beta_1 Ren_i + \beta_2 Shehui_i + \beta_3 Wuzhi_i + \beta_4 Jin_i \\ + \beta_5 Ziran_i + \beta_6 Wenhua_i + \theta_i > 0) \tag{3}$$

上式中，$Feinong_i$ 为二元因变量"生计策略"，括号内表达式成立时，$Feinong_i=1$，表示第一生计策略为非农业就业，$Feinong_i=0$ 表示第一生计策略为农业就业。$\beta_1 \sim \beta_6$ 为六类生计资本对生计策略的边际效应，θ_i 为误差项，服从逻辑分布。

回归分析发现（表 6-6），人力资本水平越高的家庭，越倾向于非农就业，且人力资本水平每上升 1 个单位，家庭将非农就业作为第一生计策略的可能性上升 11.8 个百分点；文化资本水平越高的家庭，越倾向于农业就业，且文化资本水平每上升 1 个单位，家庭将非农就业作为第一生计策略的可能性下降 18 个百分点；社会资本水平越高的家庭，越倾向农业就业，且社会资本水平每上升 1 个单位，家庭将非农就业作为第一生计策略的可能性下降 4.1 个百分点；自然资本水平越高的家庭，越倾向非农就业，且自然资本水平每提高一个单位，将非农就业作为第一生计策略的可能性上升 63.9 个百分点；金融资本水平越高的家庭，越倾向非农就业，且金融资本水平每提高一个单位，将非农就业作为第一生计策略的可能性上升 13.9 个百分点；物质资本水平越高的家庭，越倾向将农业生产经营作为第一生计策略。

表 6-6 Logit 模型回归分析：生计资本对生计策略的影响

变量	系数	变量	系数
人力资本	0.118***	自然资本	0.639*
	(5.460)		(1.731)
文化资本	-0.180*	物质资本	-0.001
	(-1.701)		(-0.870)
社会资本	-0.041*	金融资本	0.139*
	(-1.690)		(1.730)

注：表中样本量为 906，系数为边际效应，括号内为 Z 值，拟 R^2 为 0.061。"***""**""*"分别表示在 1%、5%及 10%统计水平显著。

6.3 生计资本水平对返贫风险的影响

脱贫家庭"未来是否返贫"是巩固拓展脱贫攻坚成果同乡村振兴有效衔接过渡期内政府及学术界十分关心的问题，而生计资本作为家庭可持续生计与内生发展的基础，与其未来返贫的可能性应该存在一定联系。基于问卷中一道主观赋值题"您认为未来三年内，您家返贫的可能性？（请在1~10分范围内评分，若返贫可能性越大，分值越高）"，分值在6~10分，则判定该脱贫家庭返贫的可能性较高，1~5分判定返贫的可能性较低，按照两个分数段将脱贫家庭分为高返贫家庭与低返贫家庭。统计发现，高返贫家庭的生计资本指标总值为13.877，而低返贫家庭为19.526。在六类生计资本方面，除人力资本与文化资本指数外，低返贫家庭在社会资本、物质资本、金融资本和自然资本指数上均显著高于高返贫家庭。（表6-7）

表6-7 生计资本水平与返贫风险

返贫类型	生计资本指标总值	人力资本指标数值	文化资本指标数值	社会资本指标数值	自然资本指标数值	物质资本指标数值	金融资本指标数值
高返贫家庭	13.877	1.487	0.521	1.738	−0.207	10.511	0.024
低返贫家庭	19.526	1.462	0.512	2.095	−0.174	15.403	0.125

为进一步分析生计资本对未来返贫的影响，构建以下二元Logit模型，基本方程如下：

$$Fanpin_i = 1(\gamma_1 Ren_i + \gamma_2 Shehui_i + \gamma_3 Wuzhi_i + \gamma_4 Jin_i + \gamma_5 Ziran_i + \gamma_6 Wenhua_i + \delta_i > 0) \tag{4}$$

上式中，$Fanpin_i$为二元因变量"返贫风险"，分值在6~10分，则认为脱贫家庭返贫的可能性较高，$Fanpin_i=1$，分值在1~5分，则认为脱贫家庭返贫的可能性较低，$Fanpin_i=0$。$\gamma_1 - \gamma_6$为六类生计资本对返贫的边际效应，δ_i为误差项，服从逻辑分布。

回归分析发现（表6-8），六类生计资本对未来返贫的边际效应均为负值，即资本水平越高，家庭未来返贫的可能性越低，且除文化资本在5%统计水平显著外，其他五类资本均在1%统计水平显著。可见，生计资本对家庭可持续生计和内生发展及抑制返贫具有积极作用。

表 6-8 Logit 模型回归分析：生计资本水平与返贫风险

变量	系数	变量	系数
人力资本	-0.032***	自然资本	-0.095***
	(-2.590)		(-4.450)
文化资本	-0.301**	物质资本	-0.010***
	(-2.090)		(-3.900)
社会资本	-0.039***	金融资本	-0.141***
	(-2.940)		(-3.820)

注：表中样本量为906，系数为边际效应，括号内为Z值，拟R^2为0.175。"***""**""*"分别表示在1%、5%及10%统计水平显著。

6.4 小　结

本部分内容主要分析了西南农村地区脱贫家庭生计资本对生计策略及返贫风险的影响。首先，确定六类生计资本的测算变量，并运用优序图法分别测算了四川省、重庆市、广西壮族自治区与云南省四省、直辖市、自治区的生计资本水平指数。其次，在生计资本对生计策略的影响方面，分析发现，生计资本对收入渠道的稳定性和生计策略的选择具有重要影响；家庭在权衡资本禀赋水平基础上，总是会基于更有比较优势的资本禀赋进行生计策略选择。最后，在生计资本对返贫风险的影响方面，分析发现，农村地区脱贫家庭的生计资本对其未来返贫的边际效应均为负值，即生计资本水平越高，家庭未来返贫的可能性越低。

7 西南农村地区的扶贫政策效果分析

实施精准扶贫政策以来，政策效果到底如何，给贫困家庭带来了哪些改变还待分析。本部分内容主要分析了精准扶贫政策对四川省、重庆市、广西壮族自治区、云南省贫困家庭的收入、教育环境、医疗卫生条件、居住环境的影响，并对比分析了四省、直辖市、自治区扶贫政策效果的差异。此外，为验证某一特定扶贫政策的效果，基于倾向得分匹配法，剖析了就业技能培训政策给享受了此项政策的家庭收入带来的影响。

7.1 四省扶贫政策效果分析

7.1.1 四川省扶贫政策效果分析

（1）收入改善情况

①收入渠道的稳定情况

得益于国家层面和四川省长期以来不遗余力实施脱贫攻坚战略，81.8%的脱贫家庭表示有比较稳定的收入来源。在主要稳定收入渠道方面（图7-1），55.3%的家庭表示是外出务工，54.7%的家庭表示是农业生产经营，42.0%的家庭表示是政府补助，14.7%的家庭表示是养殖，6.2%的家庭表示是经商，1.3%的家庭表示是财产性收入（如租金、利息、分红等），0.8%的家庭表示是其他渠道。可见，脱贫家庭稳定的收入渠道还是来自外出务工或从事农业生产经营。

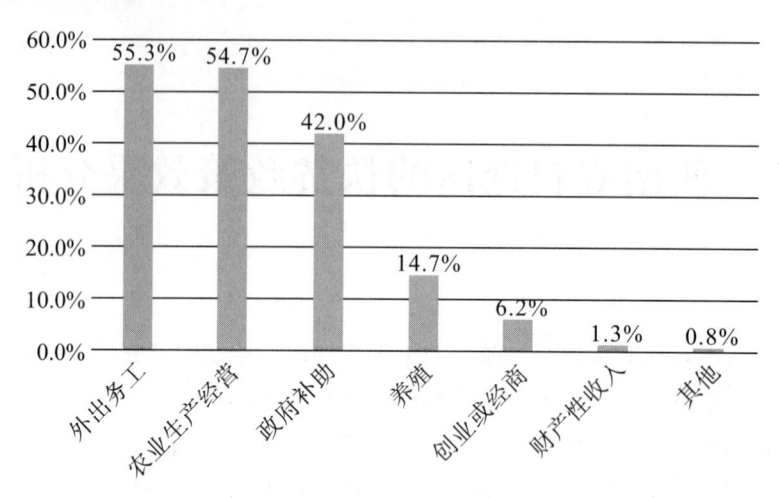

图 7-1　家庭稳定收入的渠道

②收入增长幅度

与建档立卡前相比，受访家庭年收入普遍得到了显著提高，提高比例均值为 190.0% 左右。其中，提高比例在 10% 以下的占比 8.2%，10%～30% 的占比 5.0%，30%～50% 的占比 8.8%，50%～100% 的占比 20.6%，100%～200% 的占比 36.2%，200% 以上的占比 21.2%。可以看出提高幅度在 100% 以上的家庭占比近 60%，说明国家与四川省实施的精准扶贫政策效果比较明显。（图 7-2）

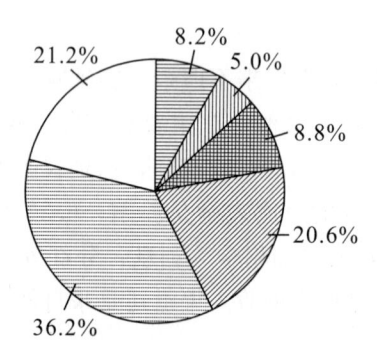

图 7-2　家庭收入提高比例情况

③与非贫困家庭相比的收入增速

建档立卡后，得益于扶贫政策帮扶和贫困家庭自身努力，大部分家庭收入增长速度加快（图 7-3），其中，年均收入增长速度比周围非贫困家庭"快一些"的家庭占比 15.4%，49.2% 的贫困家庭表示"差不多"，有 35.4% 的贫困家庭表示"慢一些"。

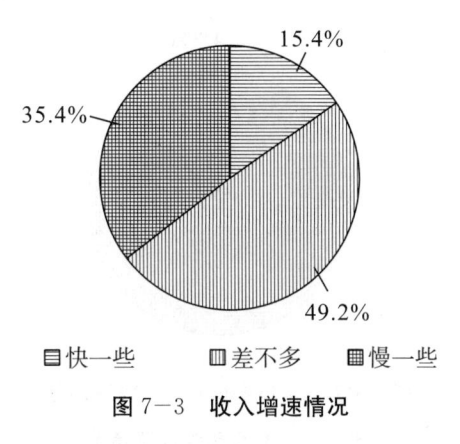

图 7-3 收入增速情况

④与非贫困家庭相比的收入水平

在绝对收入水平上（图 7-4），7.0%的脱贫家庭表示收入水平比周围非贫困家庭"高出一些"，45.2%的家庭表示"差不多"，41.2%的家庭表示"低一些"，6.6%的家庭表示"低很多"。总体来看，精准扶贫政策对家庭收入水平的提升效果比较明显。

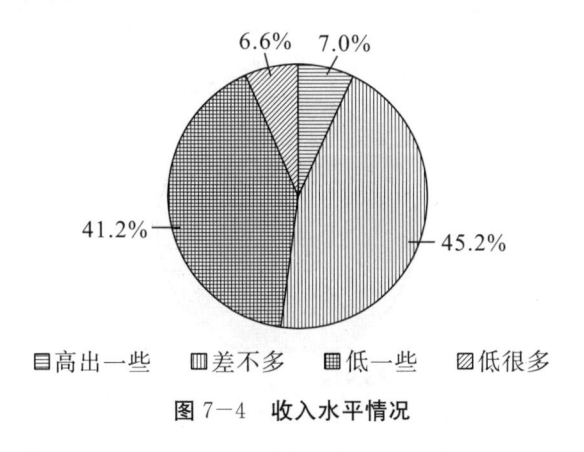

图 7-4 收入水平情况

(2) 教育条件改善情况

统计数据显示（图 7-5），自从精准扶贫政策实施以来，脱贫地区的教育条件改善明显，绝大部分居民对教育条件的改善满意，在主观题"自从精准扶贫政策实施以来，您村教育条件（含中小学基础设施、学杂费减免等）改善情况"中，受访者赋予了均值 8.0 分的改善程度[①]，具体来看，赋予 1~3 分的受

---

① 赋值范围为 1~10 分，分值越高，表示改善程度越大。

访者占比 4.2%，4~6 分的受访者占比 7.0%，7~10 分的受访者占比 88.8%。

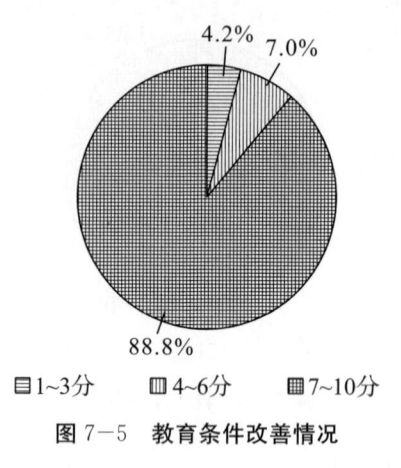

图 7-5　教育条件改善情况

(3) 医疗卫生条件改善情况

自从精准扶贫政策实施以来，脱贫地区医疗卫生条件改善明显，在主观题"自从精准扶贫政策实施以来，你村医疗卫生条件改善情况"中，受访者赋予了均值 7.93 分的改善程度，具体来看（图 7-6），赋予 1~3 分的受访者占比 4.2%，4~6 分的受访者占比 8.9%，7~10 分的受访者占比 86.9%。

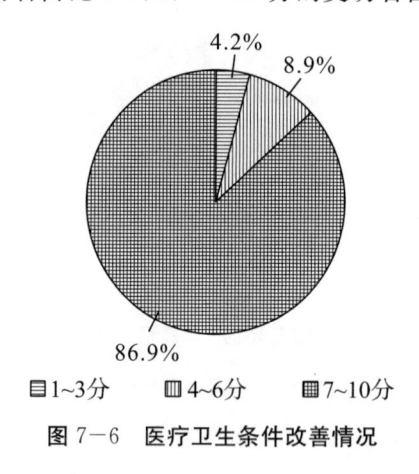

图 7-6　医疗卫生条件改善情况

(4) 居住环境改善情况

精准扶贫政策的实施明显改善了脱贫居民的居住环境，在主观题"自从精准扶贫政策实施以来，你村居住环境改善情况"中，受访家庭赋予了均值 8.2 分的改善程度，具体来看（图 7-7），认为改善程度在 1~3 分的占比 2.3%，4~6 分的占比 6.7%，7~10 分的占比 91.0%。

7 西南农村地区的扶贫政策效果分析

2.3% 6.7%

91.0%

▤ 1~3分　▥ 4~6分　▦ 7~10分

图 7-7　居住环境改善情况

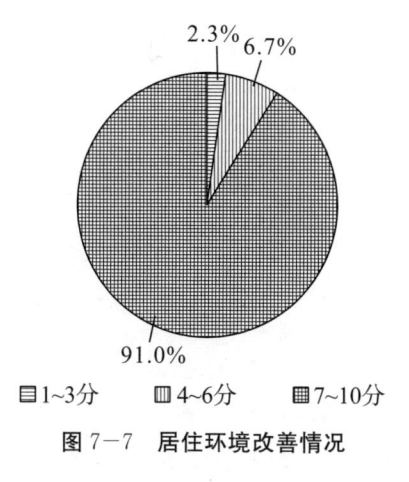

(5) 扶贫政策总体效果评价

绝大部分受访者对精准扶贫政策的总体效果满意(图 7-8),其中,92.1%的受访者给出了 7~10 分,5.2%的受访者给出了 4~6 分,2.7%的受访家庭给出 1~3 分。总体来看,赋分均值为 8.5 分。

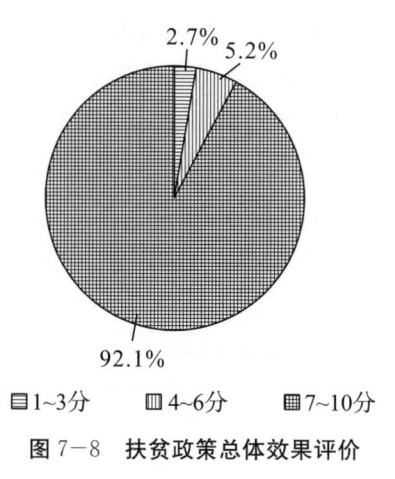

2.7% 5.2%

92.1%

▤ 1~3分　▥ 4~6分　▦ 7~10分

图 7-8　扶贫政策总体效果评价

(6) 返贫风险情况

巩固拓展脱贫攻坚成果的核心在于防止返贫。调研时,由受访家庭根据自身实际发展情况评估未来三年返贫的可能性,并进行 1~10 分主观赋值,分值越高,表示未来三年之内返贫的可能性越大。数据显示(图 7-9),返贫可能性评分均值为 2.33 分,比较低。其中,75.2%的家庭评分在 1~3 分,11.4%的家庭评分在 4~6 分,5.3%的家庭评分 7~10 分,有 8.1%的家庭无法给出判断。总体来看,绝大部分家庭认为自身未来三年返贫风险较低,在一定程度表明，四川省精准扶贫政策落实得比较扎实，扶贫效果比较好。

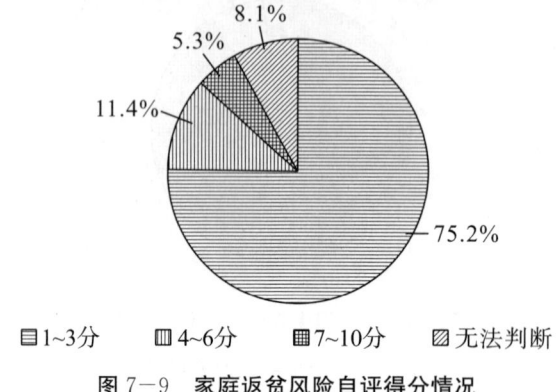

图 7－9　家庭返贫风险自评得分情况

饼图数据：1~3分 75.2%；4~6分 11.4%；7~10分 5.3%；无法判断 8.1%

7.1.2　重庆市扶贫政策效果分析

（1）收入改善情况

①收入渠道的稳定情况

98.8%的家庭表示有比较稳定的收入来源（图7－10）。在主要稳定收入渠道方面，其中，88.5%的家庭表示是外出务工，这或许与重庆市较高的城镇化率有关。《中国统计年鉴2019》数据显示，截至2018年底，重庆市城镇化率为65.0%，在全国排在第9位。43.8%的家庭表示收入来源是从事农业生产经营，15.4%的家庭表示是从事养殖，56.5%的家庭表示是政府补助，0.8%的家庭表示是其他渠道。可见，重庆市脱贫家庭稳定的收入渠道主要是外出务工。

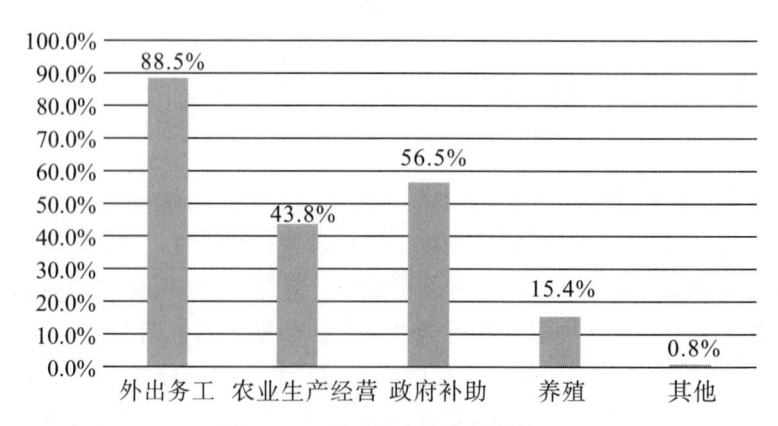

图 7－10　家庭稳定收入渠道情况

柱状图数据：外出务工 88.5%；农业生产经营 43.8%；政府补助 56.5%；养殖 15.4%；其他 0.8%

7 西南农村地区的扶贫政策效果分析

②收入增长幅度

与建档立卡前相比,受访家庭年收入普遍得到了显著提高,统计显示(图7-11),提高比例均值为97.0%。具体来看,提高比例在10%以下的占比3.8%,10%~30%的占比23.4%,30%~50%的占比14.2%,50%~100%的占比16.5%,100%~200%的占比39.8%,200%以上的占比2.3%。

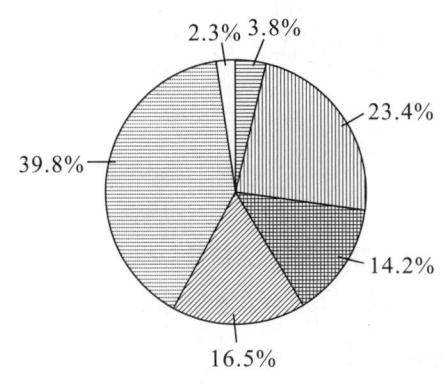

图7-11 收入提高情况

③与非贫困家庭相比的收入增速

建档立卡后,大部分的脱贫家庭收入增长速度加快(图7-12),其中,年均收入增长速度比周围非贫困家庭"快一些"的家庭占比29.2%,49.3%的贫困家庭表示"差不多",只有21.5%的贫困家庭表示"慢一些"。

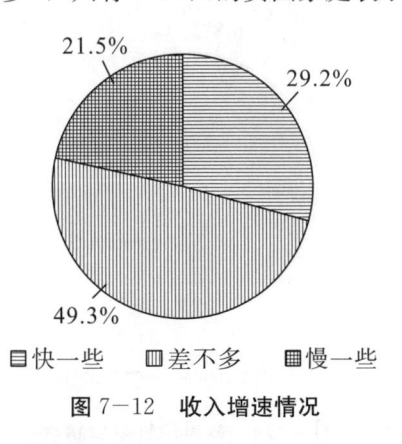

图7-12 收入增速情况

④与非贫困家庭相比的收入水平

在绝对收入水平上,18.7%的脱贫家庭表示收入水平比周围非贫困家庭"高出一些",53.1%的家庭表示"差不多",25.9%的家庭表示"低一些",

2.3%的家庭表示"低很多"。总体而言,精准扶贫政策对家庭收入水平的提升效果比较明显。(图7-13)

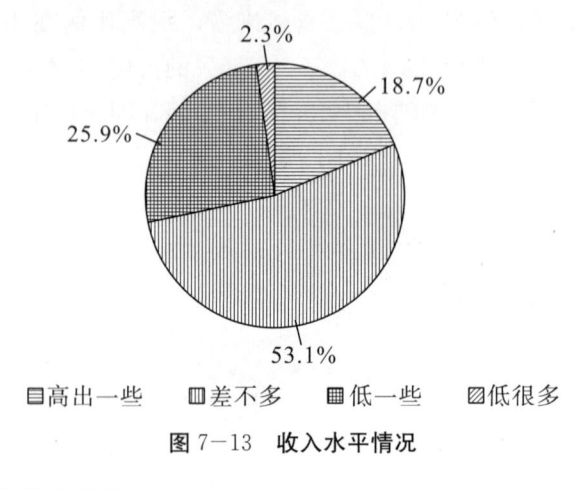

图7-13 收入水平情况

(2) 教育条件改善情况

统计数据显示(图7-14),自从精准扶贫政策实施以来,脱贫地区的教育条件改善明显,绝大部分居民对教育条件的改善满意,在主观题"自从精准扶贫政策实施以来,你村教育条件(含中小学基础设施、学杂费减免等)改善情况"中,受访者赋予了均值8.0分的改善程度①。具体来看,赋予1~3分的受访者占比0.0%,4~6分的受访者占比6.8%,7~10分的受访者占比93.2%。

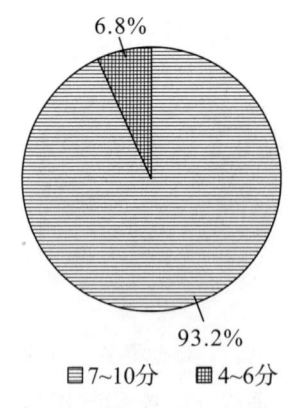

图7-14 教育条件改善情况

---

① 赋值范围为1~10分,分值越高,表示改善程度越大。

7 西南农村地区的扶贫政策效果分析

(3) 医疗卫生条件改善情况

自从精准扶贫政策实施以来，脱贫地区医疗卫生条件改善明显，在主观题"自从精准扶贫政策实施以来，你村医疗卫生条件改善情况"中，受访者赋予了均值 7.58 分的改善程度。具体来看（图 7-15），赋予 1~3 分的受访者占比 0.0%，4~6 分的受访者占比 14.5%，7~10 分的受访者占比 85.5%。

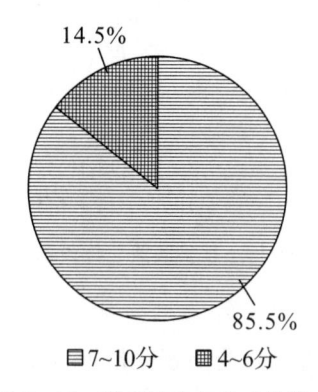

图 7-15 医疗卫生条件改善情况

(4) 居住环境改善情况

精准扶贫政策的实施明显改善了脱贫居民的居住环境，在主观题"自从精准扶贫政策实施以来，你村居住环境改善情况"中，受访家庭赋予了均值 7.97 分的改善程度。具体来看（图 7-16），认为改善程度在 1~3 分的占比 0.0%，4~6 分的占比 6.8%，7~10 分的占比 93.2%。

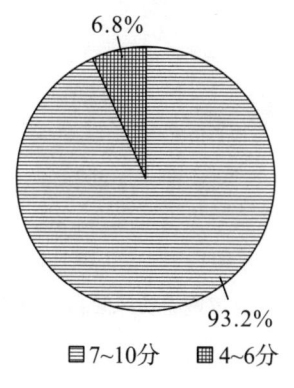

图 7-16 居住环境改善情况

(5) 扶贫政策总体效果评价

绝大部分受访者对精准扶贫政策的总体效果满意，其中，95.1% 的受访者给出了 7~10 分，4.9% 的受访者给出了 4~6 分，没有家庭评分在 5 分以下。

总体来看，赋分均值为 8.31 分。

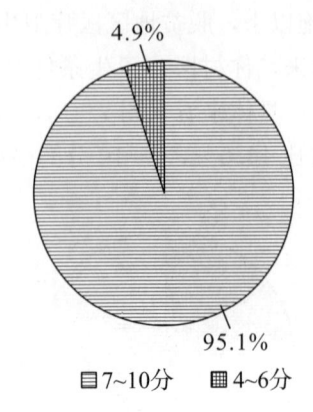

图 7－17 扶贫政策总体效果评价

(6) 返贫风险情况

在未来三年返贫风险方面，受访家庭根据自身实际发展情况，进行 1～10 分主观赋值，分值越高，表示未来三年之内返贫的可能性越大。数据显示，均值为 1.78 分，很低，其中（图 7－18），94.6%的家庭评分在 1～3 分，5.4%的家庭评分在 4～6 分。总体来看，精准扶贫政策落实得比较扎实，扶贫效果比较好，大部分脱贫家庭三年内的返贫风险比较低。

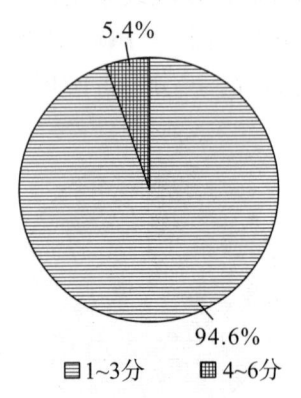

图 7－18 家庭返贫风险自评得分情况

7.1.3 广西壮族自治区扶贫政策效果分析

(1) 收入改善情况

①收入渠道的稳定情况

调研数据显示，77.7%的家庭表示有比较稳定的收入来源。在稳定收入渠道方面（图 7-19），其中，90.0%的家庭表示是外出务工，4.5%的家庭表示是农业生产经营，15.5%的家庭表示是政府补助，1.4%的家庭表示是养殖，1.8%的家庭表示是财产性收入（如租金、利息、分红等），1.8%的家庭表示是其他渠道。可见，脱贫家庭稳定的收入渠道还是来自外出务工。

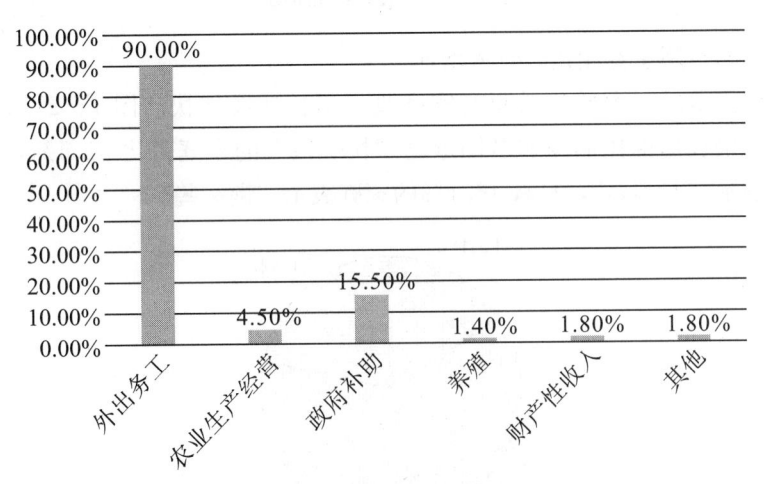

图 7-19 稳定收入渠道情况

②收入增长幅度

与建档立卡前相比，受访家庭年收入普遍得到了显著提高，统计显示（图 7-20），提高比例均值为 102.7%，其中，提高比例在 10% 以下的占比 0.0%，10%~30% 的占比 13.5%，30%~50% 的占比 11.8%，50%~100% 的占比 22.0%，100%~200% 的占比 51.7%，200% 以上的占比 1.0%。

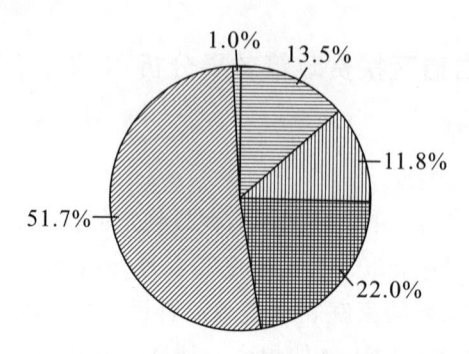

图 7-20 收入提高情况

③与非贫困家庭相比的收入增速

建档立卡后，大部分的脱贫家庭收入增长速度加快（图 7-21），其中，年均收入增长速度比周围非贫困家庭"快一些"的家庭占比 21.5%，62.4% 的家庭表示"差不多"，只有 16.1% 的家庭表示"慢一些"。

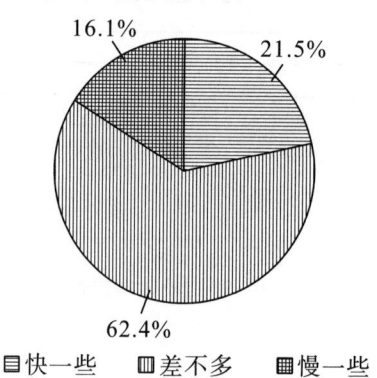

图 7-21 收入增速情况

④与非贫困家庭相比的收入水平

在绝对收入水平上（图 7-22），5.4% 的脱贫家庭表示收入水平比周围非贫困家庭"高出一些"，56.6% 的家庭表示"差不多"，31.8% 的家庭表示"低一些"，6.2% 的家庭表示"低很多"。总体而言，精准扶贫政策对家庭收入水平的提升效果比较明显。

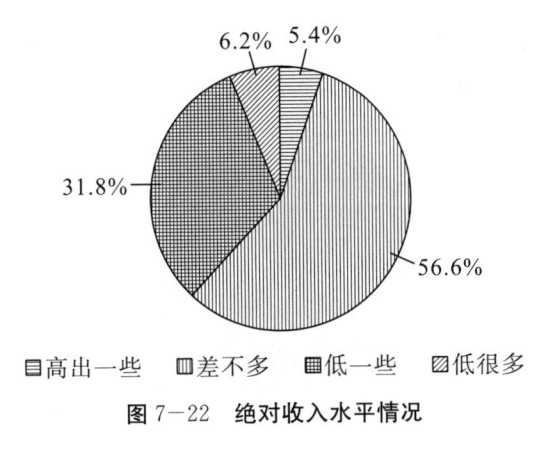

7 西南农村地区的扶贫政策效果分析

6.2% 5.4%

31.8%

56.6%

▤高出一些　▥差不多　▦低一些　▨低很多

图 7-22　绝对收入水平情况

(2) 教育条件改善情况

统计数据显示（图 7-23），自从精准扶贫政策实施以来，脱贫地区的教育条件改善明显，绝大部分居民对教育条件的改善满意，在主观题"自从精准扶贫政策实施以来，你村教育条件（含中小学基础设施、学杂费减免等）改善情况"中，受访者赋予了均值 6.9 分的改善程度[①]。具体来看，赋予 1~3 分的受访者占比 2.9%，4~6 分的受访者占比 27.3%，7~10 分的受访者占比 69.8%。

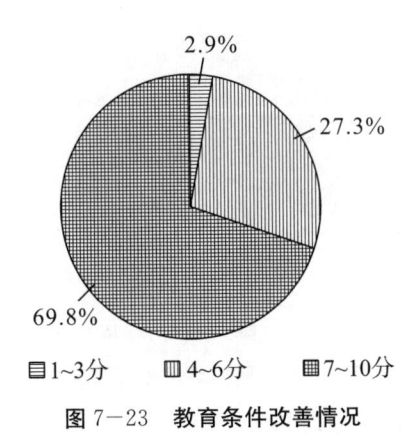

2.9%

27.3%

69.8%

▤1~3分　▥4~6分　▦7~10分

图 7-23　**教育条件改善情况**

(3) 医疗卫生条件改善情况

自从精准扶贫政策实施以来，脱贫地区医疗卫生条件改善明显，在主观题"自从精准扶贫政策实施以来，你村医疗卫生条件改善情况"中，受访者赋予了均值 6.64 分的改善程度，具体来看（图 7-24），赋予 1~3 分的受访者占比

---

① 赋值范围为 1~10 分，分值越高，表示改善程度越大。

3.3%，4~6分的受访者占比37.2%，7~10分的受访者占比59.5%。

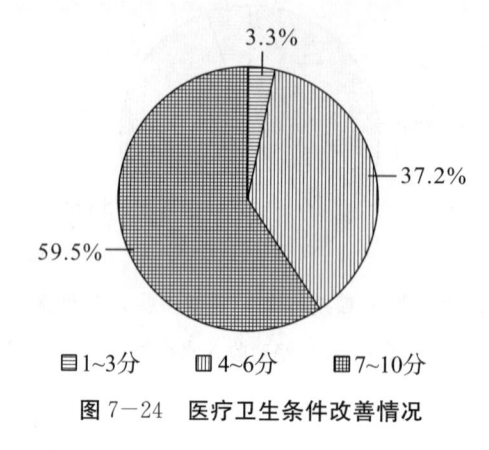

图7-24 医疗卫生条件改善情况

(4) 居住环境改善情况

精准扶贫政策的实施明显改善了脱贫居民的居住环境，在主观题"自从精准扶贫政策实施以来，你村居住环境改善情况"中，受访家庭赋予了均值6.9分的改善程度，具体来看（图7-25），认为改善程度在1~3分的占比2.5%，4~6分的占比30.6%，7~10分的占比66.9%。

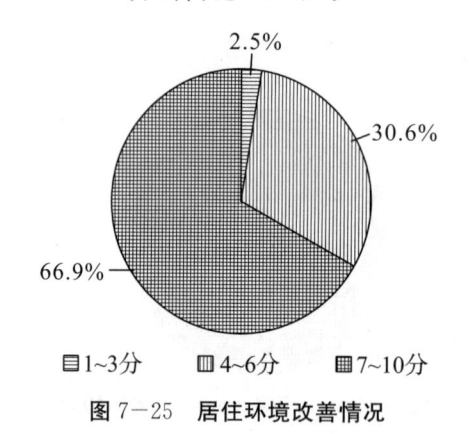

图7-25 居住环境改善情况

(5) 扶贫政策总体效果评价

绝大部分受访家庭对精准扶贫政策的总体效果满意（图7-26），其中，74.8%的受访者给出了7~10分，25.2%的受访者给出了4~6分，没有家庭评分在3分及以下。总体来看，赋分均值为7.32分。

25.2%

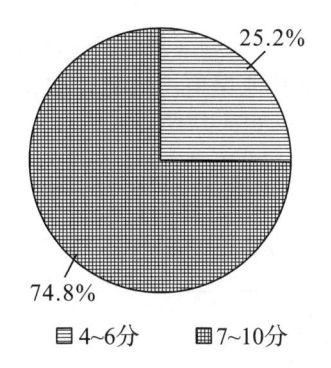

74.8%

■ 4~6分　▥ 7~10分

图 7-26　扶贫政策总体效果评价

(6) 返贫风险情况

在未来三年返贫的可能性方面，受访家庭根据自身实际发展情况，进行 1~10 分主观赋值，分值越高，表示未来三年之内返贫的可能性越大。数据显示（图 7-27），均值为 4.67 分，比较低，其中，31.4%的家庭评分在 1~3 分，29.3%的家庭评分在 4~6 分，29.3%的家庭在 7~10 分，有 10.0%的家庭表示不好确定。总体来看，精准扶贫政策落实得比较扎实，扶贫效果比较好，大部分脱贫家庭三年内的返贫风险比较低。

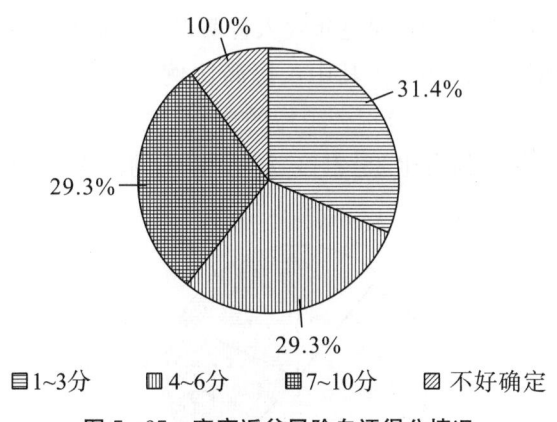

10.0%　31.4%

29.3%

29.3%

■ 1~3分　▨ 4~6分　▦ 7~10分　▥ 不好确定

图 7-27　家庭返贫风险自评得分情况

7.1.4　云南省扶贫政策效果分析

(1) 收入改善情况

①收入渠道的稳定情况

50.5%的家庭表示有比较稳定的收入来源。在主要稳定收入渠道方面（图 7-28），48.8%的家庭表示是打工，45.3%的家庭表示是农业生产经营，

12.8%的家庭表示是养殖，10.5%的家庭表示是经商，8.1%的家庭表示是政府补助，3.5%的家庭表示是其他渠道。可见，贫困家庭稳定的收入渠道还是来自打工或从事农业生产经营。

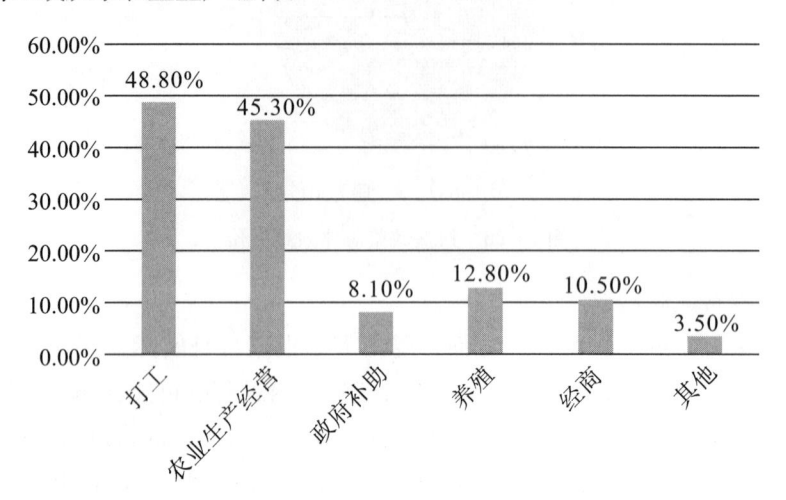

图 7-28 稳定收入渠道情况

② 收入增长幅度

与建档立卡前相比，受访家庭年收入普遍得到了显著提高，统计显示（图7-29），提高均值为125.0%。其中，提高比例在10%以下的占比18.2%，10%~30%的占比9.1%，30%~50%的占比10.9%，50%~100%的占比12.7%，100%~200%的占比38.2%，200%以上的占比10.9%。

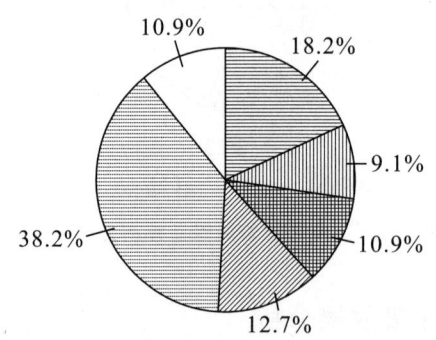

图 7-29 收入提高情况

③ 与非贫困家庭相比的收入增速

建档立卡后，大部分的脱贫家庭收入增长速度加快（图7-30），其中，年均收入增长速度比周围非贫困家庭"快一些"的家庭占比22.8%，59.6%的家庭表示"差不多"，只有17.6%的家庭表示"慢一些"。

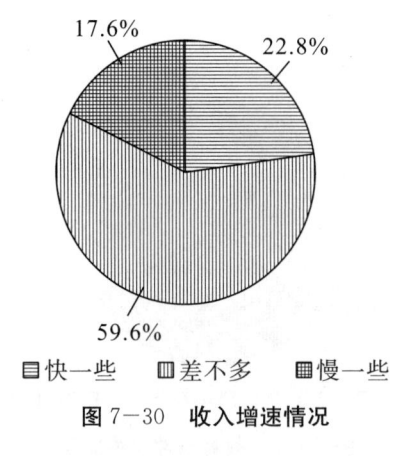

图7-30 收入增速情况

④与非贫困家庭相比的收入水平

在绝对收入水平上（图7-31），10.9%的脱贫家庭表示收入水平比周围非贫困家庭"高出一些"，60.3%的家庭表示"差不多"，23.3%的家庭表示"低一些"，5.5%的家庭表示"低很多"。总体而言，精准扶贫政策对家庭收入水平的提升效果比较明显。

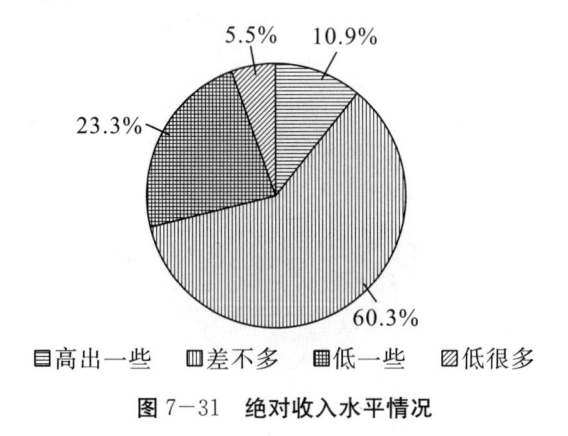

图7-31 绝对收入水平情况

(2) 教育条件改善情况

统计数据显示（图7-32），自从精准扶贫政策实施以来，脱贫地区的教育条件改善明显，绝大部分居民对教育条件的改善满意，在主观题"自从精准扶贫政策实施以来，你村教育条件（含中小学基础设施、学杂费减免等）改善情况"中，受访者赋予了均值 7.0 分的改善程度①。具体来看（图 7-23），赋予 1~3 分的受访者占比 6.0%，4~6 分的受访者占比 26.5%，7~10 分的受访者占比 67.5%。

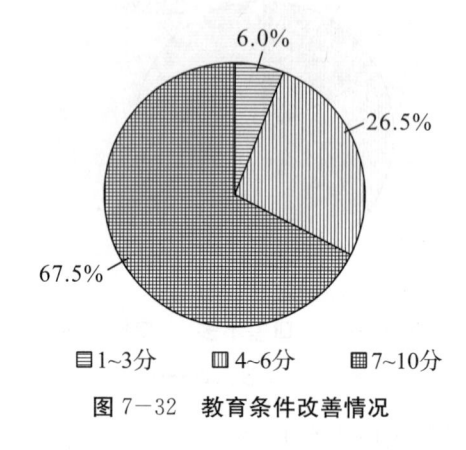

图 7-32 教育条件改善情况

(3) 医疗卫生条件改善情况

自从精准扶贫政策实施以来，脱贫地区医疗卫生条件改善明显，在主观题"自从精准扶贫政策实施以来，你村医疗卫生条件改善情况"中，受访者赋予了均值 6.18 分的改善程度。具体来看（图 7-33），赋予 1~3 分的受访者占比 5.5%，4~6 分的受访者占比 42.2%，7~10 分的受访者占比 52.3%。

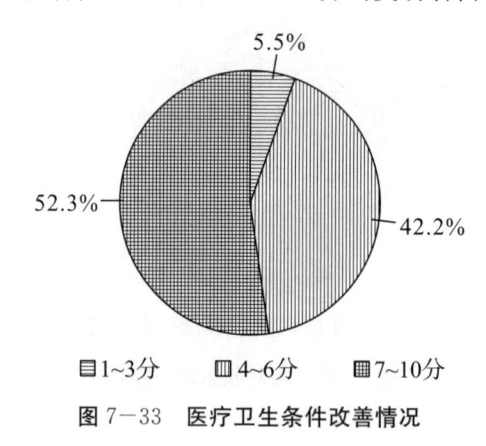

图 7-33 医疗卫生条件改善情况

(4) 居住环境改善情况

精准扶贫政策的实施明显改善了脱贫居民的居住环境，在主观题"自从精准扶贫政策实施以来，你村居住环境改善情况"中，受访家庭赋予了均值

---

① 赋值范围为 1~10 分，分值越高，表示改善程度越大。

6.66 分的改善程度,具体来看(图 7-34),认为改善程度在 1~3 分的占比 8.4%,4~6 分的占比 32.5%,7~10 分的占比 59.1%。

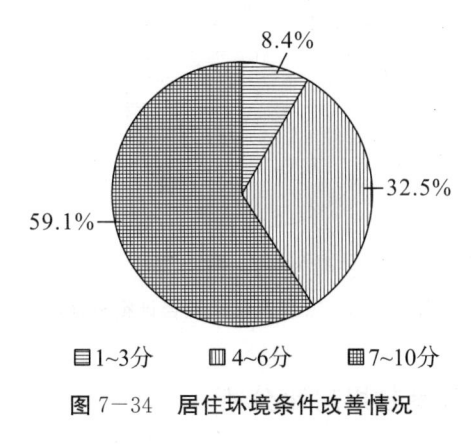

图 7-34 居住环境条件改善情况

(5) 扶贫政策总体效果评价

绝大部分受访者对精准扶贫政策的总体效果满意(图 7-35),其中,69.8%的受访者给出了 7~10 分,29.2%的受访者给出了 4~6 分,1%的受访家庭给出 3 分,没有家庭评分在 3 分以下。总体来看,赋分均值为 7.17 分。

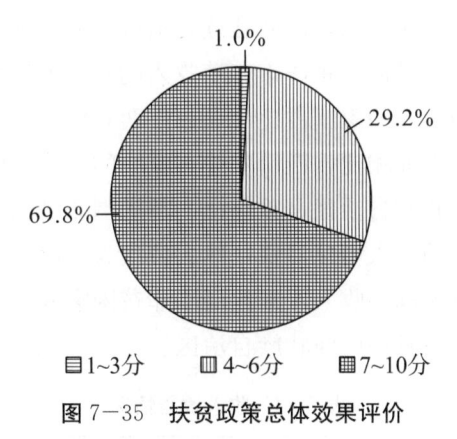

图 7-35 扶贫政策总体效果评价

(6) 返贫风险情况

在未来三年返贫的可能性方面,受访家庭根据自身实际发展情况,进行 1~10 分主观赋值,分值越高,表示未来三年之内返贫的可能性越大。数据显示(图 7-36),均值为 3.66 分,比较低,其中,43.3%的家庭评分在 1~3 分,46.7%的家庭评分在 4~6 分,6.7%的家庭在 7~10 分,有 3.3%的家庭表示不清楚。总体来看,精准扶贫政策落实得好,扶贫效果比较好,大部分脱贫家庭三年内的返贫风险比较低。

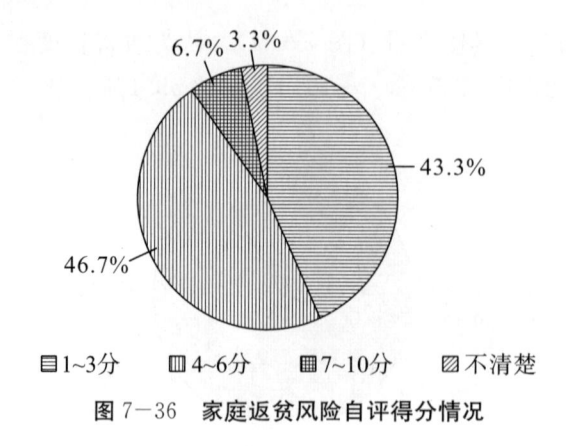

图 7-36　家庭返贫风险自评得分情况

7.1.5　四省扶贫政策效果对比分析

(1) 收入情况的比较

在精准扶贫战略效果层面，重庆市有稳定的收入渠道的家庭占比最高，然后依次为四川省、广西壮族自治区和云南省。在主要的稳定收入渠道上（表7-2），广西壮族自治区打工收入的家庭占比最高，云南省最低；四川省农业生产经营收入的家庭占比最高，广西壮族自治区最低；重庆市受到政府补助的家庭占比最高，云南省最低；重庆市养殖收入的家庭占比最高，广西壮族自治区最低；云南省经商收入的家庭占比最高；广西壮族自治区财产性收入的家庭占比最高。与建档立卡前相比，四川省脱贫家庭的年收入增长幅度最大，然后依次为云南省、广西壮族自治区、重庆市。与周围非贫困家庭相比，建档立卡后，重庆市脱贫家庭的收入增速最快，然后依次为云南省、广西壮族自治区和四川省。重庆市脱贫家庭年收入水平比周围非贫困家庭高的家庭比例最高，然后依次为云南省、四川省和广西壮族自治区。

表 7-2　收入改善情况

指标情况	比例（%）			
	四川省	重庆市	广西壮族自治区	云南省
稳定的收入渠道	81.8	98.8	77.7	50.5
打工	55.3	88.5	90.0	48.8
农业生产经营	54.7	43.8	4.5	45.3
政府补助	42.0	56.5	15.5	8.1
养殖	14.7	15.4	1.4	12.8

续表7-2

指标情况	比例（%）			
	四川省	重庆市	广西壮族自治区	云南省
经商	6.2	—	—	10.5
财产性收入	1.3	—	1.8	—
年收入增长均比	190.0	97.0	102.7	125.0
收入增速快	15.4	29.2	21.5	22.8
收入水平高	7.0	18.7	5.4	10.9

（2）教育、医疗与居住环境的比较

在精准扶贫政策给教育、医疗卫生及居住环境等带来的变化方面，四川省和重庆市脱贫家庭评分最高，然后依次为云南省和广西壮族自治区。四川省脱贫家庭对医疗卫生、居住环境改善程度的评分最高，然后依次为重庆市、广西壮族自治区和云南省。对于精准扶贫政策总体效果的评价，四川省脱贫家庭评价最高，然后依次为重庆市、广西壮族自治区和云南省。具体评分情况见表7-3。

（3）返贫风险的比较

在返贫风险评估上，广西壮族自治区脱贫家庭认为自身返贫的风险最高，然后依次为云南省和四川省，重庆市脱贫家庭认为自身返贫风险最低。具体评分情况见表7-3。

表7-3 政策效果评价及返贫风险

指标情况	得分			
	四川省	重庆市	广西壮族自治区	云南省
教育条件改善程度	8.0	8.0	6.9	7.0
医疗卫生条件改善程度	7.9	7.6	6.6	6.2
居住环境改善程度	8.2	8.0	6.9	6.7
扶贫政策总体效果	8.5	8.3	7.3	7.2
返贫风险	2.3	1.8	4.7	3.7

7.1.6 四省未来防返贫政策的侧重点

根据四省的扶贫政策效果及效果对比分析，对于四川省而言，未来防返贫政策可以侧重以下三个方面：一是积极引导家庭从事第二、三产业，扩大劳务

输出范围与规模，提升从事非农产业家庭的规模；二是进一步通过发展产业、劳务输出等方式提升家庭收入；三是通过发展产业、改善教育、医疗、做好就业培训等途径提高家庭内生发展能力，逐步减少享受政府补助的家庭数量。

对于重庆市而言，未来防返贫政策可以侧重以下几个方面：一是通过产业发展、提升人力资本水平等方式提升家庭内生发展动力，适度减少享受政府补助的家庭数量；二是为家庭创业供给更好的政策，合理引导家庭创业。

对于广西壮族自治区而言，未来防返贫政策可以侧重以下几个方面：一是因地制宜，突出特色，做大做强农业产业，使得农业生产经营成为家庭重要的稳定收入渠道；二是为家庭创业营造良好环境，合理引导家庭创业；三是采取各种手段，进一步提高家庭收入水平。

对于云南省而言，未来防返贫政策主要侧重发展产业、扩大公益性岗位数量、做好精准劳务输出等手段以保障家庭收入的稳定性。

7.2 就业技能培训对收入的影响

本书 7.1 部分分析了扶贫政策给脱贫家庭在收入、教育、医疗及居住环境带来的影响，并分析了脱贫家庭因为享受了扶贫政策，自身在收入增长速度、绝对收入水平与非贫困家庭的比较情况。为进一步考察扶贫政策效果，本部分基于倾向得分匹配法将受访家庭分为享受了就业技能培训政策与未享受就业技能培训政策的两组家庭，分析就业技能培训政策给脱贫家庭收入带来的影响。

7.2.1 变量定义

为考察就业技能培训对脱贫家庭收入的影响，结合问卷内容，将"家庭收入"作为因变量。在解释变量方面，以国家在当地实施精准扶贫政策以来至2018 年底，"家庭成员是否接受过就业技能培训"生成"技能培训"变量；考虑到区位环境在欠发达民族地区的重要作用，将其作为重点关注的控制变量。在区位环境的衡量上，引入"土地规模"变量，同时，考虑到市场规模往往影响就业机会，而县城作为县域范围内较大的市场中心，对农户生产生活影响极大，因此，以"家庭离最近一个县的县城距离"生成"市场距离"变量。2021年、2022 年"一号文件"特别提出要"实施农村道路畅通工程，推进农村公路建设项目更多向进村入户倾斜"①，"有序推进乡镇通三级及以上等级公路、较大人口规模自然村（组）通硬化路"②，以促进乡村发展，因此，以"距最近主要交通干线（国道或省道）的距离"生成"交通干线"变量，来衡量交通设施对农户家庭收入的影响。自然资源与农户家庭生产生活密切相关，为考虑自然资源在农户收入中的作用，分析模型又引入了"矿产资源"与"旅游资源"两个变量。欠发达民族地区区位特殊，自然灾害发生频率较高，往往给农户生产生活造成较大影响，结合既有研究及实际调研观察及访谈情况，有必要引入"自然灾害"变量分析其对家庭收入的影响。

此外，为使研究更全面，能最大限度降低内生性问题，还引入了"勤劳能力""学习能力""文化水平""家庭规模""丧失劳动力的比例""最主要劳动力年龄""辍学打工""人情投资""亲朋任职""交际能力""政治面貌""信仰情况"变量（表7-4）。考虑到教育水平可能会影响接受新事物速度，从而导致多重共线的问题，文章针对两者做了相关系数分析，统计显示两者相关系数为0.147，关系程度较低。

表7-4 变量定义

变量	定义	均值	标准差	最小值	最大值
家庭收入	2018年家庭总收入（万元），回归时使用其对数值	4.986 (5.223, 4.692)	3.595	0.4	17.5
技能培训	至少一位家庭成员参加过就业技能培训，赋值为1，否则为0	0.462	0.498	0	1
土地规模	家庭拥有及租入的土地（含耕地、林地、草地、水面）总面积，回归时使用其对数值，并引入其二次项	14.52 (18.02, 11.83)	50.88	0	592
市场距离	家庭距最近县城距离，回归时使用其对数值，并引入其二次项	23.84 (22.10, 23.83)	14.27	0.1	80
交通干线	家庭距最近主要交通干线（国道或省道）的距离，回归时使用其对数值，并引入其二次项	5.576 (6.054, 5.042)	6.479	0.1	50

---

① 中共中央 国务院关于实现巩固拓展脱贫攻坚成果同乡村振兴有效衔接的意见［EB/OL］.（2020-12-16）［2021-03-22］. https://www.gov.cn/zhengce/2021-03/22/content_5594969.htm.

② 中共中央 国务院关于做好2022年全面推进乡村振兴重点工作的意见［EB/OL］.（2022-01-04）［2022-02-22］. http://www.news.cn/politics/zywj/2022-02/22/c_1128406721.htm.

续表7-4

变量	定义	均值	标准差	最小值	最大值
矿产资源	本村及附近有矿产资源，赋值为1，否则为0	0.179 (0.168，0.188)	0.391	0	1
旅游资源	家庭位于旅游景区以内或毗邻，赋值为1，否则为0	0.090 (0.107，0.057)	0.286	0	1
自然灾害	村子或附近常发自然灾害，赋值为1，否则为0	0.586 (0.544，0.601)	0.492	0	1
勤劳能力	较之周边亲邻，家庭成员更勤劳，赋值为1，否则为0	0.660 (0.703，0.622)	0.473	0	1
学习能力	家庭接受新事物速度快，赋值为1，否则为0	0.228 (0.241，0.213)	0.419	0	1
文化水平	受访者及配偶受教育年限之和，并引入其二次项	10.62 (11.00，10.29)	7.469	0	32
家庭规模	家庭成员总数量	4.397 (4.596，4.173)	1.979	0	20
丧失劳动	丧失劳动能力成员占成员总量的比例	0.116 (0.090，0.135)	0.206	0	1
劳动年龄	家庭挣钱最多的劳动力的年龄，并引入其二次项	42.01 (40.81，43.02)	11.72	18	76
辍学打工	本村辍学打工现象较为常见，赋值为1，否则为0	0.088 (0.083，0.094)	0.302	0	1
人情投资	2018年，家庭因习俗用于人情支出的额度（万元），分析时使用其对数值，并引入二次项	0.468 (0.450，0.485)	0.605	0.01	4.5
亲朋任职	有亲朋任职社区、政府及事业单位部门或担任职务，赋值为1，否则为0	0.195 (0.205，0.163)	0.396	0	1
交际能力	主观题，家庭成员处理人际关系的能力，在1~5分评分，分值越高，能力越强	3.716 (3.722，3.705)	0.864	1	5
政治面貌	党员数量占家庭成员总量比例	0.018 (0.017，0.019)	0.096	0	1
信仰情况	家庭成员有宗教信仰，赋值为1，否则为0	0.234 (0.243，0.224)	0.430	0	1

注：括号内左侧为参与技能培训农村家庭的变量均值，右侧为未参与技能培训农村家庭的变量均值，括号外为样本均值。

7.2.2 模型设定

结合研究需要,构建多元线性模型,基本方程如下:
$$Income_i = \alpha_0 + \alpha_1 Peixun_i + \alpha_2 Other_i + \mu_i \tag{1}$$

$Income_i$ 是受访家庭 i 的总收入,分析时,取对数值。$Peixun_i$ 表示技能培训状况,α_1 是培训对收入的影响效应系数;$Other_i$ 代表引入模型的控制变量,α_2 表示这些变量对收入的影响效应参数组;α_0 为截距项,μ_i 为误差项,服从正态分布。

7.2.3 结果与分析

(1) 技能培训对收入的影响效应

表 7-5 是报告的估计结果,分析显示,与没有参加就业技能培训的家庭相比,参加过培训的家庭收入上升了 7.4%。在控制变量中,区位环境与家庭收入密切相关。具体来看,土地规模与家庭收入呈非线性关系,在拐点之前,土地面积每增加 1%,将导致收入上升 0.09%[①]。市场中心的距离与家庭收入呈现负相关,距县城这个市场中心的距离每增加 1%,收入下降 0.22% 左右,而距主要交通干线的距离与家庭收入呈现非线性关系,在拐点之前,距交通干线的距离每增加 1%,收入上升 0.03%。矿产资源与旅游资源对家庭收入均具有促进作用,与没有矿产与旅游资源的村子相比,家庭所在村子或附近有这两类资源的农户收入分别上升 9.4% 与 7.3%。家庭附近常发生自然灾害会导致收入下降 11.6%。与勤劳能力比较低的家庭相比,更勤劳、学习能力更强的家庭收入会显著增加,文化水平与家庭收入的关系呈正相关,然而并不显著,原因一是可能与欠发达地区教育水平不高有关,且调研数据显示,受访者及其配偶教育水平主要为小学及以下和初中程度,高中及以上文化水平的受访者及其配偶很少;原因二或许是受访农户从事的工作对文化水平要求不高,内容多为简单体力劳动。家庭规模对收入的影响是正向的,然而,丧失劳动能力会导致家庭收入显著下降。值得注意的是,适龄学生辍学打工现象比较普遍的村子农户的收入并没有显著增加,反而辍学打工与家庭收入的关系为负相关,这在一定程度说明了辍学打工并非家庭提升收入的良策。统计还显示,社会网络关系与家庭收入联系紧密,亲朋任职相关部门、处理人际关系的能力较强有助于

---

① 因收入与土地面积均采用对数值,故土地对收入的效应系数为百分数,下文市场距离、交通干线、人情投资变量对收入的效应系数含义同此。

收入的增加。宗教信仰并未给家庭收入带来增加，反而对收入产生了负面影响，这或许与欠发达民族地区有宗教信仰的农户重精神、轻物质的生活理念且时常向寺庙捐赠钱物的行为有关。通过分析，总体来看，参与就业技能培训，良好的区位环境，学习能力更强，更勤劳，更愿意维护和处理人际关系的农户家庭收入增加的比例会更高。

表7-5 技能培训对农户收入的影响效应

变量（1）	系数（2）	变量（3）	系数（4）	变量（5）	系数（6）	变量（7）	系数（8）
技能培训	0.074***	矿产资源	0.094**	家庭规模	0.117***	亲朋任职	0.012
	(0.021)		(0.043)		(0.016)		(0.055)
土地规模	0.090***	旅游资源	0.073*	丧失劳动	-0.193*	交际能力	0.083***
	(0.029)		(0.044)		(0.116)		(0.029)
二次项	-0.001	自然灾害	-0.116*	劳动年龄	0.014	政治面貌	0.035
	(0.001)		(0.065)		(0.009)		(0.044)
市场距离	-0.221**	勤劳能力	0.080*	二次项	-0.001	信仰状况	-0.213**
	(0.055)		(0.042)		(0.001)		(0.092)
二次项	-0.001	学习能力	0.177***	辍学打工	-0.028		
	(0.001)		(0.053)		(0.096)		
交通干线	0.030***	文化水平	0.004	人情投资	0.100***		
	(0.006)		(0.009)		(0.027)		
二次项	-0.001	二次项	-0.001	二次项	0.020		
	(0.000)		(0.001)		(0.015)		

注：表7-5中样本量为1131户，R^2为0.279，括号内为稳健标准差，"***""**""*"分别表示参数在1%、5%与10%的水平上显著。

(2) 内生性问题与稳健性分析

①模型构建

上述研究结果表明，技能培训可以增加家庭收入，但也有可能是参加技能培训的家庭自身部分初始条件就优于未参与培训的家庭，表7-4中参与技能培训与未参与培训的农户收入、区位环境及成员特质等也表明，前者基本情况要优于后者，这是因为两类家庭初始条件的差异极易出现样本选择偏差问题。因此，为了降低样本选择偏差及模型可能存在的内生性问题导致的有偏估计问题，文章使用倾向得分匹配方法（Propensity Score Matching，以下简称

PSM）来估计技能培训对家庭收入的影响。PSM方法的核心思想是通过处理变量把样本划分为"实验组"与"对照组"，在两组样本中，通过匹配再抽样的方法，在对照组中寻找与实验组初始条件一样或类似的样本，使得实验组数据尽可能接近随机实验数据，最大程度减少偏差。使用PSM主要优势在于可以"还原"实验组参与培训的状态和对照组不参与培训的状态，通过把基本条件相似的实验组与对照组进行匹配，克服只能观测到家庭"参与技能培训后的收入水平"或"不参与技能培训后的收入水平"的难题。

PSM方法的关键是选择协变量，即可能影响结果变量与处理变量的相关变量，将这些协变量尽可能引入模型，运用PSM方法的前提是协变量可观测到。本书中，处理变量为"家庭是否参与技能培训"，"实验组"为参与技能培训的农户家庭，"对照组"为未参与技能培训的家庭。使用PSM方法的目的是科学评估处理变量导致的平均处理效应，计算平均处理效应的步骤是：第一，选择合理协变量；第二，一般采用Logit模型估计倾向得分，即估计个体进入实验组的条件概率；第三，使用选定的协变量进行倾向得分匹配；第四，根据匹配后的样本可以计算实验组样本的平均处理效应（ATT）。常见的匹配方法有k近邻匹配、卡尺匹配及核匹配。

重新构建以下模型来估计技能培训对家庭收入的影响：

$$Income_i = \beta_1 X_i + \beta_2 D_i + \varepsilon_i \tag{2}$$

上式中，$Income_i$表示家庭i的收入水平，X_i是影响收入与是否参与技能培训的变量组，即协变量，为考察更全面，这里的协变量使用表7-4中除家庭收入与技能培训两个变量外的所有变量；D_i是处理变量，为是否参与技能培训哑变量，$D_i=1$，表示家庭参与技能培训，$D_i=0$，表示未参与技能培训，β_1、β_2是待估参数，ε_i是误差项。

②倾向得分估计

选定协变量后，需要进行倾向得分估计，一般采用Logit模型进行，这里的因变量为"是否参与就业技能培训"。分析显示，土地规模每增加1%，家庭参与技能培训的可能性上升4.0%，且在1%统计水平显著，意味着经营土地规模越大的家庭，越需要相关技能培训。市场距离每增加1%，家庭参与技能培训的可能性下降5.0%，且在5%统计水平显著，这可能与市场距离越大，就业机会越少有关，家庭在看不到就业机会或认为就业机会很小的情况下，可能会放弃参加技能培训，以免出现"英雄无用武之地"的尴尬。交通干线距离对家庭是否参与技能培训的影响不大；附近有矿产资源储藏的家庭参与技能培训的可能性下降9.4%，且在10%统计水平显著，附近有旅游景区的家庭参与

技能培训的可能性会上升14.2%，且在5%统计水平显著，两类资源带来参与培训不同结果的原因可能在于，与矿产资源相比，旅游资源带来的餐饮、手工艺等劳动密集型产业更多。自然灾害对家庭参与技能培训影响不显著；更勤劳的家庭更愿意参与培训，而学习能力与技能培训存在相互替代的关系，即学习能力更强的家庭不倾向参与培训。文化水平对农户参与技能培训的意愿影响不显著，二者呈 U 型关系，年龄与参与技能培训的关系呈现倒 U 型关系，但影响不显著。成员更多的家庭更愿意参加技能培训，且在5%统计水平显著。丧失劳动能力成员数量越多的家庭越不愿意参加技能培训，且在10%统计水平显著；有亲戚朋友任职社区、政府及事业单位部门或担任职务的家庭参与技能培训的可能性上升9.0%，且在5%统计水平显著，这或许与其可以获得更多技能培训信息有关。与没有宗教信仰的家庭相比，有宗教信仰的家庭参与技能培训的意愿增加11.8%，且在10%统计水平显著，这或许与宗教信仰者多为生活在欠发达地区的少数民族居民，因为自身技能有限，家庭收入水平较低，需要进一步提升就业技能来提升收入水平。总体来看，经营土地面积更大、旅游资源更多、更勤劳、家庭规模更大、社会网络关系更广的家庭更愿意参与技能培训。

③倾向得分匹配平衡性检验

基于上文倾向得分估计，需要对实验组与对照组样本进行平衡性检验，以保证两组样本除了处理变量"是否参与技能培训"的差异外，协变量不存在系统性差异。本书使用核匹配方法得到的变量平衡性检验。统计显示，样本在匹配前，除少数变量外，大部分变量的标准化偏差都大于10%，且在1%、5%或10%水平上显著；进行样本匹配后，绝大部分变量的标准化偏差都小于10%，且大多数 t 检验值都不拒绝实验组与对照组无系统差异的原假设，绝大多数变量的标准化偏差也都大幅度减小。

从伪 R^2（Pseudo-R^2）、卡方（χ^2）、标准化偏差均值（MeanBias）、Rubin B 值、Rubin R 值五个统计量进一步进行平衡性检验，与匹配前的结果相比较，匹配后的伪 R^2、卡方、标准化偏差均值、Rubin B 值与 Rubin R 值显著减小，B 值低于25%，R 值在 0.5 与 2 之间。PSM 有效减少了实验组与对照组样本之间的个体特征差异，符合随机实验的要求。

④倾向得分匹配法的估计结果

基于匹配后的样本，采用核匹配法计算平均处理效应。实验组样本的平均处理效应（ATT）表达式如下：

$$ATT = E(Y_1^1 - Y_1^0 \mid D = l, X) \quad (3)$$

(3) 式中，Y_i^1 表示参与技能培训家庭的收入水平，Y_i^0 表示未参与培训家庭的收入水平，D 为处理变量"是否参与技能培训"，$D=1$ 表示参与培训，X 为协变量；ATT 表示随机抽取一户参与培训且具有 X 特征的培训对收入的效应均值。

表 7-6 为使用核匹配方法得到的实验组平均处理效应。结果显示，未匹配时，参与技能培训使得家庭收入增加 14.6%，这一结果与只引入技能培训变量时，其对收入的影响系数一致；匹配后，实验组平均处理效应（ATT）为 0.044，表明与未参与培训的家庭相比，培训使得参与家庭收入增加了 4.4%，这表明前面使用多元线性模型估计的技能培训对家庭收入的效应存在一定偏差，放大了其对参与培训的家庭收入的影响，表 7-4 中参与技能培训与未参与技能培训的家庭自然资本、社会资本及成员特质等指标也表明前者基础条件要优于后者，这在一定程度说明可能会放大培训的收入效应。为验证培训对收入影响的可靠性，进一步使用 k 近邻匹配与卡尺匹配方法对样本进行匹配，估计结果变化不大，说明研究结果具有一定稳健性。

表 7-6 PSM 估计结果

匹配方法	情形	ATT
核匹配	匹配前	0.091***
	匹配后	0.064**
k 近邻匹配（一对四）	匹配前	0.091***
	匹配后	0.053**
卡尺匹配	匹配前	0.091***
	匹配后	0.033**

注：ATT 为实验组与对照组差值，由自助抽样法 500 次得到，"***""**""*"分别表示在 1%、5% 与 10% 统计水平上显著。表 7-10 同此。

7.2.4 不同类型的技能培训对收入的影响

不同类型的技能培训往往决定了受训者掌握的技能，进而可能影响其就业与收入，因此，有必要针对不同技能培训对收入的影响进行分析。基于调研内容与农户实际接受培训的情况，将技能培训分为"种植养殖培训""餐饮服务培训和机械""电器维修及手工艺培训"，利用 PSM 进行收入效应统计分析，结果见表 7-7，较之多元线性回归统计结果，均存在高估其产生的收入效应的情况。值得注意的是，无论是使用多元线性回归统计分析，还是使用 PSM

统计分析，餐饮服务培训带来的收入效应最大，其后依次为手工艺培训与种植养殖培训。

表 7-7　PSM 估计结果（核匹配）

培训类型	情形	ATT
种植养殖培训	匹配前	0.062**
	匹配后	0.014*
餐饮服务培训	匹配前	0.217*
	匹配后	0.201*
维修与手工艺培训	匹配前	0.063**
	匹配后	0.020*

注：ATT 为实验组与对照组差值，由自助抽样法 500 次得到，"***""**""*"分别表示在 1%、5% 与 10% 统计水平上显著。

7.3　小　结

本章主要分析了四川省、重庆市、广西壮族自治区、云南省的扶贫政策效果。具体来看，四省市（自治区）脱贫家庭的收入水平得到显著提升，教育、医疗与居住环境得到显著改善，脱贫民众对国家的扶贫政策满意度较高，预计自身返贫风险较低。然而，每个省（直辖市、自治区）由于自身经济基础、社会发展水平、历史、文化传统等不同，扶贫政策的效果又存在一定差异。在收入情况方面，重庆市有稳定的收入渠道的家庭占比最高，云南省最低。在主要的稳定收入渠道上，广西壮族自治区打工收入的家庭占比最高，云南省最低；四川省农业生产经营收入的家庭占比最高，广西壮族自治区最低；重庆市受到政府补助的家庭占比最高，云南省最低；重庆市养殖收入的家庭占比最高，广西壮族自治区最低；云南省经商收入的家庭占比最高；广西壮族自治区财产性收入的家庭占比最高；与建档立卡前相比，四川省脱贫家庭的年收入增长幅度最大。与周围非贫困家庭相比，建档立卡后，重庆市脱贫家庭的收入增速最快，四川省最慢。重庆市脱贫家庭年收入水平比周围非贫困家庭高的家庭比例最高，广西壮族自治区最低。在教育、医疗卫生及居住环境等带来的变化方面，四川省和重庆市脱贫家庭评分最高，然后广西壮族自治区最低。四川省脱贫家庭对医疗卫生、居住环境改善程度的评分最高，云南省最低。对于精准扶贫政策总体效果的评价，四川省脱贫家庭评价最高，云南省最低。在返贫风险评估上，广西壮族自治区脱贫家庭认为自身返贫的风险最高，然后依次为云南省和四川省，重庆市脱贫家庭认为自身返贫风险最低。

为进一步探讨扶贫政策的效果，利用倾向得分匹配法分析了就业技能培训对脱贫家庭收入的影响。研究发现，与未参加政府组织的技能培训的脱贫家庭相比，参加过政府组织的技能培训的脱贫家庭收入水平确实得到提升，同时，以土地规模、矿产资源等代表的自然资本，以吃苦耐劳、对新事物接受速度为代表的文化资本，以劳动力状况、教育年限、健康情况等为代表人力资本，以人际关系处理能力等为代表的社会资本均显著作用于家庭收入；就业技能培训对家庭收入的影响存在异质性，具体而言，不同种类的培训对家庭收入的影响效应存在差异，餐饮与维修培训对收入的效应最大，手工艺培训次之，种植养殖培训收入效应最小。

8 西南农村地区基层组织防止返贫工作的成效与问题

基层组织在防止返贫方面发挥着重要作用，是促进脱贫家庭实现可持续生计的有力保障，尤其是在当前国内外经济发展存在一定不确定性的情况下，基层组织防止返贫工作效果值得关注。本部分内容就四川省某县脱贫地区进行了调研。

8.1 样本县基本情况

为考察西南农村地区防止返贫工作情况，2022年4月，课题组专门就四川省XY县民族地区进行了调研。XY县位于四川省西南部地区，是四川省盆地和云贵高原过渡地带的中低山区。全县面积2977平方千米，有25个乡镇（5个少数民族乡）、230个行政村、35个社区，总人口72万人，其中农业人口61万人。根据第七次人口普查数据，截至2020年11月1日，XY常住人口为552979人。2020年，XY县地区生产总值（GDP）147.15亿元，同比增长4.3%。其中，第一产业增加值34.84亿元，增长5.0%；第二产业增加值45.81亿元，增长2.8%；第三产业增加值66.5亿元，增长5.4%。

2014年，XY县有贫困村90个，建档立卡贫困家庭共23644户、97290人。致贫原因主要包括疾病、残疾、劳动力素质低、创收能力差等，其中因病致贫情况最为严重，全县因病致贫9665户，占全县贫困户的40.9%。政府在帮助他们脱贫的过程中，通过持续实施产业、就业、低保"三大工程"，强化健康扶贫举措，精准实施防返贫监测等措施，90个贫困村已于2019年全部退出贫困村序列，2014年至2019年累计减贫81994人，贫困发生率由15.9%下降到2.4%，到2020年，XY县的贫困发生率已从2014年的15.9%下降到了0.25%。2020年2月，XY县经四川省人民政府同意退出贫困县。

XY县按照当年的省定年人均收入最低标准为底线标准，由乡镇开展全面初排，按照"进、看、算、核、填、评、签"七步工作法，全面锁定监测对象。同时，每月动态摸排，及时补录监测对象。XY县的数据显示，截至2022年4月，该县共有脱贫监测户42户159人、边缘户489户1701人，已全部完成系统录入，并实施了精准预警和精准管理。

8.2 防止返贫工作开展情况

8.2.1 疫情前后就业情况

在脱贫家庭赖以生存的就业方面，2019年、2020年XY县统计数据显示（表8-1），相较于2019年，疫情发生以后，2020年当地每户中就业人数、有收入者的数量都呈下降趋势，无收入者规模扩大。在就业人员中，个体经营者减少数量较多，其他就业类型未表现出明显的数量变化，出现这一现象的原因可能在于政府积极引导企业减薪不减员，并给予企业的一系列优惠政策有关，而个体经营者不属于企业员工，因此，受到经济下行带来的负面影响较大。

表8-1 2019年、2020年XY县居民就业情况统计

指标（人/户）	2019年	2020年	变化（%）
家庭人口数	3.7	3.7	0.0
有收入者	2.3	2.2	−4.3
就业人数	2.0	1.9	−5.0
国有经济单位职工	0.3	0.3	0.0
个体经营者	0.5	0.4	−20.0
其他雇员	0.9	0.9	0.0
农业经营者	0.3	0.3	0.0
离退休人数	0.3	0.3	0.0
无收入者	1.0	1.09	9.0

8.2.2 返贫监测对象的识别与申报

（1）返贫监测标准

2019年之前，XY县的返贫问题一直十分突出，近两年来，返贫现象得到有效遏制，每年新增的返贫人数均维持在个例层面。该地区存在返贫风险的监测对象主要有两类：贫困户、边缘贫困户。对于贫困户、边缘贫困户的精准识

别有明确的标准。首先，对监测到的可能发生返贫的家庭，判断其符合贫困户的条件为：①家庭成员没有财政工资；②没有参加社保；③自己没有购买商品房；④没有大型的交通工具。在这几个条件都符合的前提下，工作人员再评估家庭成员的人均收入情况，逐户进行讨论、研判，将符合条件的进行上报。

对于拟纳入监测的边缘贫困户，其判断的标准主要包括（表8-2）：①年度家庭人均纯收入是否低于当地所规定的最低年人均收入标准；②是否因重病、突发疾病导致家庭收入骤减；③是否因残疾导致家庭生活困难；④是否因严重受灾导致家庭生活困难；⑤是否因家庭发生重大变故导致家庭生活困难。如果这五条标准中有一条的结果显示异常，那么该户可能会经过研判而被纳入边缘贫困户的范围并被监测。

表8-2 预计返贫的研判标准及边缘贫困户研判标准

预计返贫的研判标准	边缘贫困户研判标准
①家庭成员没有财政工资	①年度家庭人均纯收入是否低于当地所规定的最低年人均收入标准
②没有参加社保	②是否因重病、突发疾病导致家庭收入骤减
③自己没有购买商品房	③是否因残疾导致家庭生活困难
④没有大型的交通工具。	④是否因严重受灾导致家庭生活困难
	⑤是否因家庭发生重大变故导致家庭生活困难

XY县边缘贫困户中最主要的三种类型：患有重大疾病的、患有重大残疾的、经历突发事故的。在XY县2014年至2021年所有的被纳入过边缘贫困户的监测对象中（图8-1），患有重大疾病的占比最多，占比约75%；其次为患有重大残疾的，占比约15%；经历突发事故的占比约10%。需要说明的是，如果家庭成员的人均收入高于当地现行的最低人均收入标准，那么该户不会被纳入边缘贫困户的监测范围。针对这些贫困程度不高的贫困户，他们的生活经济状况低于相对贫困的标准，虽然他们的人均收入高于最低生活保障标准，但村支书仍对他们重点关注，会对这些家庭进行定期的一对一的访问和日常生活状况的了解。

10.0%

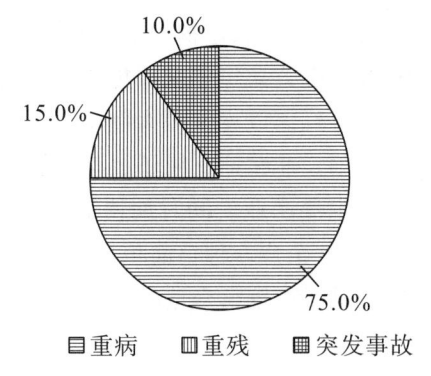

15.0%

75.0%

☐ 重病　☐ 重残　☐ 突发事故

图 8-1　2014—2021 年 XY 县边缘贫困户类型

（2）返贫申报流程

在返贫监测对象的申报方面，当地村干部反映，群众如果有认为自身存在返贫风险的会主动上报自己的情况。社长、联村干部都有各自负责的地区范围，他们的工作任务之一是主动了解自己所负责的区域内的村民的基本情况、生活状况等，他们是第一时间了解到村民的最新情况的人，如果发现有经济困难或存在返贫风险的但没有主动反映的村民，社长或联村干部会在集体会议上进行反映和讨论，并前往这类村民的家中进行深入了解以及做相关政策的宣传、申报指导。

8.2.3　针对监测户的精准帮扶措施

（1）就业层面

对于监测中的边缘贫困户，XY 县会根据每户的实际情况来制定精准帮扶措施，比如家庭成员中有在适龄的工作范围内的会进行就业上的帮扶，包括就业岗位推荐、就业技能培训（厨师、砖工等），帮助这类家庭人员寻找符合自己兴趣的工作。对于家庭成员中没有具备劳动能力的人的家庭，如家庭成员为失独人员并且不具备就业的条件，如果家庭成员身体健康状况比较良好，会鼓励、支持他们发展农村的农业产业，辅助他们制定自家的农业发展规划；如果实在没有条件发展农业产业，会进行兜底性的帮扶，比如低保兜底。因此，针对贫困户的帮扶措施并不是一概而论、简单机械的，而是因人而异、因户而异的，需要充分考虑每户的实际条件去综合判断、制定。

针对返贫监测对象的帮扶措施，涵盖就业、医疗、教育等层面。首先，在就业层面，通过打造特色产业，促进贫困人员增收，当地产业已形成以竹产业为主导产业、多产业布局的发展模式。以竹产业为例，当地将竹林资源转化为

经济效益，户均增收 1500 元以上。农作物种植业方面，当地投入 50 万元建水果种植基地，通过承包收取租金方式每年增加集体经济收入约 1.5 万元，并覆盖所有贫困户进行资产收益分红。以赤水镇为例，在精准扶贫过程中，赤水镇因境内海拔差异大，干旱少雨，非常适宜桃子、李子等水果作物生长，因地制宜将"凤凰李"产业确定为主导产业，同时加快道路交通、物流运输等建设。该镇"凤凰李"种植户有 4300 余户，种植面积达 3.6 万亩，年产量 3 万余吨，年产值约 1.8 亿元，有效带动了贫困群众增收。产业发展带动贫困人口就业的优势，也得到体现。

此外，还采取了包括劳务定向输出、就业技能培训、开发公益性岗位的措施。劳务输出方面，利用就业岗位促进脱贫劳动力等重点就业困难群体实现就业，邀请浙江省企业在该地区的各乡镇开展东西部劳务协作等招聘活动，通过点对点的方式向浙江省企业输送劳动者 3 批次共 98 人。就业技能培训方面，该地区开展各类补贴性培训，针对已有的各类产业开办适合当地劳动力的培训活动，如特色种植专业培训、新型职业农民培训，2021 年，全县职业培训 4754 人，培训合格 3872 人，培训班合格率保持在 80% 以上。公益性岗位开发方面，开发乡村道路维护、保洁维护、河道护渔等乡村公益性岗位安置有就业意愿但又无法外出、无业可扶和易返贫的脱贫劳动力、农村低保家庭成员和残疾人等乡村就业困难群体就业，并按政策进行岗位补贴。2021 年共开发城镇公益性岗位 35 个，乡村公益性岗位 2705 个，安置 4358 人在岗从业。

（2）医疗层面

在医疗帮扶层面，XY 县针对贫困人口医保参保、在家贫困人口签约服务、健康体检、分类管理、医疗救助全覆盖，每年开展一次集体体检，对贫困户实行体检免费。对慢性病高风险人群通过定期回访、家庭医生签约服务等方式进行日常健康监控。按照大病集中救治、慢性病签约服务、重病兜底保障的分类措施实行分类救治，对于贫困户、返贫监测对象落实医疗扶持政策，使其享受县内住院一站式服务报销政策，对重点人群协调落实低保、临时救助、就地转诊医疗救助等政策。截至 2020 年 9 月，当地贫困人口、返贫监测对象累计免费体检 26.76 万人次，住院 20.14 万人次，住院总费用 6.42 亿元，通过基本医保、大病保险、医疗救助等综合保障措施报销 5.53 亿元，有效防止了因病致贫返贫。

（3）教育层面

在教育层面，各村在确保村内返贫监测户、边缘贫困户中的每一个处在义务教育阶段的适龄儿童均免费接受九年义务教育的基础上,开展"春雨计划",为家庭贫困的学生提供学业方面的帮扶。春雨计划包括"筑梦""追梦""圆梦"三个工程。"筑梦工程"指为品学兼优的贫困学生提供助学金;"追梦工程"指开展教育专项培训,聘请导师参与培训指导,提高学生的专业水平;"圆梦工程"指动态追踪参加前两项工程的学生,建立人才库并协调相关资源为其搭建就业平台,帮助其做好人生规划。

8.3 基层组织防止返贫工作的成效

8.3.1 建立了返贫风险管控机制

虽然疫情并没有直接影响这两个村村民的日常生产生活,但它的间接影响不可忽略。针对此类突发公共卫生事件,当地村两委建立了应对返贫风险的管控机制。如图 8-2 所示,通过日常工作的巡查、询问等工作方式及时地识别村子中外出务工人员就业层面存在的风险,接着对存在返贫风险的人员进行筛查,对未发生返贫但风险程度较高的人员,采取暂时性纳入返贫监测对象的措施,对于受风险因素影响已经发生返贫的人员采取针对性的帮扶措施,并在其退出贫困状态后进行持续监测,待风险基本消除后返回日常监测的状态。这种返贫风险管控机制体现了村两委在返贫监测方面对返贫风险的把握比较迅速,对疫情所带来的间接影响给予关注,因而能够动态监测可能转为低收入人群的人员,采取预防手段和控制措施。

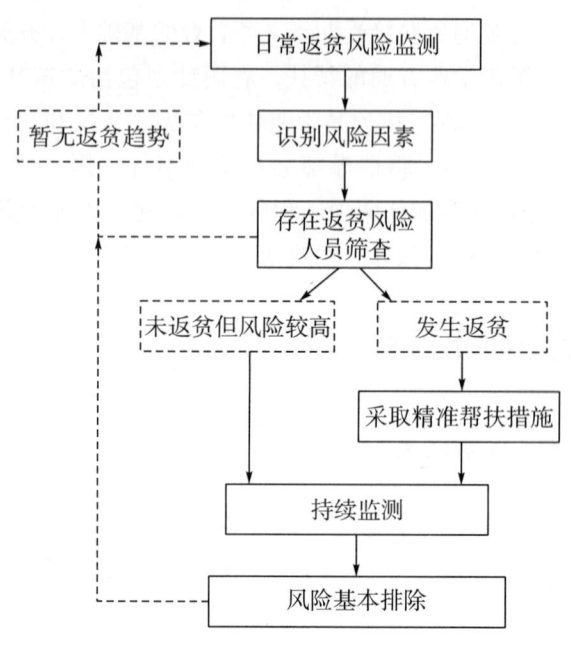

```
         ┌──────────────→ 日常返贫风险监测
         │                      │
         │                      ↓
    暂无返贫趋势           识别风险因素
         │                      │
         │                      ↓
         └──────────── 存在返贫风险人员筛查
                          ↙          ↘
                  未返贫但风险较高    发生返贫
                                      │
                                      ↓
                                采取精准帮扶措施
                                      │
                                      ↓
                                   持续监测
                                      │
                                      ↓
                                 风险基本排除
```

图 8-2 返贫风险管控机制流程

8.3.2 返贫的帮扶政策宣传到户

脱贫户虽然摆脱了绝对贫困，但在脱贫后的一定时期内依旧能享受各种类型的政策补贴（见表 8-3），这些补贴性政策对避免脱贫户返贫起到了帮助作用。然而，对于政策的各种类别、适用条件、具体内容等，脱贫户在获取这些信息时往往存在困难，政策的变化、获取信息媒介的使用、政策文本的解读等都是导致脱贫户无法准确掌握自己可享受的政策信息的因素。对于家中只有老人和小孩的家庭而言，家庭人员使用电子设备、阅读报纸获取最新政策的频率较低，文化水平也相对有限，获取这些政策信息对他们来说更是一大挑战。

对于这一问题的解决，JM 镇的各村都设计并发放了脱贫户的"政策享受明白卡"（以下简称"明白卡"）。"明白卡"是一张罗列了适用于脱贫户的各项涉及生活方方面面的政策的卡片，工作人员在设计这张卡片时，会将这些政策分门别类，并把每一户已经享受到的政策包括时间、人数、补助金额、适用条件等都明确交代，形成了一本本政策"明白卡"。政策明白卡的优势在于：一是有效地向脱贫户宣传、解读其能够享受的涉及住房安全、医疗保障、教育保障、就业扶持、产业发展等方面的支持政策；二是向村民普及了政策知识，使村民对自己已经享受的政策更明白，有利于提高精准扶贫的准确度；三是当政策明白卡的印发管理实现制度化、动态化后，政策的变动也能便捷地通过"明白卡"的内容调整将政策的变化传达到各个脱贫户。除政策明白卡以外，调研地区的村干部表示，对于返贫帮扶政策，村干部等人挨家挨户地进行口头宣传，提供政策申请方面的支持与鼓励，保障了政策宣传工作在其管理的区域实现了全范围的覆盖，解决了部分村民和政策执行者之间的矛盾与冲突，有利于工作人员发现并妥善处理相关问题。

表8-3　XY县脱贫户政策享受明细

政策类型	具体项目
住房安全	危房改造
	房屋安全鉴定
教育保障	义务教育保障政策
医疗保障	医保、医疗扶贫政策、免费体检政策、一站式结算、家庭医生签约服务
就业扶持	公益性岗位
产业发展	小额信贷
	产业扶持金
	到户产业补助
其他	生态补贴
	农业综合补贴

8.3.3　发展特色产业与公益岗位

竹产业是XY县的主导产业，竹产业在XY县得以发展依靠的是它的地理条件和自然资源的分布。XY县是较为典型的山区林业大县，现有林业用地面积260.6万亩，竹林面积占134万亩。近年来，XY县JM镇光照村、九江村通过引进竹类龙头企业，转型升级竹产业发展，使得大体量的绿色资源得以利用。XY县JM镇20万吨竹浆项目自从生产启动以来，实现日产竹浆板650吨以上，每天可消耗鲜竹片近3000吨，每年消耗竹材80万吨。而该县16个竹区乡镇的3.67万贫困人口，人均增收1426元，并带动了周边村庄近7000人就业。荤豆花是该地区的特色小吃，近年来地区兴办以荤豆花为特色的小吃街，并大力发展康养文旅民宿文化产业，出资建设文化体验中心和民宿主题酒店，以此促进个体经济、集体经济的发展。根据访谈结果，2021年JM镇的九江村和光照村通过荤豆花餐饮一条街和永丰竹浆厂实现就近务工22人。村

两委发挥自然资源优势，遵循绿色产业发展为发展方向，善于将新颖、潮流的文化元素融合到已有的产业中，因地制宜地开发当地竹产品产业、特色餐饮业、文化产业，并以此带动当地的贫困户、边缘贫困户的劳动人口就业，就近解决这部分人员的务工问题。

公益性岗位是指由政府出资开发，以满足社区及居民公共利益为目的的管理和服务岗位。公益性岗位是脱贫攻坚的一个重要举措，公益性岗位就业人员可获得劳动保障部门按月提供的岗位补贴，额度为最低工资标准的70%。政府通过设置公益岗位，提供给乡村经济困难人群、残疾人士就业机会，不仅解决了环境卫生问题、公益服务问题，也改善了社会矛盾，解决了部分贫困户的劳动力或半劳动力的就业问题。调研的两个村为加强公益性岗位安置重点群体就业，将乡村道路维护、保洁保绿、河道护渔等乡村公益性岗位提供给有就业意愿但又无法外出、无业可扶和易返贫的脱贫劳动力，农村低保家庭成员、残疾人、退捕渔民等乡村就业困难群体，按政策落实岗位补贴。据调研得知，2021年XY县JM镇光照村和九江村共落实搬迁户公益性岗位21个、生态护林员20个。

8.3.4 返贫的帮扶措施精准到户

XY县JM镇各个居民小组均有监测小分队，针对监测户要求"每月必研判、每户必回访"，全面收集监测户的风险，进而精准落实政策措施。对于存在较高风险的监测户通过一一研判，分类落实低保、临时救助、医疗救助到户产业、补助等措施，确保政策措施精准落实。以古寨社区为例，2021年古寨社区的1户监测户因家中无劳动力和稳定收入，且家庭成员患有严重疾病，落实了低保、大病备案、临时救助等政策，并组织社会爱心人士为其募捐约6000元。因病返贫的，首先考虑医保是否能够解决，如果在医保能够解决的范围之外的医疗费用仍然较高，会帮助其申请临时救助、最低保障等。对于重大残疾返贫的，除了国家对于残疾人士的补贴之外，如果残疾等级较高，村两委会帮助其申请重度医疗陪护、临时救助等，对于因为残疾导致家庭收入过低、出现返贫的家庭，会采取最低生活保障补助进行兜底。

案例：JL村四社的一个农户，一家共四口人，家庭成员由夫妻二人和他们的两个孩子构成，主要劳动力为夫妻二人，这两人的年龄均为四十多岁，受教育程度均为高中水平，但这两个人基本处于半劳动力状态，由于双方均患有慢性疾病无法从事需要较多体力劳动的工作，不具备充足、完备的劳动能力。夫妻二人一直靠自家的农业种植谋生，但收入较低且不稳定。政府在日常调研工作中发现这个家庭的状况后,决定将家庭纳为边缘贫困户的范围进行监测,在村两委的讲解、帮助下,夫妻两人都申请到了公益性岗位,在公益性岗位上进行相对简单的体力劳动型的工作,个人的年收入为4000~5000元左右,每个月有400元的补助。村两委会在了解到该家庭的具体情况后,家庭成员都被纳入低保兜底的范围,解决了他们的基本生活需要方面的问题,使他们的正常生活得以运转。

因病、因灾返贫是XY县返贫发生类型中最主要的类型。上述案例中,夫妻两人的劳动能力因为身患疾病受到限制,一直都是依靠自家的农业生产活动获取收入,收入情况并不理想。在返贫监测的过程中,出于对该户收入水平以及现有劳动力存在的身体健康、劳动能力方面的风险的了解,政府将其纳入边缘贫困户进行返贫监测。家庭成员尤其是主要劳动力的身体素质、劳动能力、增收能力都是衡量一个家庭是否具备能够根除贫困并实现生活水平自我改善的能力的重要因素,因此,政府在这方面做到了返贫因素的动态监测与识别,采取了后续的预警机制即将该户纳入监测范围进行更精准的监测。在这之后,村两委实施了帮扶措施,考虑到对该户的夫妻仍具备一定劳动力,适合选择公益性岗位进行就业,家庭也具备申请公益性岗位的条件,村两委协助他们通过公益性岗位工作有效发挥自身的劳动价值,以这一工作收入补充他们原有的农业收入,同时为了最大程度避免该户返贫,工作人员又为他们办理了最低生活保障的申请,增加了他们收入来源。

8.3.5 构建了就业技能培训机制

就业帮扶作为防止返贫的有效措施,包括就业信息宣传、就业人员培训、岗位提供与补贴等。在就业宣传方面,XY县JM镇依托龙头企业、东西部协作平台、智慧终端招聘平台积极推送就业务工信息;每年举办免费职业技能培训,提升贫困人员的就业能力。2021年以来XY县先后举办免费职业技能培训班3期,覆盖贫困人口134名,举办就业招聘会3场,提供就业岗位信息300余个。

在就业技能培训方面(表8-4),以XY县近几年开展的新型职业农民培育工作为例,按照"科教兴农、人才强农"的战略要求,围绕现代农业产业发展、新型农业经营主体壮大,该培训项目旨在为农业现代化提供强有力的人力保障和智力支撑。在培训对象方面,贫困监测户的农民中符合条件的能够优先纳入新型职业农民的培育范围。在培训机构确定方面,政府相关部门按照公开、公平、公正的原则,接收符合条件的公益性、社会化教育培训机构自愿提出申请，然后组织专家对培训机构提交的资料进行审查、打分，实地考察和综合评定，最终确定培训机构。培训内容方面，围绕符合条件的农业劳动者，培训机构分类型、分产业、分专业开展培训，按公共基础、专业技能、能力拓展和实训操作等模块构建培训课程，丰富培训内容的同时突出职业道德素养、团队合作精神、绿色发展理念、信息化应用、农产品质量安全、农村消防常识和先进知识科普等内容，强化农业科技应用能力和创新创业发展能力，提升品牌创建、市场营销等现代农业经营管理能力。强化实践教学，满足农民多元化需求，坚持按需施教，推行启发式、互动式和案例教学。培训形式上适应务农农民学习规律特点和生产生活实际，坚持方便农民、贴近生产和实用高效的原则，尽可能地"就地就近"便利培训，利用"农民夜校"、农民田间学校、村级组织活动场所以及现代农业示范园区、农业企业、农民合作社、家庭农场等生产基地开展培训。

表8-4 新型职业农民培训各要素具体内容与基本原则

要素	具体内容	基本原则
培训对象	具有较高的专业技能的现代农业产业者	贫困户优先考虑
培训机构	经选拔后确定的公益性、社会化教育培训机构	公平、公正、公开
培训内容	公共基础、专业技能、能力拓展和实训操作等模块的培训课程	按需施教、理论与实践结合
培训形式	适应农民学习规律特点、贴近实际，"就地就近"便利培训	方便农民、贴近生产

培训工作内容方面，当地的培训工作内容主要包括培育对象申请、培训计划制定、培训开展、考试考核。(1)培育对象申请。培训机构开展从业人员摸底调查，按主导和优势特色产业建立培育对象库，对象登录中国新型职业农民网，通过"新型职业农民培育申报系统"或手机下载"云上智农"APP在线报名，经县新型职业农民培育工作小组办公室审核后确定为培训对象。(2)培训计划。村两委对培训需求进行深入调研，在充分了解当地产业发展和相关从业人员实际需要等各方面情况的基础上，依据培训规范，制定科学实用的培训计划。(3)培训开展。培训机构通过信息化平台的搭建，建立培训学员与师资库，上传课程视频资料，推荐并指导学员使用手机APP进行线上培训学习。(4)考试考核。根据培训对象、培训目标、培训内容和培训要求，采取简便易行、真实可靠的考试考核办法，综合运用理论考试、实践考核和生产经营水平

考察等多种评价方式，对学员进行必要的考试考核。考试考核合格的学员，由培训机构颁发培训证书，记载培训班次、培训时间、培训内容、学时数、考试考核结果等，作为认定新型职业农民的依据。

8.4 基层组织防止返贫工作面临的难题

8.4.1 缺乏发展的专业人才

调研发现，XY县相较于其他镇而言经济发展态势比较好，然而专业人才的引进、后备干部的培养一直是困扰当地村两委的问题，九江村和光照村的村支书都表示"把人才引进、培养并留住是一个很棘手的问题，也是很重要的问题"。通过总结，笔者认为像XY县这类农村地区难以解决人才的引进、培养和保留问题的原因主要有以下三点。

(1) 思想观念方面

笔者在访谈过程中向被访谈者询问关于是否愿意自己的子女在完成学业后返回家乡工作这类问题时，被访谈者的回答都是"不愿意"。有被访谈者表示：在农村地区做基层工作似乎容易被贴上"又苦又累""没有面子""容易被他人歧视"等标签。城市相较于农村而言具备更多的就业、文化、土地、基础设施等资源，家长在培育子女的过程中鼓励自己的子女选择在城市就业是完全可以理解的，但是这并不代表在城市工作就比在农村工作"光荣"，片面地甚至是恶意地看待、评价农村地区的就业环境和形势是错误的、不可取的，这样会造成学生习惯性地用歧视的、畸形的视角去看待农村中的职业。从就业的宏观视角来看，上述的这种做法可能导致城市的就业岗位数量供给远低于需求，形成不必要的恶性竞争，而农村地区的就业岗位无人问津、虚位以待的情况。因此，家长、老师、学校等教育主体在教育子女、学生的过程中不能忽视对学生在看待就业和职业方面的正确价值观的培养，可以鼓励孩子到资源条件丰厚的地区工作，但不能传递任何不公平的话语视角。

(2) 激励与保障层面

贫困地区难以引进或是留住人才的主要原因之一是缺乏令人满意的激励和保障。贫困地区的资源相对匮乏、环境较为恶劣。根据激励的双因素理论，保健因素又可以称为外界因素即工作环境，诸如工作条件、人际关系、地位、安全和生活条件等，激励因素多属于工作本身，诸如成就、认可、晋升、工作中的成长、责任感等。该理论认为，如果保健因素得到了满足，那么人们就会消

除不满,如果得不到满足则会招致不满情绪的产生;而激励因素如果得不到满足影响不大情绪,如果得到了满足会使职工感到满意,工作热情也得到激发。基于该理论分析,如果一个求职者到农村工作,相较于去城市工作而言,那么保健因素是没有得到最大满足的,因为求职者是追求利益的,他在比较保健因素中的各个因素时,会认为农村工作比城市工作在保健因素方面的满足程度更低。因此,地区吸引人才需要在激励因素方面给予更大程度的满足,包括物质层面和精神层面。然而,在调研中,笔者发现农村的村干部等人员的待遇普遍不高,工作人员对待遇的满意度低,而"一肩挑"的模式让不少同时担任两职务的干部面临着不小的工作压力,这些都是人才引进和保留所面临的问题。

(3) 人才培养方面

在调研中,村两委表示该地区的村干部培养压力大,村干部的培养没有明确的培训计划。培训主体主要是现任的村干部,但村干部在处理和平衡自己的工作任务和培训任务时常存在冲突,难以协调。同时,由于村干部的培养对象多数是培养对象自愿提出申请,由村干部等人遴选后产生的,不存在定向培训或培训合同的签订等流程,培训效果得不到保障,容易发生培训中途结束、资源浪费的情况。所以,针对农村地区村后备干部难以培养、储备等现象,主要存在干部培养缺乏完备的管理体系、培养的全程保障和监督的问题。

8.4.2 信息化手段运用较少

在返贫帮扶政策宣传方面,缺乏信息化宣传手段的运用,没有开展诸如组织村干部、驻村工作队员、基层网格员向群众推广宣传"防止返贫监测对象申报小程序"、开展申报演示和政策宣讲等行动。同时,调研的JM镇各村几乎没有通过微信公众号、村组宣传栏、政府网站等载体推广申报二维码。目前的返贫监测对象申报主要的渠道是申报对象主动向上级部门反映,通过电话联络或是当面口头申请的形式,这种申报方式不便于申报人快捷方便地申请各类政策、反映自己家庭情况,需要申请人自己打印各种申请材料,工作人员也必须耗费更多的时间精力和申请者进行申报相关事项的沟通以及申报信息、材料的整理与审核,同时在道路交通并非发达的农村地区尤其是地形不平坦的山区,工作人员和申请人前往各自的场所也给申报本身带来麻烦,因此,智能化、便捷化的信息技术手段的运用有必要在农村返贫治理工作中开展,传统的工作技术和方法不能实现高效率、高精准度、少人力的工作效果,还造成了不必要的资源浪费。同时,信息技术的运用并非局限于政策宣传方面,在调查地区,扶贫信息系统的建立、扶贫政策的公示、扶贫项目进展和资金的使用情况并没有借助网络平台来实现。返贫户的动态化监管机制可以依靠网络运行,当边缘贫困户或脱贫不稳定户定期在网络平台反馈自己近期的生活状况以及收入与开销方面的具体数据后,网络监管平台能够围绕这些家庭的家计状况等进行实时的信息更新,预警机制的触发也将更为灵敏,但这些在该地区都没有应用。

信息化的技术难以在农村地区得到运用的另一问题在于村民使用信息化设备存在一定困难,主要体现在以下几点:一是农村地区留守老人和小孩较多,这部分人员本身不具备使用智能手机或电脑进行上网操作的能力,且由于他们受教育程度有限,难以自学使用智能手机等电子设备;二是部分人员在使用信息化设备进行政策了解、申报等方面主动性较低,对工作人员具有依赖心理,经常需要工作人员进行沟通、指导、督促才进行线上的操作,这类人员"等、靠、要"的思想问题较为严重。

8.4.3 社会组织参与度较低

社会组织有利于弥补国家政权组织治理资源不足的情况,有利于迅速、灵活回应社会问题,有利于实现社会治理理性化、专业化,有利于促进社会源头治理等。社会组织的非政府性、非营利性、公益性等特征,决定了社会组织在社会治理体系必然占据着重要地位。社会组织中能够作为巩固脱贫成果与防止返贫工作这一机制中的重要参与力量,尤其是在教育、医疗等领域社会组织能够形成多元联动的稳固脱贫联合组织,防止返贫现象的发生。然而,在访谈过程中,笔者了解到XY县JM镇的各村与社会组织的接触较少,在返贫帮扶过程中社会组织很少作为帮扶主体参与进来。

8.5 小 结

本部分内容主要分析了四川省XY县脱贫地区基层组织防止返贫工作的成效与问题。研究发现,疫情对该县就业产生了较大影响。在就业人员中,个体经营者减少数量较多。在防止返贫工作方面,该县建立了返贫监测对象的识别与申报机制,帮扶政策能够宣传到户,并针对监测户制定了帮扶措施,发展特色产业与公益性岗位,构建了就业培训机制。然而,也存在缺乏专业人才、信息化手段运用较少和社会组织参与度较低的问题。

9 西南农村地区贫困家庭防止返贫与实现可持续生计的对策分析

基于前面分析，并结合实际调研情况，本章提出从顶层设计、返贫监测、产业培育、深层次基础资本体系构建、潜层次支撑资本体系构建与表层次复合资本体系构建六个方面打造西南农村地区脱贫家庭防止返贫与实现可持续生计的对策体系。

9.1 做好顶层设计，构建防止返贫与实现可持续生计的大格局

9.1.1 完善党政防止返贫工作领导机制

（1）不断巩固党政在防止返贫工作中的领导地位

扶贫开发与防止返贫是一种政治意愿，党政主导是我国当前扶贫开发取得成效、防止返贫和相对贫困治理工作顺利开展的根本保证。党的十九大明确提出，党是我国一切社会主义建设的领导基础，"东西南北中，党是领导一切的"[1]。消灭贫困是社会主义制度的本质要求，作为无产阶级性质的政党，中国共产党没有自己的特殊利益，这正是中国共产党的领导是消灭贫困的根本政治保证。习近平总书记强调，"脱贫攻坚，加强领导是根本"[2]。"越是进行脱贫攻坚战，越是要加强和改善党的领导"[3]。正如党的十九大报告提出的，"中国特色社会主义最本质的特征是中国共产党领导，中国特色社会主义制度的最

---

[1] 习近平. 决胜全面建成小康社会 夺取新时代中国特色社会主义伟大胜利——在中国共产党第十九次全国代表大会上的报告 [M]. 北京：人民出版社，2017：20.
[2] 习近平. 习近平重要讲话单行本：2020年合订本 [M]. 北京：人民出版社，2021：260.
[3] 中共中央党史和文献研究院. 十八大以来重要文献选编 [M]. 北京：中央文献出版社，2018：46.

大优势是中国共产党领导"①。因此，进入相对贫困治理时期，做好防止规模性返贫，提升脱贫地区与脱贫家庭可持续生计与内生发展能力的首要前提是维护和巩固中国共产党的核心领导地位，不断提升执政能力，始终坚持党对脱贫攻坚战的领导。

一是在当前国际政治形势复杂多变的背景下，全体人民应牢固爱党、爱国意识，"永远听党话、跟党走"，自觉维护与拥护中国共产党的领导。

二是中国共产党全体党员、各级党委、政府工作人员不断增强"四个意识"，坚定"四个自信"，做到"两个维护，"继续坚持"不忘初心、牢记使命"的理想信念，转变观念、改进作风、扎扎实实做好本职工作，真正把心沉下来、把身子扑下去，把防止返贫的工作抓细、抓实、抓落地，把不断为脱贫群众谋幸福作为工作的出发点与落脚点。

三是各级政府应继续强化政策制定与执行的层层落实能力，保证中央政策到达基层不变味、不打折扣；不断完善中央统筹、省负总责、市县乡村落实的工作机制，层层签订防止返贫责任书，明确目标任务和工作责任到人。巩固脱贫攻坚成果，必须深入推进抓党建防返贫，发挥党的政治优势、组织优势和密切联系群众优势，在精准施策上出实招、在精准推进上下实功、在精准落地上见实效。

四是发挥好各类组织的各级党组织的领导核心作用，尤其要加强党的基层组织建设，不断完善激励机制，对在脱贫攻坚与防止返贫工作中表现优秀的干部优先提拔使用；把好村两委领导选举关，把愿意为群众服务、有能力为群众服务、能带领群众致富的居民选出来，提上去，不断增强基层党组织的号召力、凝聚力、战斗力，充分发挥基层党组织在防止返贫及乡村振兴中的战斗堡垒作用和广大党员干部的先锋模范作用。

五是创新区域协作防止返贫机制，实现预防返贫工作的"跨区化、格局化、协同化"，在中央层面，可以建立"全国区域协调协同发展管理委员会"，重点负责跨省域的重大项目建设工作；在地方层面，可以建立"省域区域协调协同发展管理委员会""市域区域协调协同发展管理委员会"与"县域区域协调协同发展管理委员会"，主要负责省域内市域之间、县域之间、乡域之间的跨区项目建设工作。

---

① 习近平. 决胜全面建成小康社会 夺取新时代中国特色社会主义伟大胜利——在中国共产党第十九次全国代表大会上的报告[M]. 北京：人民出版社，2017：20.

(2) 始终坚持中国特色社会主义制度

中国特色社会主义是科学社会主义理论逻辑和中国社会发展历史逻辑的辩证统一，是根植于中国大地、反映中国人民意愿、适应中国和时代发展进步要求的科学社会主义，是全面建成小康社会、加快推进社会主义现代化、实现中华民族伟大复兴的必由之路。历史和现实证明，只有社会主义才能救中国，只有中国特色社会主义才能发展中国。贫困不是社会主义，社会主义的根本任务是解放和发展生产力，实现共同富裕。邓小平指出"社会主义同资本主义比较，它的优越性就在于能做到全国一盘棋，集中力量，保证重点"[1]，坚持社会主义制度，集中力量办大事，为全面消除绝对贫困提供了坚强的制度基础。巩固脱贫攻坚成果，做好防止返贫工作的宏观制度保证是继续坚持和不断完善中国特色社会主义制度。

一是在当前国际政治、经济形势诡谲多变，出现"逆全球化"的势头下，我国从中央到基层应统一思想，继续深化改革开放，不断提升改革开放质量和水平，不断与时俱进，解放思想，创新工作思维。改革开放是坚持和发展中国特色社会主义的必由之路，中国特色社会主义是顺利推进改革开放的根本保障。正如世界银行指出的，"中国的减贫成就很大程度上归功于有力的经济增长和经济改革"[2]，因此，只有不断深化改革开放，才能不断调动社会各方面的积极性，不断解放和发展生产力，保持经济长期稳健增长，从而为扶贫事业提供坚实物质基础。

二是坚持以经济建设为中心、坚持增收优先的基本理念，不断完善社会主义基本经济制度，充分发挥社会主义市场经济制度优势。根据经济和社会发展需要，根据人民群众生活需求，不断坚持和完善社会主义基本经济制度，不断解放和发展生产力，推进脱贫地区尤其是脱贫民族地区经济实现高质量发展；在当前国内外经济形势前景不明朗、国外地缘政治环境进一步恶化的态势下，既要充分发挥市场在资源配置方面的积极作用，更要发挥好政府的引导作用，最大限度降低市场失灵带来的负面影响。

三是坚持共同富裕的目标不能变，实现全体人民共同富裕是社会主义的本质要求，未来进一步促进民族脱贫地区经济社会发展，需要大力深化农村集体产权制度改革，创新农村集体经济有效组织形式和运行机制，不断完善农村基

---

[1] 邓小平. 邓小平文选：第3卷[M]. 北京：人民出版社，1993：16—17.
[2] 引自国务院发展研究中心、世界银行. 中国减贫四十年：驱动力量、借鉴意义和未来政策方向[R]. 2022年，第12页

本经营制度；继续深化户籍制度改革，放开放宽除个别超大城市外的城市落户限制，探索实行城市群内户口通迁、居住证互认制度；不断完善征地制度和集体经营性建设用地直接入市，探索不同村集体合作入市模式，保障农民合法合规利益，扩大农村地区相关试点范围，探索集体经济组织与集中入市区块的集体经济组织合作，资源共享，共同入市，把土地制度改革和防止返贫结合起来，带动农牧民致富；严格落实"保障被征地农民原有生活水平不降低、长远生计有保障"的基本原则，让农牧民有更多的获得感。

（3）不断完善"五级书记"防止返贫工作机制

党的十八大以来，我国在贫困治理过程中形成了省市县乡村"五级书记"共同抓扶贫的精准格局，"五级书记"抓扶贫的工作机制是我国在精准扶贫战略实施过程中的一大创新，五级书记共抓贫困治理的格局，有利于发挥党集中力量办大事的优势，在未来防止返贫工作中需要继续强化与不断完善。

一是建议像脱贫攻坚一样，省、市、县、乡、村签订防止返贫责任书，保持"五级书记"狠抓防止返贫的工作局面，实现中央政策到村、入户畅通无阻，各个环节层层衔接、环环相扣、不打折扣、一贯到底。

二是明确"五级书记"分工，谨防出现责任不明确、"踢皮球"等现象。"五级书记"级别不同、站位不同、权责不同，要做好巩固脱贫攻坚成果与推进乡村振兴有效衔接工作就要做到不同分工，同心协力，发挥应尽职责，形成"横向到村，纵向到点"的扶贫工作体系。省市两级党委书记履行主体责任，牵头制定扶贫措施，民族脱贫地区县委书记要把主要精力放在"三农"工作上，当好防止返贫与乡村振兴的"一线总指挥"，乡镇党委书记作为最后一级行政指挥官，应衔接好县与村之间的扶贫工作，集中精力抓扶贫重点任务和关键问题的落实，落实责任、权力、资金、任务，统筹把握好辖区内返贫监测与帮扶任务，村党组织书记必须本着公平、公正的工作态度，立足本村实际情况，积极配合乡镇预防返贫工作，严格落实扶贫政策到户到人，杜绝弄虚作假、谎报瞒报返贫信息的行为；必须选好配强村级组织领导班子，选好、选优村党组织书记。

三是继续保持民族脱贫不稳固的地区干部、工作队驻村制度，争取形成良好传统，选派专业对口、经验丰富、善于公关、能拉资源的工作人员作为驻村干部，给予合理激励，让其愿意干事，想干事，敢干事，充分发挥驻村干部、工作队的桥梁与智囊作用，继续帮扶脱贫村制定具体的帮扶规划，加强资金、项目和政策的谋划支持和对接。建立健全县、乡、村三级培训网络，对基层党员干部实行分级培训，不断提升业务能力。

四是"五级书记"带头表率，杜绝"文山会海"等形式主义、繁文缛节，对文件会议超发、超开及时预警，细化责任清单，划清责任边界，要让基层力量凝聚在扶贫工作上，不让"文山会海"空耗工作人员的精力，把基层干部、工作人员干事创业的手脚从形式主义的束缚中解脱出来。

五是"五级书记"要不断加强马克思主义反贫困理论中国化修养与发扬脱贫攻坚精神，不断提升个人修养与业务能力，在重大扶贫问题上，避免缺乏实际调研的拍脑袋决策，在工作中敢于英勇奋斗、攻坚克难，树立永不懈怠、锐意进取的理念，领导、动员组织内外一切可以利用的力量、资源积极参与防止返贫工作。

(4) 建立健全党政联席会议制度

西南地区四川省、重庆市、贵州省、广西壮族自治区、云南省可以结合自身实际经济、社会、文化、自然等发展情况，在"平等、互利、共赢"的原则下，建立省域、市域、县域、乡域层面的党政联席会议制度，力争做到每一项决策的科学化、民主化，可以是两两之间，也可以是多省市县之间，由省级政府负责牵头；建立双向需求征集、双向提供服务、双向沟通协调、双向评价通报"四个双向"机制，完善问题、任务、责任"三项清单"。定期召开联席会议，党委、政府、政协主要负责领导，相关部门工作人员参加。每次会议确定好一个核心主题，既重宣传，更重落实，主要领导牵头，相关部门落实。会议可以主要围绕破除省域、市域之间经济社会的发展障碍，产业协同发展、金融领域合作、生态环境保护、能源绿色低碳协同、社会保障制度、劳务派遣合作、文化项目交流、支持市场主体健康发展政策措施等内容开展。

9.1.2 深入推进多方协作防止返贫机制

建议中央给予农村地区各级地方政府更大更灵活的权力操作空间，继续深入挖掘、整合、利用好各方面的资源和力量，不断巩固和完善定点扶贫、东西部扶贫协作、军队和武警部队扶贫以及各民主党派、工商联和无党派人士、企业、社会组织、个人参与的大扶贫格局体系，在全社会形成人人关心、支持、参与的防止返贫共识和行动。

(1) 大力深化东西部协作防止返贫

一是坚持互利共赢、优势互补、共同发展的原则，根据经济社会发展新形势、新任务，大力深化、完善东西部扶贫协作和中央单位定点扶贫，巩固拓展脱贫攻坚成果、全面推进乡村振兴、推动区域协调发展、协同发展、共同发展、促进共同富裕,进一步深化经济发达地区与西南农村脱贫地区的合作范围与力度,推进发达地区产业向脱贫地区梯度转移,充分发挥东部地区的资金资源、人才资源、管理经验,农村地区的劳动力资源、土地资源、自然资源、文化资源及市场资源;实现资金支持、项目合作、产业互补、人才互动、劳务协作、技术互学、社会参与、观念互通、消费帮扶、共同发展。如深圳、青岛、大连、宁波、上海、苏州、杭州、广州8个东部发达城市及广东省对口帮扶贵州省。上海青浦区与云南省德宏州4个县(市)结对帮扶,青浦区11个镇(街道)与德宏州11个乡镇建立结对关系,上海50家企业与德宏州50个贫困村实行结对帮扶,青浦区教育局对口帮扶德宏州四县市5所学校,青浦区卫健委对口支援德宏州四县市4所医院。广州市每年提供3000个技能岗位,在黔南州招聘。杭州市每年联系2000个以上技能岗位,在黔东南州招聘。针对帮扶对象未成年子女,可以到对口帮扶城市技工学校入学,符合条件的,享受免费入学,毕业后,优先就业。

二是东西部协作要以项目为抓手,发展"共生式"项目合作,倒排工期、大力推进,项目类型要兼顾扶贫与防止返贫的目标。完善"万企帮万村"防止返贫与乡村振兴长效合作机制,进一步发挥社会组织扶贫网作用,积极引导东中部地区社会力量积极参与巩固脱贫攻坚成果与推进乡村振兴有效衔接全过程。在当前经济下行压力较大、大幅减税,政府财税收入下降的形势下,应该大力引导经济效益比较好的企业参与防止返贫工作。强化国有企业帮扶责任,深入开展中央企业定点帮扶乡村振兴重点帮扶县防止返贫工作。从长远来看,需要坚持市场化原则,吸引企业愿意来投资,留得住,发展好,通过产业形势建立长效防止返贫模式。

三是开展人才交流,促进观念、思路互通互动,探索东部地区与农村地区干部交流任职长效合作机制,建立完善农村地区干部到东部地区短期培训、学习机制,定期召开主要负责人参加的联席会议,开展定期互访,确定协作内容。采取双向挂职、两地培训、委托培养和规模性支教、支医、支农、支工等方式,在发展经济基础上,向教育、医疗、科技、文化等领域协作拓展。加大对农村地区基层干部、脱贫村干部的培训,强化其市场经济意识、提高其治理能力、拓宽其眼界。

四是探索制定《东西部协作扶贫法》,贫困状态具有反复性,扶贫具有长期性,需要依法建立长效机制,常抓不懈,因此,可以通过法律形式,压实扶贫工作责任,使扶贫工作有法可依、执法有据、违法必究,切实落实长效机制,提高扶贫工作质量。

（2）优化消费、劳务帮扶、部门合作等机制

一是构建长期消费帮扶和劳务协作合作制度机制。在劳务输出对接中，建议建立劳务输出地与输入地精准对接机制，双方制定求职需求与岗位供给"两张清单"，尤其是输入地要明晰对劳动力技能状况的需求，对于不符合要求劳动力，建议输入地组织企业派出专家、技术员等到输出地进行培训指导，以提高劳动力与岗位匹配度；对已经入职的劳动力及时开展技能提升培训，针对"两后生"、适龄年轻劳动力，探索建立半工半读、订单式培养等就业模式，不断提升其就业技能。针对输入地与输出地空间距离远，信息不对称的情况，探索建立市、县、乡三级公共就业服务机构的协同工作机制，最终落脚点在村。建议输入地凭借自身较强的信息化能力，建立输入劳动力就业状况跟踪管理系统，及时掌握其就业与失业情况，以便第一时间提供相应服务。

二是构建部门间长期协作机制，构建中央、省、市、县、乡、村防止返贫信息共享大数据平台，实现与防止返贫工作有关的资源共享、信息互通，如扶贫部门、公安部门提供家庭基本信息情况，民政部门提供最低生活保障情况，红十字会提供社会救助情况，社保部门提供社保资金发放情况，农业部门与国土资源部门提供农业补贴、土地承包情况，金融部门提供信贷情况等。重点把帮扶的着力点放在区县与区县对接层面，继续探索乡镇、村层面结对帮扶机制。重视帮扶协作成效考核，制定详细的考核指标、将责任压实到人。东部地区各级政府要根据自身财政状况，逐步增加对口支援与扶贫协作财政投入，西部地区要珍惜帮扶资金，用好每一分钱，提高使用效益。

（3）积极支持社会组织参与防止返贫

一是政府做好服务，积极引导社会团体、基金会、民办非企业单位等社会组织、民主党派、人民团体参与防止返贫帮扶，并给予上述组织更大的扶贫参与空间，甚至成为相对贫困治理时期的扶贫主力。鼓励其通过各类形式的扶贫公益项目对潜在返贫家庭、低收入群体进行直接捐赠、提供就业岗位等帮扶，政府相关部门应给予积极协助、提供相关服务。积极引导热心民众参与防止返贫帮扶工作，政府、社会组织应大力弘扬全民公益理念，倡导全民友善互助、热心助人的精神，由政府与社会组织提供帮扶渠道，引导热心群众以捐赠、志愿服务、结对帮扶等形式参与防止返贫工作。

二是对于社会组织助力扶贫和返贫抑制而言，需要立足自身优势，持续通过创新机制，积极探索、创新建立脱贫致富的长效机制，激发贫困地区的内生动力，引导过去简单直接的"资金扶贫"模式向"内生脱贫"模式的转变，不断推动产业扶贫、教育扶贫等精准扶贫战略的切实落地，促使原本脱贫不稳定的人以及由于种种原因返贫的人在社会组织的帮助下真正地实现稳固脱贫。

三是在社会组织协助当地防止返贫的工作过程中，应当注意避免单一、直接的物资捐赠、资金募集这类物质救助形式，更多地采取技术提供、产业助力、精神救助等形式，充分调动返贫监测对象的主动性，通过就业、产业发展等方式的援助以及扶贫项目、地区建设服务的引入来防止返贫。以蓝光公益为例，蓝光以"授人以渔"的公益模式，针对凉山彝族自治州教育现状，发起"一村一幼"公益援助项目，从根本上改善脱贫地区的教育水平，项目在凉山彝族自治州17个县，每个县各选出一个幼教点，由点到面，实施包括覆盖全州幼教老师培训、优秀幼教老师激励、设立蓝光幼师班、外部教育及公益资源引进等共建内容，按照幼教点设施配备标准，协助完善幼教基础设施，帮助培养稳定专业的幼教师资。由于凉山彝族自治州储备师资力量尤其匮乏，蓝光与凉山教育基金会合作，委托位于西昌的凉山州民族师范学校，对贫困学生进行筛选组班，全面培养凉山幼教可持续性师资，为凉山州"一村一幼"储备高质量、高归属感的本土化优秀学前教育师资队伍[1]。

在社会组织参与农村返贫抑制的实践模式上，可以采取以下策略：一是可以通过政府购买服务模式购买社会组织优质的扶贫服务；二是可以通过PPP模式，吸纳社会力量共同出资，在精准扶贫的基础设施建设、产业扶贫、非物质救助、留守儿童代际贫困切断等领域有所作为；三是通过培育农业合作社或农业专业协会等农村社会组织，发展农村产业经济。

9.1.3 完善重大突发事件应急管理机制

疫情给我国重大突发事件应急管理带来新问题与新挑战，尤其是对农村地区的经济和脱贫家庭收入带来的负面影响，给巩固脱贫攻坚成果和推进乡村振兴有效衔接带来重大挑战，这启示中央政府及地方政府尤其是民族欠发达地区政府应当建立完备的重大突发事件应急管理机制。

（1）政府层面

在政府层面，应树牢"生命至上、责任明晰、系统管理、预防为主"的基本理念，树牢底线思维与极限思维。一是充分认识到重大突发事件是涉及全社会的协同行动，坚持属地管理为主、党委领导、政府主导、社会力量和市场机

---

[1] 数据来源：筑梦未来｜央视聚焦蓝光公益 以"一村一幼"点亮大凉山希望[EB/OL]. 2020年9月25日. http://finance.china.com.cn/roll/20200925/5385595.shtml.

制广泛参与,划清各方权责,制定权责清单,尽快建立和完善各级减灾委员会与防汛抗旱指挥部、抗震救灾指挥部、森林防火指挥部等机构之间,以及与军队、武警、公安、消防、卫生急救、民政、交通、水、电、煤气等相关部门之间的工作协同制度,实现统一指挥、信息共享、联合行动;采取经济补贴和荣誉激励等手段,激发企业、社会组织及个体积极参与紧急事件救助行动;预防及处置重大突发事件既包括监测、预报、防灾、抗灾、救灾、重建等措施的实施,也包括人口、资源、环境、社会经济发展等方面的协调,是一项重要的系统管理工程。

二是必须提前做好紧急事件立法工作,完善相关法律法规;充分发挥市场机制在重大紧急事件管理中的作用,加快推进农村地区农业保险和农村住房保险工作,健全各级财政补贴、农户自愿参加、保费合理分担的机制;加强脱贫地区家庭居住环境安全、住房安全常态化检查与评估;加强农业防灾减灾基础设施建设,提升农业抗灾能力。

三是完善预警信息与信息发布制度,第一时间将预警信息发送到户到人,确保公众知情权;完善信息共享机制,推进基层灾害信息员队伍建设,健全灾害发生及影响情况统计制度;将常态减灾作为基础性工作,认真做好基础研究,加强基础理论研究和关键技术研发,推进大数据、云计算、地理信息等新技术新方法运用,建立"天—空—地"一体应急通信网络。

四是提升政府救灾物资和装备统筹保障能力,健全救灾物资储备体系,扩大储备库覆盖范围,提前做好紧急事件救助的实物和资金补助储备工作,尤其是做好医疗卫生救助的应急预案;建立健全重大疫情和灾害紧急采购制度,应通过良好的制度设计,解决好重大灾害时期采购的援助性、强制性、市场性及补偿性"四性"兼顾的问题;将灾后救助与农村低保、临时救助、医疗救助、教育救助等专项救助相衔接;加强应急物流体系建设,提高物资调配效率和资源统筹利用水平,构建完善的物资到户"最后一千米"配送机制;推进应急物资综合信息平台建设,确保物资供需信息畅通;建立健全应急救援期社会物资、运输工具、设施装备等的征用和补偿机制;建立以发展产业为重点的灾后重建恢复体系,提升受灾地区与居民内生发展能力,防止出现规模性贫困。

五是基于我国人口规模、国土规模实际情况,充分认识到"县域"空间的重要性,建议以县域为单位,打造重大紧急事件管理单元空间主体,建设应急联动信息指挥系统,实现应急管理端口前移,大力提升乡镇、村应急管理能力。

(2) 在企业、社会与居民层面

在企业、社会与居民层面。一是强化党支部在企业履行社会责任中的引导作用，不断增强各类企业社会责任感，使得企业在重大紧急事件面前，能够积极参与，主动分担相关任务，及时为政府和受影响组织、居民家庭排忧解难；在农村地区的专业协会、专业合作社等组织在危难时刻，应积极发挥自身与基层民众联系紧密的优势，积极发挥影响力、组织力、经济力，主动参与防灾、救灾、灾后工作。

二是非政府组织可以通过募集资金、运输物资、维护秩序、提供关怀、传递信息等方式，提供物资、人员、信息、技术等服务；非政府组织可以协助政府相关部门组建危机管理社会网络，建立社区、居民小区紧急事件联防体系，及时为受灾地区与居民提供物资、人力、信息等帮扶，缓解政府人员不足、技术不够、资金有限等问题。

三是强化居民个人、家庭防灾、减灾知识水平、意识与应对能力，将防灾减灾纳入国民基础教育计划，加强科普、宣传、教育，大力推进防灾减灾知识和技能进学校、进农村、进家庭，定期开展社区防灾减灾宣传教育活动，组织居民开展应急技能培训，提升应急避险和自救互救技能；针对脱贫地区农户农业生产，有意识引导农户在农作物种植、畜禽养殖等方面选择抗灾、避灾能力强的品种。

(3) 减少疫情的负面影响

评估疫情对农村地区经济社会发展产生的负面影响，并将其纳入防止返贫和乡村振兴工作中来。做好对因疫致贫返贫人口的帮扶，密切跟踪受疫情影响的低收入人口情况，及时落实好兜底保障等帮扶措施；新型基础设施建设要向农村地区适度倾斜，以增加投资与就业岗位。中央政府应给予农村地区融入全国统一大市场的优惠政策，地方政府应主动加快清除妨碍全国统一大市场建设的障碍，打通经济运行中关键环节的堵点；构建脱贫户尤其是潜在返贫户区域间外出务工长效合作机制，开展"点对点"精准对接服务，从政治与经济层面制定发达地区与农村地区的对口帮扶激励机制，进一步扩大扶贫项目规模，充分利用公益岗位，吸纳潜在返贫人口就业；加强基层组织建设，把村"两委"班子建好建强，从优秀农民工、退役军人、大学生村干部中物色培养村组干部人选。

9.2 不断巩固与完善返贫监测与防止返贫工作机制

9.2.1 构建返贫监测指标

(1) 综合指标方法

依据深层次的基础资本——人力资本与文化资本。潜层次的支撑资本——社会资本与自然资本、表层次的复合资本——物质资本与金融资本构建的指标体系来评估脱贫家庭可持续生计能力得分。具体来看，在人力资本层面，主要考察劳动力数量、教育情况、健康状况、技能培训；在文化资本层面，主要考察吃苦耐劳的能力，以及对新事物、新技术的接受速度；在社会资本层面，主要考察交际能力、亲朋任职、亲朋数量；在自然资本层面，主要考察自然灾害发生情况、距市场中心距离、矿产资源储藏情况；在物质资本层面，主要考察土地面积、住房面积、耐用资产情况；在金融资本层面，主要考察转移支付和净收入情况。

根据前面四川省、重庆市、广西壮族自治区与云南省四省市生计资本水平指标体系中脱贫家庭的生计资本指数（表9-1），综合考虑访谈相关专家意见，可以考虑总资本指数、六类分项资本指数中的至少一类或十七项指数中的至少五项，将脱贫家庭的返贫风险与可持续生计能力划分为三个层次：第一层次，可持续生计能力低、返贫风险高的极易返贫户；第二层次，可持续生计能力中等、返贫风险中等的较易返贫户；第三层次，可持续生计能力高、返贫风险低的稳定脱贫户。

划分标准如下（表9-1）：

第一层次对应十七项指数至少五项、六类分项资本指数或总资本指数加权均值的75%及以下[①]；

第二层次对应十七项指数至少十项、六类分项资本指数或总资本指数加权均值的75%~150%；

第三层次对应十七项指数至少十五项、六类分项资本指数或总资本指数加权均值的150%以上。

针对第一层次脱贫户，需要政府及时介入，组织企业、社会等多方力量及时介入，进行精准帮扶；针对第二层次脱贫户，要纳入返贫监测体系，实时跟

---

① 指数为负值的反向计算。

踪，必要时进行干预、帮扶。

需要注意的是，对于某一类资本或几类资本水平突然下降导致的受灾户、病残户、危房户、低保户等特殊家庭，则可以不遵循上述原则，如对于最主要劳动力收入占总收入比例较高的家庭，最主要劳动力失业了或身心健康出现重大问题，导致收入大幅减少甚至没有；如家庭遭遇重大自然灾害等，可能一项指标的巨变都会给家庭发展带来重大阻碍，导致家庭陷入贫困。除参考生计资本指数水平外，还要综合考虑其导致危机的某类或某几类资本水平在所有脱贫家庭该类指标中的排序情况。

表 9−1 可持续生计能力与返贫风险的类别及对应的指数水平

生计资本	二级指标	第一层次：可持续生计能力低、返贫风险高（均值的75%及以下）	第二层次：可持续生计能力中等、返贫风险中等（均值的75%～150%）	第三层次：可持续生计能力高、返贫风险低（均值的150%以上）
深层次基础资本	人力资本 劳动力数	<0.089	0.089～0.179	≥0.179
	教育年限	<0.818	0.818～1.637	≥1.637
	健康状况	<0.203	0.203～0.405	≥0.405
	技能培训	<0.008	0.008～0.015	≥0.015
	文化资本 吃苦耐劳	<0.231	0.231～0.462	≥0.462
	接受态度	<0.152	0.152～0.305	≥0.305

续表9-1

生计资本	二级指标	可持续生计能力与返贫风险的类别及对应的指数水平		
		第一层次：可持续生计能力低、返贫风险高（均值的75%及以下）	第二层次：可持续生计能力中等、返贫风险中等（均值的75%~150%）	第三层次：可持续生计能力高、返贫风险低（均值的150%以上）
潜层次支撑资本	社会资本 交际能力	<0.259	0.259~0.518	≥0.518
	社会资本 亲朋任职	<0.001	0.001~0.002	≥0.002
	社会资本 亲朋数量	<1.282	1.282~2.564	≥2.564
	自然资本 自然灾害	<-0.018	(-0.018)~(-0.008)	≥-0.008
	自然资本 市场距离	<-0.208	(-0.208)~(-0.083)	≥-0.083
	自然资本 矿产资源	<0.002	0.002~0.005	≥0.005
表层次复合资本	物质资本 土地面积	<1.327	1.327~2.654	≥2.654
	物质资本 住房面积	<4.543	4.543~9.086	≥9.086
	物质资本 耐用资产（万元）	<0.125	0.125~0.249	≥0.249
	金融资本 转移支付	<0.034	0.034~0.068	≥0.068
	金融资本 年净收入	<0.051	0.051~0.102	≥0.102

(2) 单一指标方法

第一，收入指标法。参考国务院扶贫开发领导小组《关于建立防止返贫监测和帮扶机制的指导意见》，将人均可支配收入低于国家扶贫标准1.5倍左右的家庭，因病、因残、因灾、因疫情影响等引发的刚性支出明显超过上年度收入和收入大幅缩减的家庭以及预期收入可能会出现显著下降，影响基本生活的家庭，认为其可持续生计能力弱、返贫风险高，纳入返贫监测范围。

第二，资产指标法。对于非自愿行为导致的土地面积、住房面积或耐用资产大幅减少，土地质量显著下降或住房安全得不到保障的家庭，认为其可持续生计能力低、返贫风险高，纳入返贫监测范围。

第三，思想观念法。对于主要依靠外界力量摆脱贫困的家庭，脱贫后"等靠要"思想严重，依然好吃懒做、不思进取的家庭，或没有良好的消费习惯，有钱即消费，有钱即捐赠等不利于可持续生计行为的家庭，认为其可持续生计能力弱、返贫风险高，纳入返贫监测范围。

9.2.2 做好返贫监测工作

（1）优化监测

建立健全家庭自主申请、基层干部排查、部门筛查预警、信访信息处置"四种渠道"，建立自下而上申报、自上而下发现的监测体系，实现对监测对象早发现。利用"全国防止因病返贫动态监测系统"，强化对西南农村脱贫地区脱贫不稳定户、边缘易致贫户和突发严重困难户等易返贫致贫人口开展动态监测；适度降低西南农村脱贫地区人均支配收入低于国家扶贫标准倍数（当前为1.5倍），适度扩大因病、因残、因灾、因疫情影响等引发的刚性支出明显超过上年度收入和收入大幅缩减的监测家庭规模[①]；组织精干力量，坚持公平、公正原则，扎实推进防返贫监测帮扶常态化定期集中排查，重大紧急事件（如自然灾害、公共卫生事件、家庭突然变故等）非常态化第一时间排查，加强相关部门间沟通协调，建议金融、医保、民政、应急管理等数据联网，通过政务系统对接，打通数据接口，实现易返贫群体信息的实时共享、动态监测和系统分发，通过定片区、定责任人、定时间、定进度，精准识别因病、因灾等而造成较大支出的对象，制订上门对接计划，切实做到早发现、早干预、早帮扶，考虑使用"红橙黄绿"不同颜色信号灯显示收入水平的方法，突出返贫风险。

（2）确保精准

由县级相关部门，统一制定村级会议记录本、乡镇防返贫动态监测帮扶工作日志、工作明白纸，为每个村配备档案盒，做好记录和留档。对已脱贫户按照极易返贫户、较易返贫户、稳定脱贫户分级管理；在未建档立卡的危房户、低保户、受灾户、病残户等群体中建立边缘户台账。杜绝"伪返贫"现象，对于弄虚作假的农户、选择与自身有人情、利益关系的农户进入监测系统的政府工作人员，强化惩罚机制；切实从严从实抓好"问题清零行动"，加大督查力度，稳定消除返贫致贫风险，坚决守住不发生规模性返贫的底线。

---

① 当前监测对象规模一般为建档立卡人口的5%左右，深度贫困地区原则上不超过10%。

9.2.3 筑牢防止返贫机制

根据农村地区脱贫地区实际情况，严格落实"摘帽不摘责任、摘帽不摘政策、摘帽不摘帮扶、摘帽不摘监管"的政策；对脱贫不稳定户、边缘易致贫户以及因疫情或其他原因收入骤减或支出骤增家庭加强监测，提前介入并采取针对性的帮扶措施。建议建立"三固化＋三包干"返贫预防机制，即"固化人员、固化时间、固化地点"和"宣讲政策包干、排查工作包干、解决问题包干"。

（1）做好"三固化"

首先，在"固化人员"上，固化县领导、县相关部门主要领导、乡镇主要领导联系对应脱贫村，做好督导与走访工作，检查返贫预防工作，掌握返贫实际情况，听取一线意见和建议；其次，在"固化时间"上，建议县领导每月至少走访一次联系村，县相关部门主要领导、乡镇主要领导每月至少走访两次联系村，每次时间不得少于半个工作日；第三，在"固化地点"上，"三固化"联系领导每次到联系村委会办公室值守不低于 2 个小时，听取村干部、村民意见，解决反映的问题。

（2）落实"三包干"

首先，在"宣讲政策包干"上，由特定工作人员定期向脱贫村、脱贫农户宣传与扶贫相关的政策内容、办事流程等。其次，在"排查工作包干"上，由特定工作人员定期入户走访、排查脱贫户生产生活情况，收集民意，及时将需要帮扶家庭纳入监测名单，会同县、乡、村制定具体帮扶措施，将稳定脱贫家庭移出监测范围。最后，在"解决问题包干"上，由特定工作人员联系相关部门及时妥善解决脱贫家庭的问题诉求，及时避免返贫。激发脱贫地区与低收入群体内生动力，使已经脱贫但仍然相对贫困的地区和群体不断增强其自我发展的能力，推动脱贫地区乡村全面振兴。

9.2.4 强化运用信息技术

（1）设立村级扶贫信息员岗位

信息技术的运用可以贯穿于整个基层组织的防止返贫工作的流程。脱贫村可以考虑以村为单位设立村级扶贫信息员这类岗位，村级扶贫信息员的主要职责是负责采集、整理、录入返贫风险因素和每户的日常经济状况的基本信息和动态管理下的实时数据信息等，针对在使用智能手机等电子设备方面存在困难但具有一定学习能力的人员，村级扶贫信息员可以在日常生活中采取多样化的

9 西南农村地区贫困家庭防止返贫与实现可持续生计的对策分析

形式开展专门的设备使用和操作技巧方面的技能培训，引导这些原本不愿意或是不清楚如何使用电子设备的人员更多地接触网上申报等操作，促使他们一直以来的过去的有事就"跑腿"或是打电话联系村干部的传统思维，以鼓励、支持的态度进行网络办事的推广。返贫监测对象也可以通过自主申报或是联系当地的村干部的方式进行信息反馈，以返贫监测对象的日常申报为例，村级信息员可以向群众推广宣传"防止返贫监测对象申报小程序"、开展申报演示和政策宣传等行动。同时，地区的宣传办公室通过微信公众号、村组宣传栏、政府网站等载体推广申报的二维码，供村民直接使用微信扫码进行申报。（图9-1）

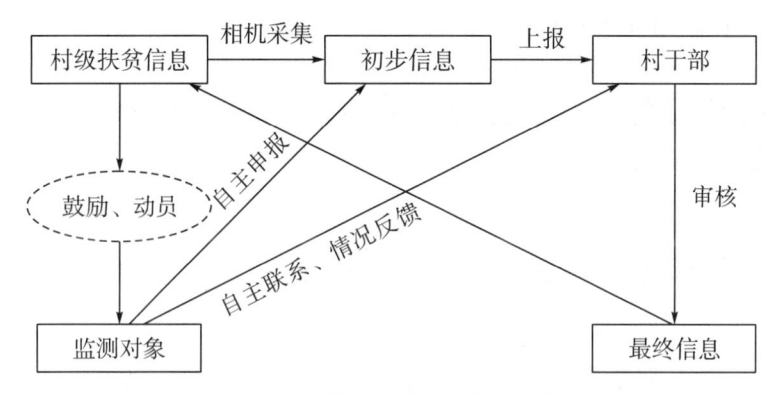

图 9-1 村级返贫监测对象基本信息收集流程

（2）构建村级扶贫信息系统

以村为单位可以建立扶贫信息开发系统，在信息的日常录入与更新方面，村级信息员负责定期上传各类数据信息并做好审核和更新工作，村干部可以通过定期的回访或实地调研的形式对村级信息员录入的信息进行多方面的核实。除上述的信息员负责日常采集、整理和录入的贫困户、边缘贫困户和脱贫不稳定户的基本信息和动态管理的各类信息之外，这些监测对象的返贫风险因素也需要及时更新、上报。如果监测对象出现了返贫风险因素监测的异常，同时收入状况和目前的家庭经济状况也呈现不理想的状态，抗风险的能力相对较弱，那么村两委通过信息系统的动态监测和数据反馈能够及时地发现这类家庭的返贫风险，采取快速的响应措施，根据具体情况进行分析，并给出治理策略。

村级开发的扶贫信息系统的建设应鼓励更多主体的参与，而不仅仅局限于政府工作人员或是村级干部，村两委在信息系统建设方面可以呼吁企业和社会组织的参与。在收集监测对象的基本信息方面，企业、社会组织等主体在保障信息安全，不泄露或公开任何个人隐私的前提下，可以将能够反映监测对象返贫风险因素变动的信息传递给扶贫信息系统。例如，就业培训机构可以提供监

测对象接受职业技能培训的培训时间、培训内容、培训效果等方面的信息；医疗机构可以将监测对象近期的就诊情况、体检报告、医疗消费支出、医疗费用报销情况提供给信息系统；村中的企业可以将近期招聘的人员中有多少是在监测对象范围内、监测对象被雇佣到哪些岗位以及相应的待遇情况反馈给信息系统；社会组织可以将近期向监测对象提供的援助情况反馈给信息系统。在法律的保障下，如果这些主体能够以科学合理的方式参与到村级扶贫信息系统的建设当中，监测对象的基本信息和返贫风险因素的动态信息将更为精准、详细，针对监测对象的返贫日常监测和动态预警机制也将更为科学、高效，因而村两委的返贫抑制工作的效率能够得到提升。

9.3 打造特色产业，拓宽防止返贫与实现可持续生计的稳定收入渠道

9.3.1 因地制宜，打造特色产业品牌效应

（1）政府做好引导

《"十三五"脱贫攻坚规划》将产业发展脱贫作为首要一章，凸显出其在脱贫攻坚战略工程中的重要作用。大力发展特色产业是提高脱贫地区自我发展能力的根本举措，农村地区具有一定的特色资源基础与优势。发展西南农村脱贫地区产业需要坚持"因地制宜、系统规划、创造市场"的基本原则，坚持"后发优势、比较优势与不对称发展"的思维理念。地方政府、扶贫部门等应该放开思维，"服务要大胆"，不断给社会组织、资本松绑，积极创新经营方式与扶持方式，可以按照"树立典型、扩大示范、多方扶持、形成格局"的思路，探索主体带动模式、机制创新模式、品牌营销模式、金融扶持模式、科技带动模式、财税支持模式等发展模式，适时采用"互联网＋"模式来发展特色产业，充分发挥种粮大户、家庭农场、专业合作社、涉农龙头企业等新型经营主体、加工大户、产业协会、返乡农民工、大学生、退伍军人、城镇个体户、其他经营主体的带动作用，利用好社会资本，利用好扶贫资金与政策，发展乡村农家乐、农业观光园、采摘园等。建议地方政府制定扶持脱贫村发展集体经济的政策措施，盘活集体资产，发展特色产业，并培育成区域性主导产业；在资源有限的条件下，优先培育产业带头人、大户，扶持帮建规模化种植、养殖，引导其成立专业合作社，吸纳脱贫农户共同参与。同时，又应避免过度依赖自然资源的发展思维，切实通过调整产业结构来实现经济的质变，而非粗放式的发展模式。

(2) 打造特色品牌

科学分析本地区的资源禀赋、产业现状、市场空间、市场风险、环境容量、文化传统、风俗习惯、经营主体实力等因素，坚持因地制宜、系统规划，根据当地土壤禀赋、气候条件、生态环境及国家政策等，选准适合自身发展的特色产业，坚持务实原则，宜农则农、宜果则果、宜草则草、宜林则林、宜牧则牧、宜渔则渔、宜游则游。充分利用其独特的自然地理条件和产业基础，加快发展对低收入群体、潜在返贫户增收带动作用明显的种植养殖业（茶叶、蓝莓、玉米、辣椒、菌类、花椒、草莓、苹果、红薯、山药、核桃、道地中药材等，牦牛、藏香猪、绵羊等）、林草业、特色农产品加工业、乡土特色文化产业和创意产品、休闲农业和乡村旅游，积极培育和推广有市场、有品牌、有效益的特色产品，努力形成"一村一品""一镇一特""一县一业"的产业发展格局。如四川省民族地区的凉山核桃、莩荠、若尔盖藏香猪、黑水大蒜、松潘花椒、汶川车厘子、小金羊肚菌、甘孜青稞、石渠藏系绵羊、得荣蜂蜜、美姑山羊、凉山苦荞麦、盐源苹果等，重庆市民族地区彭水苗家土鸡、彭水黑山羊、秀山金银花等，贵州省民族地区的兴仁薏仁米、从江香猪、锦屏茶油、天柱骡鸭、都匀毛尖茶、龙里刺梨、荔波蜜柚、望谟黑山羊、安龙黄牛等，广西壮族自治区民族地区的百色芒果、田东香芒、靖西大果山楂、环江香糯、南丹巴平米、桂西北甜栗、七里香猪、川山凉席等，云南省的云南省米线、蒙自石榴、元阳梯田红米、普洱茶、思茅咖啡、普洱烟叶、宣威火腿、楚雄滇撒猪、云南省松露、武定鸡枞菌、青头菌等。以茶叶为例，可以打造主题茶园综合体，让游客充分体验赏茶、采茶、品茶、制茶等乐趣服务活动，研发茶雕艺、茶盆景、茶艺表演等茶文化产品，并提供农家餐饮、民宿等，让游客愿意来。以藏香猪养殖为例，可以通过"公司＋村集体＋农户"的方式进行运营，可以圈养，可以山地散养，重点研发腊肉、熏肉、烤香猪、猪仔等产品。

9.3.2 文化筑底，发展特色乡村旅游产业

(1) 突出特色

旅游扶贫于2011年首次作为扶贫方式之一被写进《中国农村扶贫开发纲要（2011—2020年）》，并被国家列为扶贫开发十项重点工作之一，2018年国家旅游局、国家发改委等部门专门制定了《促进乡村旅游发展提质升级行动方案（2018年—2020年）》《乡村旅游扶贫工程行动方案》等，进一步强化乡村旅游的扶贫致富功能。农村地区乡村秀丽的田园风光、自然景观，悠闲、自在的生活方式，对于城镇居民往往具有较大的吸引力，因此，对于旅游资源丰富

的民族地区，如四川省的凉山彝族自治州、阿坝羌族藏族自治州、甘孜藏族自治州等，重庆市的酉阳土家族苗族自治县、秀山土家族苗族自治县、彭水苗族土家族自治县等，贵州省的黔南布依族苗族自治州、黔西南布依族苗族自治州、黔东南苗族侗族自治州等，广西壮族自治区的百色市、崇左市、河池市等，云南省的红河哈尼族彝族自治州、文山壮族苗族自治州、大理白族自治州等，可以加强其乡村旅游产业的培育，尤其部分地区发展高原特色生态文化旅游业具有得天独厚的优势。在对旅游资源的空间布局、民族文化、历史传统、市场现状及发展潜力等进行深入调研与分析基础上，摸清资源禀赋、特色、比较优势，统一规划，布局乡村旅游区、旅游带，优先发展示范村寨，制定近期、中期、远期开发规划，可以通过打造旅游文化节的形式，扩大宣传，如仓央嘉措情歌旅游文化节、彝族火把节、傣族泼水节、壮族三月三、苗族踩花山节等。在产品和服务供给上，提高乡村旅游企业、村寨、农户的组织化管理、服务人员业务素质，以游客为导向，紧紧抓住游客偏好，结合镇、村（社区）产业定位，突出体现地方特色与民族特色，在建筑、服饰、饮食、娱乐、基础设施等设计方面，尽可能体现地方和民族风貌、风情与习俗，开发有基础、有特色、有潜力的高质量文创产品，如云南民族村、西双版纳傣族园、香格里拉、西江千户苗寨、稻城亚丁、新都桥、龙脊梯田、元阳梯田、田州古城、黔江官村景区、垫江李花源生态旅游区等。

乡村旅游开发，须由政府、企业和村民协作，对于脱贫地区，可由政府主导进行规划设计，投资公共基础设施，积极招商引资，投入建设经营项目，引导当地居民参与接待服务，可以采取合同制、合作制、股份制等形式的多方利益联动模式。政府应积极引导空间相近村落开展合作，"坚持社区参与、以村带村"，连片规划，共同开发、共享旅游资源，寻求规模化、规范化发展，同步规划基础设施建设，打造大旅游格局，最大限度避免同质产品、恶意竞争、无序开发和重复建设。同时，密切注意游客客源的构成情况，注意乡村旅游跨区域化与国际化的倾向，及时做好配套设施、服务人员等保障建设。可以运用网络直播、图文直播等新媒体手段多角度、多形式加大对脱贫地区休闲农业精品景点路线的宣传推介，广泛开展"一镇一节""一村一品"乡村品牌文化建设，利用好农村地区山地多、降水多的特点，打造"林下经济+休闲农业+乡村旅游"三产融合模式，加快建设一批休闲观光园区、乡村农家乐、乡村民宿、农耕体验、小型采摘园等旅游基地，打造特色突出、主题鲜明的休闲农业和乡村旅游精品，如蔬菜小镇、葡萄小镇、蓝莓小镇、茶叶小镇、草莓小镇、樱桃小镇、核桃小镇、奶酪小镇、花卉小镇、食用菌小镇等。

(2) 文化筑底

习近平总书记强调,"文化产业和旅游产业密不可分,要坚持以文塑旅、以旅彰文,推动文化和旅游融合发展"①。农村地区发展乡村旅游业,要突出乡村的民俗传统文化优势,树立"文化+"战略思维,将文化与旅游、农业、科技、生态、金融等相融合,推进"文化+"多元融合发展模式,推进农工贸旅一体化,带动乡村商业、服务业、交通运输、建筑、加工业等相关产业发展。可以保护、传承、创新农耕文化为代表的地域文化,融合都市现代、田园风光、乡风民俗、历史人文等元素,营造绿色主流、业态丰满、形态协调、功能复合的乡村文化体验场景;加强民间文化遗产如庙会、灯会等民俗文化活动的保护和传承,让优秀民间文化活起来、传下去、产业化,增强职业农民身份自信和文化自信;充分挖掘古村、古镇的文化内涵,使游客在旅游过程中,获得更多的民族知识、地方知识、农业知识、历史知识等,尽量满足游客的物质与精神需求,满足游客对跨文化差异的了解、感受和体验。保护和传承非物质文化遗产,加大对农村古镇、古村落、古民居、古遗址、古遗迹、文化祠堂等保护,展现历史痕迹与书香古韵,留住乡愁记忆。

9.3.3 精心布局,做好手工艺产业的品牌

少数民族传统技艺富含普通民众的审美观念和思想感情,是经过时间与实践检验过的精华文化,作为中华民族的文化瑰宝,是当前非物质文化遗产保护的重要内容。如四川省的蜀锦蜀绣、竹编、羌族刺绣、羌族银饰锻制技艺、藏族编织、挑花刺绣工艺、藏族唐卡绘制技艺、康巴藏族服装配饰制作工艺、苗族刺绣、蜡染技艺、彝族刺绣、毛纺织及擀制技艺、彝族服饰制作技艺、彝族银饰制作技艺、藏族牛羊毛编织技艺、藏族锻铜技艺、傈僳族刺绣技艺、摩梭人服饰制作技艺、德格印经院藏族雕刻印刷技艺、川派盆景技艺等,重庆市的酉州苗绣、秀山金珠苗绣、秀山竹编、龙凤花烛、酉阳传统工艺造纸、酉阳西兰卡普传统制作技艺、酉阳传统技艺棕编、大足石雕、大足竹雕、大足剪纸、万州石雕、龙水泥塑、三峡根雕、荣昌夏布、蜀绣、涪陵榨菜传统手工制作技艺、合川桃片等,贵州省的苗族蜡染、石桥古法造纸、苗族锡绣、苗族芦笙、思州石砚、玉屏箫笛、大方漆器、水族马尾绣、牙舟陶工艺、水族银饰制作技艺、枫香染、布依族土布扎染、长安土布扎染、水族豆浆染制作技艺、遵义通

---

① 习近平. 论把握新发展、贯彻新发展理念、构建新发展构局[M]. 北京:中央文献出版社,2021:403.

草堆画、赤水竹编、三穗竹器、荔波凉席、黄平泥哨、侗族刺绣、苗寨吊脚楼等，广西壮族自治区的靖西壮族织锦、瑶族服饰制作技艺、靖西绣球、灵山岭头面具、毛南族花竹帽编织、上思瑶族织锦、阳朔画扇、钦州坭兴陶、三江侗族木构建筑等，云南省傣族织锦技艺、傣族剪纸、傣族慢轮制陶、鹤建水紫陶、庆银器、曲靖斑铜、石屏乌铜走银、藏族黑陶、傣族、纳西族手工造纸、彝族（撒尼）刺绣、石林彝族扎染、保山苗族服饰、楚雄彝族服饰、大关苗族芦笙等。

然而，当前西南地区部分特色手工艺由于产业化严重滞后，手工艺者无法通过传承手工艺获得比外出务工更高的收入，手工艺者大量外出务工，转入其他行业，或游离在城乡之间，亦农亦工。因此，建议地方政府、行业协会积极引导，振兴特色手工艺，将其发展成为产业链、产业群。一是认真做好市场需求调研，深入了解目标消费者的需求和选择偏好，准确定位手工艺产品内容，同时摸清本地特色手工艺供给现状，找出其中不足。二是建议重点发展投资少、见效快、劳动密集型传统手工艺产业，显著提升生产效率，打造集群化手工艺产业链。三是培育专业化手工艺人才，可以与院校开展合作，实施定向化人才培养；强化对有志于从事手工艺产业劳动者的技能培训。四是加强与特色手工艺相关的知识产权保护，知识产权是一个品牌的无形财富和价值所在，要尊重品牌持有人，不断提升品牌核心价值。五是扩大本地手工艺产品品牌的影响力，政府、行业协会等要为品牌的管理和维护提供组织保障，各自做好定位，履行职责，做好品牌规划、创新和营销方面的工作，坚持以产业化为主导，推进市场化战略产业化是实现个体户、企业和市场有效连接的重要途径。

9.3.4 创造需求，用好消费防止返贫模式

消费扶贫作为拉动产业发展、带动群众增收、巩固拓展脱贫攻坚成果的重要举措，是一种可以长期运用的常态化模式，因此，建议积极开展消费扶贫行动，大力支持脱贫地区网店发展，利用互联网开发脱贫地区特色资源、拓宽销售渠道，采取政策支持、教育培训、市场对接、资源投入等方式帮助低收入家庭独自或联合或依托合作社开办网店，探索"线上现货电子交易平台+线下产地交易集配中心的运营模式"，开展"农村地区农副产品产销对接会"。统筹调动各方资源，建设消费扶贫交易市场，搭建消费扶贫购销平台，举办产品展销对接，继续利用世园会、农博会、农业嘉年华等国际和全国性平台，宣传推广扶贫产品，创新推进消费扶贫模式。加大社会宣传动员，深入开展消费扶贫进机关、进企业、进学校、进医院、进社区、进商超等活动，动员人人参与消费扶贫。加大政府采购向乡村振兴重点帮扶县与其他脱贫地区倾斜力度，鼓励党

员干部和爱心企业采取"以购代捐、以买代帮"的办法采购农产品,可以把采购扶贫产品特别是滞销扶贫产品,作为工会会员法定节假日福利;鼓励有食堂、餐厅的单位通过各市县供销社、爱心扶贫网平台大宗采购专区或者通过平台"战'疫'助农"专区提供的扶贫产品信息直接对接贫困户;推广供销社系统"瓜菜进社区"直供销售模式;考虑将地方政府组织开展抗疫情防返贫消费扶贫行动的工作情况,作为年度扶贫开发工作成效考核内容;政府部门参与抗疫情防返贫消费扶贫行动的工作情况,将作为年度绩效考核和定点扶贫成效考核内容。

切实多渠道解决农产品难卖问题。加强脱贫地区农产品产销对接,提升脱贫地区数字信息基础设施,切实解决数字鸿沟问题。推动单位购销、结对助销、企业带销、活动展销、商超直销、电商营销、基地订销、旅游促销等消费扶贫模式。尝试"互联网+政府采购+扶贫"的新模式、"龙头电商+合作社+基地+农产"的直采直销模式、"政府+企业+银行+媒体和消费者"五帮一模式,建立与援建对口地区长期稳定的线上供销关系。建议积极依托于一些电商平台及短视频平台,扶贫干部走上直播第一线开展宣传销售。加快脱贫地区物流配送体系建设,支持邮政、供销合作、民营物流企业等在脱贫地区进一步完善服务点;强化脱贫民族地区特色农产品信息监测、预警和发布,推动电商平台开展扶贫专卖。积极优化供给端,完善健全产品目录体系、销售标准体系,提升扶贫产品的市场化、规模化、标准化、品牌化,打造扶贫产品优选、优品、优质、优价、优先的品牌。依托西南地区生态资源禀赋和农业特色产业基础,制定农产品统一生产标准,将扶贫农产品认证与绿色农产品、有机农产品认证等体系有效对接,不断提高农产品品质。建立奖惩、监管和市场退出机制,推出一批消费扶贫示范基地、企业、单位,发挥示范作用。对参与消费扶贫有特殊贡献的企事业、社会团体和个人给予奖励,推出一批优秀示范企业、单位和个人;扶贫产品认定过程及结果接受全社会监督,对扶贫产品目录实行动态管理,加强对扶贫产品质量价格、市场主体诚信经营、减贫成效的监督,建立农产品销售环节与售后服务环节的监督管理平台;建立劣质农产品退出机制,形成农产品"认证—退出—再认证"监督管理体系,保证农产品从生产到消费终端的环节全透明。加强对西南地区农产品公用品牌、企业品牌、产品品牌建设指导,优先支持纳入农业品牌目录。深入分析疫情对贫困地区产业发展影响,构建农产品滞销监测信息平台,制定滞销卖难农产品应急销售方案,把脱贫地区农产品作为疫情防控期间"菜篮子"产品有效供给的重要来源,推动产区和销区构建"点对点"的对接关系,协调优化鲜活农产品运输"绿色通

道"政策，抓好因疫情造成的部分贫困地区农产品"卖难"问题。

9.3.5 以点带面，充分发挥企业带富能力

通过政策上宣传、项目上协调、资金上支持，扶持帮建规模种植、养殖基地，引导成立专业合作社，扶持种植养殖大户、产业带头人，继续组织龙头企业到脱贫地区，尤其是乡村振兴工作重点县开展项目对接、合作，支持脱贫地区农民合作社开展示范创建，加大合作社人才培养力度，增强带动能力，构建以龙头企业为核心、专业合作社为纽带、专业大户和家庭农（牧）场为基础的产业化联合体，带动低收入群体增收致富。在乡村振兴工作重点县培育生产、加工、流通、物流、体验、品牌、电商于一体的产业集群，打造乡村产业发展高地。加大对脱贫地区创新创业的支持力度，全面实施农村创新创业带头人培育行动，搭建要素聚乡、产业下乡、人才返乡和能人留乡平台，吸引一批农民工、大学生和退役军人返乡创业，引进一批科技人员和社会资本入乡创业，发掘一批"田秀才""土专家"和"能工巧匠"在乡创业，支持各类人才返乡入乡兴办实业、发展产业、带动就业，培育乡村产业的"生力军"。

特别要重视、积极引导企业参与返贫工作，重点发展龙头企业带动模式，政府大力招商引资、积极引导龙头企业到本地投资建厂，发展如"党委政府＋龙头企业＋金融机构＋合作社＋潜在返贫户""合作社＋基地＋农户""合作社＋潜在返贫户""龙头企业＋潜在返贫户""龙头企业＋合作社＋潜在返贫户""政府或村集体＋潜在返贫户"等合作模式，政府或村集体做好生产经营保障服务，龙头企业负责加工销售，农户家庭负责生产农副产品；大力推广订单生产、土地流转、就业务工、生产托管、股份合作、资产租赁等防止返贫模式，推动贫困户与带贫主体建立稳定利益联结关系；推广"订单收购＋分红""土地流转＋优先雇用＋社会保障""农民入股＋保底收益＋按股分红"等合同联结方式、股份合作方式、市场联结方式以及"资产收益扶持方式"① 等多种利益联结模式。

扩大土地经营权入股发展农业产业化经营试点，创新土地经营权入股的实现形式。鼓励脱贫地区因地制宜发展村集体经济。如四川省的新希望集团在凉

---

① 资产收益扶持制度，是将财政扶贫资金、承包土地经营权和部分农村集体资产量化，作为贫困户在农村新型经营主体中的股份，使贫困户享受分红、就业、技术指导、产品回购等多种收益，从而建立市场主体、合作组织与贫困户的利益联结方式。其本质上是股份合作制，但贫困户入股的资产并非自己所有。资料来源：吴国宝．中国减贫与发展：1978—2018 [M]．北京：社会科学文献出版社，2018：169．

山彝族自治州喜德县创举"1+1+1+N"（政府+龙头企业+家庭农场+N个贫困户）生猪养殖精准扶贫新模式，在此模式下，农户每年能拿到养猪场利润10%的分红，在养猪场工作还有每月2000元的工资。在昭觉县，新希望集团采取了"1+1+1+1+N"的新模式，即"昭觉县政府+人民银行成都分行+新希望集团+村集体+N个贫困户"，由新希望集团提供猪苗、饲料，派驻技术人员，提供全周期的技术培训和技术支持，负责生猪销售，承担生猪养殖、销售过程中存在的疫情风险、市场风险等一系列风险，并保底支付代养费[①]。

上海市长宁区针对金平苗族瑶族傣族自治县采取的"公司+村委会+合作社+基地+农户"的模式，扶持绞股蓝种植项目；徐汇区、长宁区与对口帮扶县实施互联网"云医院"建设项目，与学校探索"长宁－金平云视课堂"，通过网络将上海优质教育课程和品牌辐射云南省。通过东西部帮扶项目到红河县进行招生合作，共同探索创新"学历证书+职业技能等级证书+就业"的人才培养模式，深化沪滇劳务协作。除了培训上岗就业外，学员也可以采取半工半读的形式，在学校持续开展大专学历证书、更高等级职业技能书或"大专学历证书+更高等级职业技能证书"培训学习，或是自己创业。针对疫情给对口帮扶地区就业带来的冲击，上海市松江区与西双版纳州通过举办沪滇劳务协作专场招聘会、"点对点"劳务输出、求职互选"网上办"、万场招聘进万村等方式，稳步推进沪滇扶贫劳务协作。复旦大学针对对口帮扶县永平县启动实施了"医院帮扶计划""医生培养计划""乡村义诊计划""远程医疗计划""设备更新计划"五大计划，帮助永平县组建成立远程影像诊断中心、远程会诊中心、"爱加问诊"远程诊疗平台等。

发展产业园特别是农业产业园（如生产加工类、休闲观光类）或农业综合开发示范区、特色涉农小镇，把产业园、示范区、小镇打造为新的产业和空间增长极，并形成扩散效应，带动周边地区及其他产业发展。发展电商平台，解决市场与产地交通不便的问题。农村地区几乎处于偏远山区，远离大规模的市场中心，实体交易市场不大可能设置在偏远地区，而电商平台可以解决交易平台不方便的难题。

9.3.6　重视以工代赈，扩大就业带动效应

现实经验表明，以工代赈受益面大、带动效应强，能为脱贫人口等提供较大规模务工岗位，且工资有保障，进而可以拉动消费，是稳就业保民生的有力

---

① 数据来源：中国"新希望"产业扶贫展身手[N]. 中华工商时报，2017－9－22（01）.

举措。一是因地制宜、因时制宜，积极推动以工代赈由专项扶贫政策向集就业促进、基本建设、应急救灾、收入分配、区域发展等功能为一体的综合性帮扶政策转变。加强统筹协调，强化部门协同，明确各级以工代赈系统责任分工，切实落实好"中央统筹、省负总责、市县抓落实"的工作格局。各单位要坚持始终把解决低收入群众就业增收问题作为以工代赈工作的出发点和落脚点。在当前地产投资、消费、出口边际转弱，制造业投资受损的情况下，加大农村地区的基础设施建设尤其是交通基础设施建设，充分发挥以工代赈资金可以支持农村地区山、水、田、林、路建设的综合优势，将以工代赈资金的使用拓展至农村中小型公益性基础设施和农村产业发展配套基础设施两大领域。充分挖掘主体工程建设及附属临建、工地服务保障、建后管护等方面的用工潜力，尽可能通过以工代赈帮助当地群众就近务工。实施一批能够广泛带动当地脱贫劳动力就业增收，且投资规模小、技术门槛低、前期工作简单、务工技能要求不高的基础设施项目；推动以工代赈向集就业促进、基本建设、应急救灾、收入分配、区域发展等功能为一体的综合性帮扶政策转变。

二是适当提高农村地区以工代赈中央预算内投资项目中劳务报酬占中央资金比例，确保不低于30%，部分地区可以适度提高至45%以上，在确保质量安全等前提下，加大对脱贫不稳定家庭招工用工力度，督促及时足额发放劳务报酬，能用尽用以工代赈；由单一发放劳务报酬拓展至包括改善生产生活条件、开展技能培训、设置公益性岗位、资产收益分红等多种赈济模式；充分尊重脱贫县及乡村振兴重点帮扶县统筹整合财政涉农资金的自主权，将以工代赈资金项目审批权限和责任下放到县，并多维度规范，加强全过程绩效管理，严格资金拨付程序，尽最大可能提高劳务报酬发放比例。加大对以工代赈企业的扶持力度。建议对招募贫困劳动力参与工程建设或者提供基础性岗位的企业给予社会保险补贴、税收优惠、小额担保贷款等优惠政策，最大限度降低企业的生产成本。

三是做好以工代赈宣传动员活动，组织项目所在地村委收集有劳动能力、有意愿参与劳动的群众，特别是需继续巩固的已脱贫人口、农村低收入群体以及受疫情影响滞留的农村劳动力群体，建立群众劳动力花名册。在以工代赈过程中，注意对就业群众的劳动技能培训，让就业群众实现"干中学"，不断提升其内生动力。做好前期广泛宣传。在县、乡、村三级进行项目公示公告，在乡、村两级召开以工代赈项目招工会议，宣传以工代赈政策要求，动员当地群众积极参与项目建设。对以工代赈工作积极主动、成效明显的地方和单位给予激励表扬，及时梳理总结做法经验，强化宣传推介，营造以工代赈工作的良好氛围。

9.4 构建深层次资本培育体系，培育防止返贫与实现可持续生计的原动力

在前面提到，在六类生计资本中，作为凝聚了知识、经验、技术、健康等要素的人力资本最为重要，是其他五类资本发挥作用的基础。文化作为一种深层次的资本，具有典型的民族性、继承性、发展性特征，对个体及群体、家庭及社区、民族与国家有着深刻的影响。因此，人力资本与文化资本是深层次资本，是脱贫家庭可持续生计能力的原动力，在家庭脱贫、防止返贫及实现可持续生计过程中发挥着基础性作用。

9.4.1 大力提升人力资本水平，提高贫困家庭内生发展能力

（1）全面改善教育质量

①做好信息台账

将西南农村脱贫地区，尤其是乡村振兴工作重点县的"扶智"工作上升为地方政府工作的长期战略层面。建立脱贫家庭、潜在返贫家庭教育人口底数台账，以县为单位，建立脱贫家庭学生的台账，每年春、秋季学期开学期间，以县为单位，进行学生信息比对，精准定位每个脱贫家庭学生，为精准实施教育扶贫政策、精准投放教育扶贫资金提供依据。各职业院校、高校建立脱贫家庭、潜在返贫家庭毕业生信息台账，摸清其就业创业意愿，为其就业创业提供帮扶。

②做实学前教育

研究表明，通过给贫困家庭提供儿童早期发展服务，短期内能有效促进儿童身体和智力的发育，长期还能提高他们的受教育水平以及成年后的收入和健康，最终帮助这些家庭脱贫。斯坦福大学斯高特罗斯高（Scott Rozelle）教授的研究表明：0~3岁儿童早期人力资本的回报率最高。诺贝尔经济学奖获得者詹姆斯·赫克曼（James Heckman）教授精确地计算出：0~3岁，投资1元钱，赚回18元钱；3~4岁，投资1元钱，赚回7元钱；小学后，投资1元钱，赚回3元钱；大学里，投资1元钱，赚回1元钱[①]。可见，学前教育可以作为防止返贫的重要前置环节，应予以重视。建议以县为单位认真编制学前教育发展规划，根据适龄儿童人数及分布，及时新建、改扩建幼儿园，坚决保障留守儿童入园；加快推进民族地区"一村一幼"计划，不断提升幼儿园办学质量，

---

① 张丽君. 中国少数民族地区精准扶贫案例集. 2019 [M]. 北京：中国经济出版社，2020：6.

争取潜在返贫家庭儿童免费入学公立幼儿园,对于普惠性民办幼儿园招收低收入家庭儿童入园的,在财税、土地、金融等方面给予优惠;优先落实脱贫地区、乡村振兴重点帮扶县幼儿园教职工配备标准,配足配齐幼儿园教职工,加大对民族欠发达地区农村幼儿园教师特别是小学转岗教师的培训力度。在学前和义务教育阶段全面推广国家通用语言文字授课,确保少数民族学生基本掌握和使用国家通用语言文字。建议针对脱贫不稳定家庭学前教育适龄儿童给予资助、伙食费补助,并免除保教费,经济条件较好地区可以提高补助标准及扩大免除费用的范围。

③改善义务教育

在义务教育方面,再穷不能穷教育,在疫情可能给地方财政收入带来负面影响的情况下,政府勒紧裤腰带过紧日子,也要加大对民族地区乡村振兴重点帮扶县的财政转移支付,显著增加基础教育投入,增加校舍数量,改善办学条件,建设智慧教室、音美教室、计算机室、图书馆、实验室等,配齐教学设备。探索实施义务教育阶段全面免费制度;提高脱贫不稳定家庭学生义务教育阶段"三免一补"额度;加强寄宿制学校建设和管理,增加资金投入,完善设施设备,完善学生营养改善计划,提高补助额度;完善"控辍保学"工作机制,建立辍学学生信息库,按照"一人一策,精准对接"的原则,全面落实县长、乡长、村长、校长、家长"五长"责任制。"五长"严格履行义务教育控辍保学法定职责,加强对留守儿童、低收入家庭子女、女童、残疾儿童等重点群体的监控,定期调查登记机制、建立联控联保工作机制、完善行政督促复学机制,以及建立控辍保学动态监测机制,防止适龄儿童少年失学辍学,保证每一名适龄儿童少年依法接受义务教育。建立针对留守儿童的关爱体系,重点构建教师与留守儿童的学校关爱服务网络。

④普及高中教育

在高中阶段教育方面,加快在民族地区普及高中阶段教育,优先保障低收入家庭、潜在返贫家庭学生接受高中阶段教育的机会,完善"国家扶贫定向招生专项计划",提高对民族家庭学生的扶持力度,加强少数民族高考政策法律保障体系建设;加快实施高中改造计划、现代职业教育质量提升计划、职业教育产教融合工程等;健全普通高中综合预算保障制度和中等职业学校生均拨款制度。丽江华坪女子高级中学创办者张桂梅认为,"提高山区母亲们的教育水平,将至少改变三代人",因此,应该积极探索在农村地区乡村振兴重点帮扶县及欠发达地区发展丽江华坪女子高级中学模式,规模化向低收入家庭的女学生实行包括基本伙食费在内的免费教育,同时加大财政资金投入力度,积极引导社会资金捐助,最大限度实现欠发达地区教育公平。

⑤强化职业教育

在职业教育层面,扶持民族地区每个乡村振兴重点帮扶县建立至少一所中等职业学校,支持有条件民族地区新增高等职业教育资源,设置符合当地经济社会发展急需的专业,完善"订单式"人才培养模式,加速培养当地急需紧缺人才;采取校校合作、校企合作、工学结合的模式,采取全日制、半工半读、中长期技能培训、跟岗实习等方式,最大限度保障脱贫不稳定家庭、低收入家庭适龄学生接受职业教育。主动对接与发达地区职教东西协作行动计划,搭建对口支援关系,每年派出一定数量适龄学生到东部地区职业院校进行学习。引导脱贫不稳定家庭初中毕业生到省内、市(州)内发达地区中等职业学校接受职业教育,继续实施民族地区"9+3"免费教育计划,提升培养质量,优先满足低收入家庭子女就读。尽可能实行免费教育,提高助学金额度;继续开展公益性职业技能培训,加大对脱贫家庭、脱贫不稳定家庭的教育培训力度,办好"农民夜校",充分利用职业院校和职业培训机构资源,加强对农民的技能、技术培训。

⑥照顾高等教育

在高等教育层面,坚持因地施策、因人施策,大幅提升面向少数民族贫困生的资助覆盖面和资助额度,设立省级政府少数民族教育专项经费,鼓励高等院校设立少数民族贫困生专项基金,免除脱贫不稳定家庭子女学杂费、住宿费,补助生活费;积极引导社会资助,将资金主要用于脱贫不稳定家庭学生。采取"签约培养、定向就业"模式,针对毕业后愿意去少数民族地区工作的学生设立专项基金,通过学费代付、专项奖励等政策,激励高校学生投身边疆民族地区;严格落实针对农村和贫困地区学生的"国家专项计划""地方专项计划"和"高校专项计划",适度增加招生规模,严查弄虚作假、偷梁换柱等违法违规行为;设置少数民族教育扶助区,将边境县、民族自治县、高寒山区和贫困少数民族农村地区划分为"省级教育扶助区",在省属高校本、专科两个层次单列专项招生计划,以少数民族地区产业发展需求为目标,定向招收少数民族脱贫家庭学生;在农村地区,率先探索、试行少数民族自主招生制度。

⑦提升教师质量

加强西南农村地区乡村振兴重点帮扶县乡村教师队伍建设。实施教师素质能力提升计划,制订针对民族地区的"国培计划",鼓励西南地区各省市进一步完善教师培训项目,加大对民族地区的倾斜力度;加大乡村教师进修、在职培训力度,推进实施城乡教师、校长交流(轮岗)管理;加大农村义务教育阶

段学校教师特设岗位计划、师范生公费定向培养计划等政策对民族地区的支持力度；招募大学生志愿者支教、退休教师支教、在职教师交流支教，加强与公益组织协作，构建结对帮扶支教机制；成立县级名师工作室，招募城镇优秀教师加入，对脱贫地区教师开展教学研讨、跟踪指导、经验分享等活动，组织优秀教师下乡支教。实施"互联网+教育"支教模式，邀请城镇、其他地区优秀教师定期进行网络授课，共享优秀师资。提升全县、全市教学比赛频率，给予脱贫地区农村学校参赛指标，让教师有更多机会与同行交流、切磋、学习，提升教师教学的使命感与责任感。在民族地区全面实施农村教师待遇保障计划，制定生活补助标准，切实落实乡村教师乡镇工作补贴、艰苦边远地区津贴和高海拔折算工龄补贴等政策，保证乡村教师工资高于当地公务员平均水平、高于全省教师平均工资水平；加强对民族地区的中小学结对帮扶，积极引导、鼓励支持社会团体、公益组织、企业和个人参与教育扶贫工作。

（2）做实技能培训工作

①精准帮扶特殊群体

进一步完善农村地区低收入群体职业技能培训行动。对潜在返贫户、就业困难人员、零就业家庭成员、"两后生"中的农村学员在培训期间按规定通过就业补助资金同时给予生活费补贴。企业、农民专业合作社和扶贫车间等各类生产经营主体吸纳潜在返贫劳动力就业并开展以工代训，以及参保企业吸纳就业困难人员、零就业家庭成员就业并开展以工代训的，给予一定期限的职业培训补贴、税收优惠、金融支持等。探索推进"培训+见习+就业"的培训模式，提高培训的针对性和实效性。

由县、乡政府成立专门负责培训的机构，征集脱贫户技能培训意愿与需求，根据脱贫村产业发展、用工需求和脱贫户的实际需求，量身制定培训方案，选好师资，精准培训，整合农牧业、科技、工会、妇联、就业、院校等各类教育培训资源，采取培训下乡、扶贫专班等"短平快"项目培训和成人夜校、定期讲座等长期模式，进行缝纫、摩托车、汽车维修、种植养殖等针对性培训，针对16~18周岁未成年辍学劳动力采纳全覆盖"技能培训+文化教育"免费模式进行。对贫困家庭职业院校、高校毕业生，制定"一人一策""一人一档"帮扶方案，提供免费创业工位，开展职业指导与培训、就业见习、创业实训、专家问诊等服务。对脱贫人口，制定"一户一策"帮扶措施，为每人提供至少2~3个针对性岗位信息，优先组织参加职业培训，及时兑现一次性求职创业补贴。

加大创业致富带头人实训基地建设和培育力度，充分发挥其示范引领作用，争取实现以"一人带十人、以十人带一村"的先富带后富目标;农村实用人才带头人和大学生村干部示范培训班全部面向欠发达地区实施,重点培训脱贫村"两委"干部、产业带头人和专业技术人员,提高村干部综合素质和实际工作能力。

针对本籍在外人才资源,创新招商引才举措,依托各个协会和官方网站、微博、微信等现代网络媒体,广泛宣传当地的人才政策、产业优势,开通人才引进"绿色通道"。建立人才发展专项基金,提供人才公寓等,落实专家工作站运行经费补助、高层次人才岗位激励等奖补资金。

②精心选择培训内容

加快健全科技精准帮扶工作长效机制,瞄准市场需求,靶向开展技能培训,提高培训的针对性与实效性,推进职业、技工院校结对帮扶,定期邀请专家、技术人员和技能特长户到脱贫地区向脱贫农户传授种植养殖技术,尽快实现农技服务全覆盖;探索就业创业超市、零工驿站、就业服务驿站、创业苗圃等多样化服务模式,打造全域覆盖、纵横联通、多点辐射的公共就业服务网络。加强对乡村旅游从业人员的普通话、接待礼仪等业务能力培训。使西南农村脱贫地区有劳动能力的人员都能掌握1~2项实用就业技能。

加强民族地区基层干部普通话培训,提升国家通用语言文字开展工作的能力,并将普通话、汉语运用能力纳入基本工作考核内容;结合深度贫困县旅游服务、产业发展、劳务输出等培训需求,把普通话推广与职业技能培训相结合,提高少数民族尤其是青壮年农牧民应用国家通用语言文字能力和职业技能水平,使其具有使用普通话进行基本沟通交流的能力。由驻村扶贫干部、大学生村干部负责组织教师、返乡大学生等积极参与语言文字扶贫工作,在每个行政村集中开展普通话培训。

围绕市场急需紧缺职业开展家政、养老服务、托幼、保安、电商、汽修、电工、妇女手工等就业技能培训;继续完善低收入家庭到发达地区外出务工点对点对接机制,实现"一站式"就业。创建农村创新创业示范基地,强化对低收入群体、返乡入乡创业人员、农村转移就业劳动者特别是新生代农民工、"两后生"、下岗失业人员、退役军人、就业困难人员(含残疾人)的培训和政策扶持。

(3) 全面改善医疗卫生条件

①提高新农合扶贫力度

因病因残是西南农村地区贫困家庭致贫和返贫的主要因素之一,因此,首先需要继续加大农村地区医疗资源投入力度,保障基本医疗设备供给,完善民

族地区潜在返贫家庭、低收入家庭等困难群体基本医保、大病保险、医疗救助制度。以新农合为例，2022年的调研发现，部分村反映近两年来村民对医保政策上的变化表示不理解，医患之间的矛盾比较突出，这一矛盾体现在省与省之间的医保对接方面，对于在外地就医的当地居民而言，在外地报医保程序比较烦琐，必须到当地进行申报，申报后在网上进行录入后才可以在外地报销；如果不在外地报销，村民将自己的医疗收据和其他支出的证明拿到本地报销时报销流程会比较烦琐；伴随医保改革的实施，从2022年4月起必须使用电子医保来进行医疗费用的报销，如果没有电子医保卡则无法报销，这一政策对于老人、儿童群体在实施方面存在困难。针对这些问题，建议进一步简化医保报销过程中的材料审核、批复的流程，减少患者报销过程中存在的不必要的跑腿情况，对于需要在外地报销的患者，当地村两委可以安排专门负责的人员协助他们进行报销。以2022年的新农合报销比例来看，二、三级医院看病的就诊报销比例和住院报销比例分别在20%~30%、30%~40%，对于一部分患重大疾病的人来说，他们对于就诊或住院的医院等级要求会比较高，且部分患者长期治疗时所支出的药物费用高昂，新农合制度的报销对于患病的家庭能缓解一部分经济压力，但报销比例仍有待进一步提升。

②医疗资源精准下乡

建议在已经提供的定期免费体检筛查疾病的基础上，按照分类施策、重点管理的原则，将人群划分为一般人群慢性病高风险人群、及时跟踪人群、疾病人群这几类人群，针对不同类别的人群采取不同方式的健康管理。将健康管理与返贫治理相结合，实现两者间的信息互通。进一步完善、优化村级的家庭医生服务，为了实现村民足不出户就能接受检查诊疗，家庭医生除了开设办公室的坐诊服务，也可以提供入户随访服务，根据不同健康状况的人群设立不同的访问周期，例如，针对身患重大疾病的人群每一周入户随访一次，针对患有糖尿病、高血压的病人每半个月入户随访一次，实现家庭医生服务的升级。对低保家庭、脱贫不稳定家庭实施医疗救助，政府出资资助参加基本医保，对无劳动能力、无收入来源、医疗费用负担过重家庭实施医疗救助。进一步健全孤儿、无人抚养儿童、低收入家庭重病重残儿童的福利保障体系，加大政府拨款力度，大力激励社会慈善参与救助。

探索远程医疗服务、村医上门、重度残疾人集中托养，加强村级医疗机构和镇、县级的医疗机构间的合作与交流，村两委可以协调村级医院与上级医院进行技术合作、定期开展线上会诊，让当地村民不出村也能享受更高水平的诊疗指导。加强对村医的线上线下培训，开展城乡医疗机构结对帮扶共建，实现执业医师或助理执业医师全面覆盖民族地区乡镇卫生院,加快推进县医院能力建设、"县乡一体、乡村一体"机制建设和乡村医疗卫生机构标准化建设;加强基本医疗保险政策宣传,让农村居民弄清弄懂报销政策,加强传染病、地方病、慢性病等防治工作,定期逐户开展慢性病随访、结核病筛查、居民健康小药箱药品检查,并向村民宣讲医疗惠民政策和各类防治知识,引导村民改变传统观念,养成健康习惯;进一步提升儿童营养改善力度,落实好农村地区新生儿疾病免费筛选、孕前优生健康免费检查等公共卫生项目。针对"因病返贫"情况,可以采取"一户一个台账",精准到户、精准到人,争取每位重大病患者能够得到及时、有效的救治与救助。常态化开展"重拳肃毒、全域防'艾'"行动,开展禁毒宣传和防治艾滋病知识的科普小课堂,落实涉毒涉'艾'人员一人一档立卡机制。

③完善乡村急救体系

西南农村地区农村人口多,但急救条件较差,且青壮年劳动力多集中于城镇务工,留守农村的多是孤、老、病、残、孕及儿童等困难群体,自救能力较低,导致部分疾病死亡率较高;农村地区部分乡村距离县城甚至镇政府所在地很远,急救车到达农村偏远地区时间长,普遍在30分钟以上,甚至要跑100多千米,才能把病人转到上级医院,而且农村地区救护车使用率偏低。因此,迫切需要建立健全县级以下地区急救体系,将急救体系延伸至农村,尽快建立县、乡、村三级院前急救网络;促进城乡院前医疗急救体系一体化发展和区域平衡,全面提升院前医疗急救机构的服务能力和技术水平。建议在进一步加强交通设施的基础上,适度增加乡镇卫生院医护人员力量,增加编制规模;建设以县医院为中心,以其他类型医院,如中医院、妇幼医院、乡镇卫生院等为支撑的多元化网络急救体系;可在乡镇卫生院积极推进急救站点建设,发挥基层医疗机构院前急救能力,建立县域指挥型急救中心,实现从县域医院急救中心到乡镇卫生院急救站点急救网络;对于当前条件不允许的县域,可以先由社区服务中心承担急救的职能,或者急救站与社区卫生服务中心并行;建立"县级急救中心—中心乡镇卫生院—乡镇卫生院"三级急救网络,加强对乡村医生的培训,充分发挥乡村医生在院前医疗急救中的作用。

整合具备急救能力的政府力量,探索将急救体系与消防、警察、治安等部门资源相结合,如消防部门接到报警后,如果是火警或应急救援,可以调派消防站内的消防车和救护车同时出动;如果是医疗急救,单独调派消防站内的救护车出动,经过专业培训且有相应资质的"消防救急员"到场后为病患者提供院前急救服务,并视情况将其送到医院进行后续治疗。

④关注农村女性健康

前世界卫生组织总干事中岛宏曾经说过，妇女健康是通向全民健康的必由之路。因为女性担负着人类发展繁衍的社会历史重任，如果女性的健康水平很低的话，那么必然殃及子孙后代[①]。因此，进一步提升农村地区农村家庭妇女的健康情况对于人力资本水平的提高至关重要。一是增强妇女健康意识，培养其健康卫生习惯，可以通过举办保健知识讲座、媒体开设专栏、播放公益广告、开展妇女保健知识宣传咨询等多种形式加强对农村妇女健康知识的普及。二是医疗机构定期到村对妇女常见疾病进行免费检查，尤其是宫颈癌和乳腺癌的筛查，并将体检结果进行登记建档，建议对病例进行免费转诊、结果追踪及随访。三是加大对农村卫生人才，尤其是妇科疾病诊治人才的培训；加大对农村妇女健康教育的直接投入，将农村妇女健康教育纳入农民教育培训体系，使农村妇女尽可能参加有针对性的免费健康培训和综合素质培训。

9.4.2 不断改善文化资本条件，使其成为脱贫家庭发展引擎

（1）改变脱贫家庭的思想理念

调研发现部分困难群众"等、靠、要"的思想比较严重，这给贫困治理带来了挑战。因此，防止返贫的首要任务就是改变部分困难群众的思想观、精神面貌，并逐步建立适合乡村振兴与共同富裕发展战略的文化价值体系。

一是精准识别可能导致返贫的思想观念类别，如思想落后、不重视教育；好吃懒做、"等、靠、要"思想严重，因循守旧、安于现状，子女不孝、不履行赡养义务，参与封建迷信活动，赌博、投机心理严重，花钱大手大脚，缺乏吃苦耐劳的精神，重男轻女、子女数量多，盲目攀比、铺张浪费，红白喜事大操大办，等等，精准摸底，掌握脱贫不稳定家庭可能存在的具体思想观念类型，然后对症下药。

二是通过构建赏罚机制，激励那些通过自身努力摆脱贫困和抑制返贫的能干脱贫户，对那些"等、靠、要"不思致富的潜在返贫户，通过村大喇叭、讲座、上门等形式进行精准扶志，进行"自甘贫困可耻，勤劳致富光荣"的思想改造，通过典型模范带动、介绍致富榜样，营造致富氛围，给他们树立勤劳依然可以致富的理念与信心，激发他们发家致富的志气、勇气和信心，引导他们靠自己的努力提升"造血"能力，改变命运。实行扶持与劳动挂钩的"扶勤不

---

① 北京大学贫困地区发展研究院. 中国贫困地区可持续发展战略：第三届可持续发展战略论坛论文集[M]. 北京：经济科学出版社，2017：183.

扶懒"的差别化措施，激励脱贫户通过劳动参与获取报酬。

三是对脱贫家庭加强国情和形势政策教育，让政府扶贫政策广为脱贫户知晓，大力宣传社会主义核心价值观，深入推进社会主义市场经济进程，强化脱贫家庭市场经济观念，不断提升其效益意识、竞争意识、进取精神；建设现代科技和现代化服务公益性推广体系，充分利用现代通信工具，宣传现代文明和先进文化成果。全面深入实施精准扶志工程，改进帮扶方式，提倡多劳多得，营造勤劳致富氛围；用好周边脱贫致富榜样的激励作用，充分发挥先进典范的示范、激励和引导作用，组织实地参观、现场教学，切实用身边的典型案例来引导和带动低收入群体激扬斗志，唤醒低收入群体的致富信心，充分调动起自我增收致富的积极性、主动性和创造性；引导少数民族低收入家庭养成储蓄、节俭的好习惯。

四是进一步推进移风易俗，将移风易俗作为改进、完善基层自治体系的一项重要内容，建立村规民约，制定具体标准，规范操作方法，明确奖惩机制。树立勤俭节约新时尚和有利于生产生活的新习俗，充分发挥党员干部的表率和带动作用，遏制红白事大操大办、铺张浪费陋习，全面建立村红白理事会，制定具体可操作的婚丧喜庆村规民约，内容涵盖烟酒价格、酒席数量、参与人员范围、动用车辆数量等细节，建议与每家每户签订《婚丧喜庆村规民约承诺书》。制止结婚高额彩礼行为，积极引导、鼓励结婚双方按照基本生活所需置办结婚嫁妆，反对女方结婚索要高额彩礼及巧立名目索要其他礼金等行为；提倡邻里间不随礼，互帮互助；如果随礼，礼金标准由村红白理事会制定，建议礼单不得张榜上墙。参加本村生儿育女、升学入伍、生日庆典、乔迁新居、庙会等喜庆事宜，一般只限于亲属之间，提倡不请客、不送礼、不收礼。引导村民增强环保意识，提倡婚庆时不燃放烟花爆竹。在白事方面，严禁大操大办，建议缩短停丧天数，不得燃放烟花爆竹、不请戏班、歌舞团等；严格控制"纸扎"数量和费用，探索实施生态安葬，采取骨灰寄存、树葬、花葬、草坪葬、骨灰撒散等绿色生态安葬方式。

五是激发基层党建文化活力，准确把握脱贫地区农村居民文化需求特点，注重把先进性与广泛性、多样性与生动性、教育性与娱乐性、知识性与趣味性有机统一起来，坚持积极、健康、有益、和谐的原则，将农耕牧文化、礼节文化、孝德文化等传统文化与党建相结合，全面促进乡风文明建设。由乡镇基层干部、村（社区）书记（主任）、德高望重的老党员、老干部、乡贤代表和各类先进典型代表组成道德评议委员会，积极培育好人文化、道德文化、孝道文化，探索开展"十百千"新乡贤等评选活动，通过多种形式传播好人事迹、弘

扬道德精神，引导乡贤等典型人物以其文化道德力量教化乡民、反哺故土；深化"传家风、立家规、树新风、树正气"活动，积极评选推举道德、文化、赡养明星，评选"最美家庭""好儿媳""好婆婆"等荣誉称号，开展以"传承优良家风·推动乡村振兴"等为主题讲演，让耕读传家、父慈子孝的良好乡风、家风、民风得到传承弘扬。培养一批典型文化中心户、文化大院，组建农民读书社、乡村电影放映队、乡村业余剧团，传播有益文化。大力实施农村文化礼堂建设，努力使农村文化礼堂成为丰富农民精神文化生活、推动乡村文化兴盛、弘扬乡风文明的文化地标与精神家园。重视区域传统文化研究，发掘圣贤名人等人文资源，继承和发扬优秀传统文化，善于融通社会主义先进文化与优秀传统文化，取长补短。提升文化建设投入，扩大文化供给，以文化人，以文促建。

（2）培育脱贫家庭的市场经济意识

首先，采取多种措施激励低收入群体脱贫人口继续转变观念、解放思想、自力更生、勤劳致富，培养其市场意识，提升其进取精神。强化对低收入群体有关投入、产出、劳动生产率、收入、利润等经济与财会类知识的教育与培训，从最基本的经济理念着手，提升其生产决策能力、经营管理能力、市场风险承担能力等，使其及时应对市场变化，调整生产决策，优化生产行为；帮助其牢固树立市场竞争意识，建议尽快建立由乡镇政府主导、村（居）委会负责承办的社区市场竞争意识系列培训讲座，邀请具有丰富市场竞争知识与理念的教师、企业家、创业者、科研人员等为居民详细讲解市场竞争意识的内涵、培育及强化路径，分析当前市场竞争现状及环境等知识，邀请具有实践经验的创业者与企业家讲解创业过程及企业发展进程中遭遇到的挫折、挑战与关键竞争事件，以切身经验告知居民市场竞争理念，培育其竞争意识，促使初始创业者或有意愿进行创业的居民牢固树立市场预测、研发与创新投入、竞争对手数量、实力、距离、市场占有率、营销策略等市场知识与理念。

其次，强化对创新意识和创新精神培育的宣传活动。加大新技术、新理念等新事物在西南农村脱贫地区的推广与普及，培育民众探索欲与好奇心，培育其创新精神。建议在各级政府科技部门设立创新宣传机构，以电视、广播、报纸、杂志、网络等形式专职宣传创新活动，充分发挥科协团体、行业协会及民间科技性组织在宣传创新方面的积极作用，大力普及科学知识、弘扬科学精神、传播科学思想、倡导科学方法，在全社会推动形成讲科学、爱科学、学科学、用科学的良好氛围；探索建设高标准、可示范性、可推广的"科普居委"，不断提高社区村委会工作人员综合素质，培育其接纳新知识、新技术、新技能的主动意识，着力培育一批具有创新意识与创新精神的社区工作人员。不间断举行各类科普活动，建议设立社区创新节，以趣味活动或比赛形式开展创新宣传及实践，使得创新精神深入居民日常生活与生产中去。开展创新志愿者活动，鼓励社区内文化水平较高、思维比较活跃或任职创新创业创意等岗位的常住居民加入志愿者，定期在社区内进行与创新创业等有关的讲座、培训等；请有关专家、学者和科协的老师作科普知识讲座，对社区科普干部和科普志愿者开展系列科普讲座；与高校共同开展"高校＋支部＋农户"结对共建活动，组织大学生开展"一位大学生＋一户农户"进村入户活动，以新知识、新理念引领村民开拓创新。

(3) 完善脱贫地区公共文化建设

西南农村地区公共文化建设基础薄弱、起点低，重复建设、设施闲置，实用性不强，需要进一步完善。一是要坚持因地制宜。农村地区农村文化历史悠久，底蕴深厚，民族特色鲜明，每个村或多或少都有自己的文化特色，因此，文化产品供给不能搞"一刀切"，需要尽量避免自上而下的行政化配置文化产品，改变一直以来计划式、标准化提供公共文化产品的做法，做到尽可能按照村集体及家庭实际需求配套相应文化设施，尽量做到"一村一策"；整合村级文化活动室、农家书屋、电子阅览室、文体广场、表演舞台等项目资源，建设综合文化站，政府每年拨付经费，设立公益性岗位，配备专职工作人员，统筹利用，引导、激励村民定期前来学习，最大限度提升设施使用功效；鼓励群众创建民间自办文化团体，以社会公德、家庭美德等为主题，定期举办演出大赛，在村之间进行巡回演出，形成相互交流、相互促进的良好氛围。二是引入互联网资源，大力推进公共数字文化建设，支持县级公共文化服务机构为村提供远程服务能力，将文化资源输送到乡村；鼓励互联网企业、数字化类企业参与提供公共文化服务产品，如数字图书馆、数字娱乐产品等；鼓励更多的社会力量参与公共文化服务建设。三是拓展农村公共文化服务内涵，将公共文化设施打造为精神与理念的服务平台，打造为宣传社会主义核心价值观、共同富裕目标的奋斗平台，打造为满足村民就业创业的信息服务平台。四是加强基层公共文化服务队伍建设，通过以老带新、培训进修、社会招聘等形式提升队伍规模与质量；进一步改善公共文化服务人员待遇，加大物质及精神给予。

9.5 构建潜层次资本培育体系，培育防止返贫与实现可持续生计的助动力

社会资本作为潜层次资本，对人力资本与文化资本的培育和发展具有一定的帮助，可以进一步延伸人力资本与文化资本的影响；自然资本作为推动经济增长的重要动力，是其他资本发展的基础和前提，尤其是直接对表层次的物质资本和金融资本产生作用。因此，社会资本与文化资本是潜层次资本，是脱贫家庭可持续生计能力的助动力，在贫困家庭脱贫、防止返贫及实现可持续生计过程中发挥着支撑性作用。

9.5.1 重视社会资本作用，改善脱贫家庭的发展环境

（1）营造和谐的邻里关系

基层政府、村两委积极引导，家庭积极参与，共同打造和谐社区与和睦邻里关系，不断提升家庭成员自身社会适应能力（独立工作的技能、体格发展、言语发展及学业能力）和社会交往能力（社交表达能力、自我认知能力、社会认知能力、社会合作能力、社会拓展能力），实现家庭和睦、邻里和谐、干群融洽，设立"好邻居""邻里节"等节日，建立"雷锋站""互助点"等，以培育居民平等相处、贫病相扶、守望相助的邻里精神；在民族落后地区等宗族势力浓厚区域，积极发挥族长、德高望重者的引领作用，深入宣传道德模范、身边好人的典型事迹，建立健全先进模范发挥作用的长效机制；依法积极发挥宗教在居民生产生活上的正面引导作用。探索建立"民事民评、民事民议、民事民办"的"三民善治"的模式。按照村民关注热度、受益广度、解决可行度三个标准拟定解决问题方案，分层分类召开社长会、党小组长会、村民议事会会议修改完善解决方案，充分做好村民思想沟通工作，广泛凝聚发展共识；通过民主协商、直接选举，选出由党员、德高望重村民、致富带头人为主要成员的村民议事会成员，建立村民议事会成员直接联系群众机制，每名议事会成员联系若干户村民，每周走访联系村民、收集意见和建议、宣传涉农政策、向支部反馈情况。

（2）构建社区共建共治机制

坚持协同治理原则，推进基层共建共治机制创新。一是优化职责权力体系，厘清各个社区治理主体之间的权责关系，构建基层社区工作机制与社区联席会议制度，同时还要加强基层党组织的协调与引导能力，构建政府引导、村

委主导、在职党员、社区工作者、居民群众、业委会、物业、非公企业和社会组织等多元社会群体共同发力的共建机制。在社区治理中积极发挥其专业能力，从而带动社区群众，充分激发社区群众的主人翁意识，提高公众参与社会治理的主体意识、自主意识和责任意识，坚持自己的事情自己办，社区内的议事议案都由社区居民来决定，努力形成社区治理人人参与、人人尽责、人人共享的良好态势。

二是搭建"社区＋群团＋社会组织＋社会企业＋N"的乡村互助善治体系，规范"社区合伙人"参与社区发展治理机制，把爱心企事业单位、爱心商家、社会组织、爱心个人等紧密团结在一起；通过建立亲密的"伙伴关系"，实现社区公共空间可持续运营，激发社区公益活力，有效破解社区治理中存在的资源缺乏、合力不足、针对性不强、服务水平不高等问题。创新项目带动机制，重点围绕困难帮扶、人居环境、文体休闲、教育帮扶、议事协商等领域开展社区治理项目，引导多种社会力量参与社区治理，增强居民参与意识和公共精神，增强社区治理能效。构建村级事务民主协商共治平台。推动村民自治组织和其他社区组织、社会组织等多元主体参与基层社会治理的制度化、规范化建设，不断健全公共事务议事、决策和监督制度。探索"政府指导、党组织主导，社会资金跟进，党员带头，普通农户参与"的合作模式[1]，探索社会组织协同治理的有效途径，形成"乡贤出智出策、大户出钱出材、人才出技出艺、农户出工出力"[2]的多方共同参与机制。

（3）完善社会工作服务项目

社会工作是在社会服务和社会治理领域，综合运用社会工作专业理念、知识和技能，为有需要的个人、家庭和群体、组织提供公共服务、协调社会关系、解决社会问题的职业活动。一是积极开展社会工作服务项目，通过社区、社会组织、社工人才的有序互动，增强基层社会组织参与治理的活力，培养社区居民共同体意识，让农村基本公共服务和社会治理的参与力量更加多元化，促进了农村社会服务的自我供给，激发了农村社会的内生动力。培育发展社区社会组织，建立多层次社会组织服务平台，实现社会组织服务的专业化和精准化。引入社会企业、社会组织等主体成为社区治理"合伙人"，为社区和居民提供空间、资金、技术、信息、人才等服务，大力培育社区自组织，促进公共

---

[1] 成都市命名乡村振兴先进区、示范村（社区），郫都榜上有名[EB/OL]. 澎湃新闻，2021-01-13, https://www.thepaper.cn/newsDetail_forward_10777638.

[2] 撤县设区四周年看变化——郫都农业的振兴答卷[EB/OL]. 网易新闻，2020-10-27, https://www.163.com/dy/article/FPV4NVE505386KRU.html.

服务的可持续发展。适时将社区自组织转化为服务型、公益型、互助型的社区社会组织和志愿服务组织。按照"有场地、有设备、有人员、有服务功能、有工作流程、有规章制度"的标准，加快推进乡镇（街道）社工站建设。推动乡镇（街道）社工站在为村民提供社会福利、社会救助、慈善事业、社区建设、婚姻家庭、精神卫生、残障康复、教育辅导、就业援助、职工帮扶、犯罪预防、禁毒戒毒、矫治帮教、卫生健康、纠纷调解、应急处置等16个领域社会工作服务。做优对低保、特困、困境儿童、老年人、残疾人、困难妇女等群体的社会工作服务。

二是建立社区志愿服务提升计划，积极整合志愿服务资源，推动社区志愿服务常态化和制度化。优化社区党群服务中心政府购买服务项目，按照社区人口规模配备社会工作从业人员。建立完善"社工引领志愿者，志愿者协助社工"协同服务机制。鼓励和支持企事业单位、基层社区、社会组织开发社会工作专业岗位，吸纳社会工作从业人员参与公共服务和基层社会治理。扩大专业社会工作人才队伍。支持民政服务机构与基层民政经办机构、社区和社会服务机构设置社会工作岗位，加强社会工作专业人才配备和使用。支持高等院校加强社会工作专业学位教育，强化优化专业建设和相关领域课程设置。鼓励一线社会工作者通过培训和考试提高专业能力，获得相应职业资格。建立分级培养机制和分类培训体系，提高社会工作专业人才总量和水平。实现"社会工作人才+志愿者"联动服务模式常态化，形成社会工作人才引领志愿者、志愿者协助社会工作人才开展服务的良性互动机制。

（4）探索实施网格化管理机制

探索实施网格化管理机制，建立以网格长、书记、主任、人大代表、网格员、社区民警、社区医生、法律顾问、社工为成员的村网格管理体系，形成了强大的社区治理网格力量，推动基层治理与服务供给的精细化和精准化。构建社区社情民意指数统计分析。通过整合网络理政、信访、公安等多部门端口数据，建立社情工作统一推进机制；通过分类处理回访、研判运行，建立"社情"实时收集汇总分类处理回访机制，定期发布"社情民意指数"，全面掌握社情民意，为科学决策提供依据。构建简约高效的社区基层服务体系，深入推进村级公共服务和社会管理改革，着力打造开放共享的基层管理服务平台，如提供共享农具、共享银行、共享图书、共享联网报警、生活缴费、事务办理等服务；针对子女外出务工、行动不便又不会使用智能手机的居家老人群体，村两委可为每个院落老人配备呼叫机，提供全天候应急救助服务，老人遇事一键呼叫，村网格员和监事成员接听到警报后，可根据呼叫机显示编号第一时间赶到相应院落排查问题，建立起"村民有需求、干部上门服务"的服务模式。

(5) 落实村规民约的引导功能

依托德治构建"共建共治共享"社会治理共同体，强化村规民约的引导和约束功能。针对村级公共事务，在院落（小区）和农民集中居住区普遍建立了以村规民约或院落（小区）公约为主要形式的社会规范，以立约形式规范村民行为，有效增强农村基层社会自我调节能力，激发村民的社区认同和文化自信。建立崇德向善的积分兑换激励机制。村民的组织实践与社区参与被纳入社会信用体系中。对照十条村规民约，进行一月一考核、一月一公示，考核涉及院落卫生、垃圾分类、孝敬父母、团结邻里、支持村集体工作、好人好事等方面，通过考核积分，村民可以凭兑换物品清单于每月"积分兑换日"当天兑换相应的物品。

9.5.2 优化自然资本质量，改善脱贫家庭发展的硬件

(1) 提升交通设施水平

西南农村地区交通网络人均密度仍然较低，因此，以缓解经济下行压力为契机，大力改善农村地区基础设施建设，尤其是山区、高原等地理条件不佳区域的交通基础设施建设，确保乡镇有客运站全覆盖，尽快建成"外通内联、通村畅乡、客车到村、安全便捷"的交通网络，探索实施多样化、差异化的客运经营方式，采取定班定线、电话预约及赶集班线、学生班线等经营模式，提高客车的运行效率和经营效益，并通过预约响应的方式灵活解决边远地区客源稀少以及可持续经营条件不足地区的出行需求问题，对道路通行条件符合要求的建制村，通过延伸公交线路、增加停靠站点等措施，促进农村客运网络和公交网络的合理衔接和有效融合，实现"出门水泥路、抬脚上客车"的目标。加快推进乡镇建制村通硬化路以后"畅返不畅"路段的整治改造工程。加快产业路、旅游路和资源路的建设，对于脱贫村集资修建交通基础设施的，给予一定财政补贴；继续推进"交通＋特色产业""交通＋乡村＋景区""交通＋电商快递""交通＋文化""交通＋就业""交通＋公益岗位""交通＋矿产"等线路建设，特别是加强"乡村旅游环线"基础设施建设，修村道、绿化道路、提升村容村貌，大力改善乡村环境与硬件设施。

进一步加强川渝、川陕、川滇、川藏、滇藏、粤桂、黔渝、渝鄂之间的交通基础设施建设及西部陆海新通道建设；加快广西壮族自治区、云南省基础设施建设和产业发展，推动边境地区公路通道、网络通信建设，大力改善居民生产生活条件。

(2) 运用"互联网+"防止返贫

我国数字经济正在进入快速发展的新阶段，数字经济对经济的贡献显著增强，成为拉动经济增长的新引擎。而研究与现实表明，信息闭塞是导致贫富差异两极化重要原因，进一步加强脱贫地区网络基础设施建设，改善脱贫家庭上网条件，可以打破时间和空间的界限，使得脱贫家庭低门槛地搭上互联网技术快车，将 AI、大数据、云计算、物联网等新技术应用于脱贫地区产业发展，可以实现整体产业链的构建与成长，对于防止返贫具有积极作用。一是加快推进宽带网络对脱贫地区全覆盖，对有宽带网络需求的家庭做到应联尽联，对脱贫不稳定家庭开设网店给予网络资费优惠。二是鼓励电商开展防止返贫行动，鼓励其运用"AI+大数据"、智能供应链、智能物流等全链条带动脱贫地区产业升级；鼓励电商在脱贫地区开展农牧、数字农贷、众筹、农场、农业云等业务板块，从互联网种植养殖、互联网金融、数字产业园等入手，助力脱贫地区"三农"发展。三是为电商企业拓展脱贫地区业务尽可能提供便利，为脱贫地区电商发展提供平台、技术、咨询、资源整合、氛围营造、创业支持等服务；强化脱贫地区电商人才培训，针对脱贫户、电商创业脱贫带头人、村级信息员等开展"产品怎样包装才更匹配网络销售、网店页面如何设计才有利于吸引流量、工厂生产线如何进一步丰富"等电子商务实操和物流配送等电商培训，保证每个脱贫村至少有一名电子商务应用人才。四是加强脱贫地区农产品种植、生产、加工、仓储、销售等各个环节互联网平台建设，让农产品的生产过程透明化、数据化，实现"从田间到餐桌"每一个环节都清晰可见。如某平台"扶贫跑步鸡"项目，使用区块链溯源及鸡脚环等物联网技术，通过互联网技术对于养殖过程进行追溯，保证产品的绿色、健康；如某平台"云松潘城市会客厅"项目，消费者选中商品后，只需用手机扫一扫二维码，登录某平台"中国特产·阿坝州扶贫馆"，线上下单付款后，即可享受送货上门服务。五是探索在脱贫地区发展短视频产业，打造"网红农户""网红乡村""网红景点"，通过"短视频+"与电商、旅游等领域融合，以流量经济带动脱贫家庭发展。如贵州省黔东南苗族侗族自治州的黎平县盖宝村"侗族七仙女"短视频发展模式，为村民开拓了内容付费、电子商务、旅游消费三种新型收入渠道。

(3) 完善易地搬迁机制

西南农村脱贫地区及乡村振兴重点帮扶县多处于深山区、高寒区、蓄洪区、地方病多发区、自然灾害频发区等自然地理环境较为特殊区域，给防止返贫工作带来巨大挑战。建议对于防止返贫工作难度较大的区域，进一步完善易地移民搬迁机制设计，总体坚持"政府主导、多方参与、灵活搬迁、统筹规划"的基本原则和"搬得出、稳得住、能致富"的基本目标,在疫情导致经济发展放缓,政府财政收入下滑的情况下,一定要坚持量力而行、稳步推进、适度加快的原则,采取整体搬迁、零星搬迁、分步搬迁、插花搬迁等模式,通过"抓党建、强基建、配产业"帮扶模式,大力完善农田水利、安全饮水、防灾设施、电力设施、通信网络、电视广播等与居民生产与生活密切相关设施建设。可以参考并不断完善贵州省黔西南州的"四方五共"工作法推动"七个搬出"模式、惠水县"五个三"后续发展机制、四川省巴中市"三靠五进六不选"安置模式[①]。对于农户山前山后、多山分布等零散居住的自然村落,建议一次性整体搬迁,以降低交通、电力、饮水、网络通信等基础设施建设成本。充分尊重搬迁农户的生产生活习惯,提前确定好主导产业,有一定发展基础更好,劳动密集型产业更佳,结合搬迁区与迁入区资源禀赋和区位特征,合理确定安置方式,合理安排资源分配。对于已经易地搬迁的脱贫户,尤其是识别出的脱贫不稳定户,需要继续保持1年至3年甚至3年至5年的扶持政策;将易地扶贫搬迁工程融入乡村振兴战略。

严格落实"一户一策",压实配套政策,选派乡镇领导干部担任安置点联络员,负责搬迁入住后续管理服务,将子女入学、医疗卫生、就业发展、户籍管理、治安维护等治理工作以"点球"的方式分解到部门、乡(镇)、责任到人。严格管控自发搬迁行为。结合工业化、新型城镇化和新农村建设,本着"小规模、组团式、微田园、生态化"实用美观的原则,统一规划、合理布局、科学设计移民集中安置点。让搬迁户充分参与新村规划,对搬迁入住的群众进行了安全教育和入住培训,新村建设要同发展生产和促进就业结合起来,同完善基本公共服务结合起来,同保护民族、区域、文化特色及风貌结合起来。因地制宜,条件允许的地区,可考虑为每户配置一个"微田园""小牧场",既可以保障基本蔬菜需求、降低生活成本,又能美化居住环境、促进劳动习惯的养成。配套修建学校、幼儿园、卫生室、棋牌室、休息室、活动室等。尽可能实现整村搬迁,否则留下部分散户不搬,不仅公共服务无法保障,而且用水、用

---

① "四方五共"是指一整套工作方法,即搬迁户、政府、企业和社会4个利益相关方的共商、共识、共建、共享、共担;"七个搬出"包括搬出渴望、搬出文化、搬出产业、搬出倍增、搬出尊严、搬出动力、搬出秩序。"五个三"机制即"盘活三地、衔接三保、统筹三就、建好三所、用活三制":盘活承包地、山林地、宅基地,衔接低保、医保、养老保险,统筹就业、就学、就医,建设好经营性场所、农耕场所、公共服务场所,用活集体经营、社区管理服务、群众动员组织三个机制。"三靠五进六不选"即靠园区、靠景区、靠产业基地,进城区、进集镇、进社区、进乡村旅游区、进中心村和聚集点,有地灾隐患等6种情形不选。上述数据来源:吴国宝. 中国减贫与发展:1978—2018 [M]. 北京:社会科学文献出版社,2018,第214页。

电和道路维修成本也将大幅增加,现在的非贫困户可能成为将来的贫困户。

及时为搬迁户提供国家财税政策、户籍管理政策、社会保障政策等,积极引导新居民自治,制定居民公约、成立居务监督委员会,成立党支部党小组、选举居民小组长,推选党员担任楼栋长,实行楼栋保洁工作楼栋长负责监督制和住户门口及楼梯清洁制,引领新居民共建共享。做好便民服务平台建设,开设就业、社保、物业管理、多元化调解、环境卫生整治等公共服务窗口。积极发展产业,对原有的生产资料和资源进行开发整合,可以按照搬迁后原有土地、山林所有权不变的原则,通过耕地、林地流转入股,增加财产性收益;发展与农牧业有关的产业链,统一规划发展农业种植、养殖,促进搬迁户就地就近就业。开展职业技能培训、完善劳务奖补机制、搭建创业就业平台,积极开展异地劳务协作,引导搬迁居民异地务工,引导搬迁居民租赁商业门铺创业增收,并给予一定政策优惠。统筹公益性岗位资源,因人设岗增设公益性岗位。

(4) 建设特色小城镇

大力发展特色小城镇。一是科学制定小城镇发展规划,优化土地建设指标供给,优化供地用地模式,合理安排建设用地指标,依法依规组织配置农业用地和生态用地,鼓励点状供地、混合供地和建筑复合利用;发挥农村集体建设用地入市对特色小城镇建设的促进作用;避免"摊大饼"、圈地式建设小城镇。优化小城镇与乡村腹地的功能布局和规模结构,激活小城镇环境舒适、生活成本适中、连城带乡等发展优势,围绕小城镇连城带乡的核心功能定位,加强人口流动、资源调控、产业调整、基础设施、绿色生态空间等方面的供给与管理,兼顾新型城镇化、乡村振兴、城乡融合的多方共进,显著提升小城镇发展质量,挖掘小城镇与乡村腹地的资源禀赋优势,整合生产力结构差异等要素,以互补融通思路,指导小城镇与乡村形成互动融通的城乡发展格局。

二是坚持特色建设理念,对于不同区位、不同模式、不同功能的小镇,考虑从建筑样式特色、布局形态特色、设施功能特色、服务品牌特色,以及小镇文化内涵特色等方面与其产业特色相匹配,坚持一镇一品、一镇一业,因地制宜、细分领域、错位发展,确保一镇一特色。建设一批"市郊镇""市中镇""边境镇"等特色小城镇,建议在广西壮族自治区、云南省打造一批特色边境小城镇,积极吸纳非边境地区人口到边境就业创业安家;做到经济欠发达地区特色小城镇建设与生态保护协调发展。鼓励全面优化营商环境,加强指导、优化服务、开放资源,进一步整合土地、资金资源,建立健全村民参与小城镇建设,充分整合农业农村、民政、发改委等部门关于农业农村建设发展的政策制度,把各项农业补贴、惠农政策、扶贫开发、危房改造等与特色小城镇建设相

9 西南农村地区贫困家庭防止返贫与实现可持续生计的对策分析

结合，充分调动农村居民参与特色小城镇建设。

三是统筹村庄安全和防灾减灾，分析村域内地质灾害、洪涝等隐患，划定灾害影响范围和安全防护范围，提出综合防灾减灾的目标以及预防和应对各类灾害危害的措施。推进自然灾害高风险区经济困难家庭危房改造，适度扩大自然灾害多发区、潜在发生区避灾移民搬迁规模，提高安置补助标准，完善安置区基础设施；将矿产资源开采与生态环境保护、地区产业布局和居民生产生活需求结合起来，适度提高民族落后地区矿产资源开采补偿与费用返还比例。

(5) 做好生态环境保护

党的十九大报告明确指出，人与自然是生命共同体，人类必须尊重自然、顺应自然、保护自然。既要依靠大自然创造更多物质财富和精神财富以满足脱贫地区居民日益增长的美好生活需要，也要提供更多优质保护服务及生态产品以满足脱贫地区居民日益增长的优美生态环境需要。据统计，95%的贫困人口和大多数贫困地区分布在生态环境脆弱、敏感和重点保护的地区。西南农村贫困地区更是与限制开发区、禁止开发区在空间上交叉重叠，因此，必须坚持节约优先、保护优先、自然恢复的原则，树立绿水青山就是金山银山的绿色可持续发展理念，遵循自然生态规律，进一步强化生态环境保护，尤其对喀斯特地貌、高寒藏区等特殊区域，严格执行《全国主体功能区规划》相关要求，完善森林生态系统保护与建设、草原生态系统建设与保护、湿地生态系统建设与保护、沙化土地治理、水土流失综合治理、生态保护支撑体系建设。识别区域内重要的生态系统服务功能区域，确定关键生态系统，制定修复方案，修复具有重要生态价值的退化土地，大力实施植被修复、生态林建设、沟壑治理工程。

树立保护生态环境就是保护生产力的理念，打造经济系统与生态系统良性互动发展关系机制，制定兼顾经济发展与生态发展的产业政策，确保二者同步推进。积极发展林下经济（如林下养鸡、林下种药）、旱作农业、可持续放牧等项目，探索林地、草地、农田可持续管理模式，开展"乔、灌、草"相结合的综合生态修复工程，根据土石地质、黄土丘陵区、川地、沙地、戈壁等不同土地类型，实施不同作物混种；修复退化土地、控制水土流失、荒漠化、盐碱化；落实永久基本农田和永久基本农田储备区划定成果，落实补充耕地任务，守好耕地红线。统筹安排农、林、牧、副、渔等农业发展空间，实行放牧配额管理，根据农牧户草场承包证书上的使用面积，分配放牧配额，如果超载，则农牧户按照规定价格对未超载或无牲畜农牧户进行补偿。推动循环农业、生态农业发展。加强生态环境系统修复和整治，慎砍树、禁挖山、不填湖，优化乡村水系、林网、绿道等生态空间格局。科学布局水电站，深入评估水电站给生

态环境带来的影响。

完善生态环境补偿机制，优化资源税制，提高生态补偿额度，把生态保护补偿资金、国家重大生态工程项目与防止返贫工作有机结合起来，通过创新资金使用方式，开发生态保护公益性岗位，吸纳脱贫劳动力；开发与生态环境密切相关的特色产业，拓宽就业渠道。尽量解决脱贫地区生态工程建设资金不足、脱贫家庭因生态保护收入遭受影响的问题；对于生态恶化区域，尽量发展与当地自然地理环境相适应的农、林、草产业、生态旅游业。

(6) 完善灾害预防体系

当前西南农村地区广大乡村地区自然灾害预防体系仍不完善，防灾建设十分薄弱，抗灾能力很差，常见的滑坡、泥石流、洪水等自然灾害带来的损失很大，急需完善灾害预防体系。一是中央及省政府进一步加大对农村地区自然灾害易发区的资金拨付力度，做好充足防灾救灾物资储备与购买渠道联系；购置高性能灾害预警设备。尽快建立健全县、乡、村、组自然灾害突发应急组织体系，分类别成立救灾应急领导小组，强化乡、村领导干部，牢固树立灾害防范意识，做好充分的避灾工作，建立并严格执行灾害监测的预警预报制度，责任到组、到人；加强对基层领导干部、普通居民的抗灾救灾避灾知识与技能培训，提升其相关能力；拉网式全面排查自然灾害易发点位，尤其是对人口居住密集区，全面掌握滑坡地带、重点监测地区及应迁未迁居民居住点的灾害隐患点。

二是气象、水文及地震等有关技术部门要尽职尽责，第一时间做好灾害预警。编制气象、洪水、地震灾害防御规划，增强预警信息的针对性和及时性，建设广播、电视、手机、网络、农村大喇叭等覆盖农村的气象预警信息发布平台；进一步扩大水文监测点，增加水文站、水位站、雨量站、地下水测井，增加监测设备的数量，提高质量；加大在农村地区地震预警系统建设，在地震危险区域布设高密度的台网，第一时间通过智能手机、广播电视、微博、地震预警信息接收服务器等同步发布预警信息；加强对居民地震知识的宣传和地震逃生演习。

三是居民区、大型项目的建设要严格选址，避开活断层、滑坡体，尽量远离大江、大河、大湖。科学考证建设条件、审慎建设水电站；在房屋建材方面，加强技术创新，多研发减灾品质高的产品，引导居民采用；加强减灾公共设施及器材装备建设；完善病险水库、水毁工程、河堤工程、地震避险设施。

四是建立防灾救灾多部门协作机制。水文、气象、地质、电力、国土、农业、林业、交通、旅游、广播、卫生、民政、消防、公安、民兵、部队、非政府组织、社区等部门的会商与合作机制，实现自然灾害有关信息共享，做好自然灾害发生后的救灾联动协作工作，避免或最大限度降低二次灾害损失。

9.6 构建表层次资本培育体系，培育防止返贫与实现可持续生计的制动力

物质资本与金融资本作为家庭生活水平的直接体现和参与就业的媒介及报酬形式，在一定程度上是其他四类资本作用成果的显现甚至是最终目标，是确定家庭和个人经济状况的主要决定性因素；当前这两类资本有时候反过来也会作用于（促进或阻碍）其他四类资本的积累或功能的发挥。

9.6.1 提升物质资本水平，改善脱贫家庭生产生活条件

（1）完善土地制度

进一步完善西南农村地区土地流转制度，让不愿种地的脱贫家庭放心进入二、三产业务工，让愿意种地的家庭有机会经营更大规模土地，进一步提升政府在农地流转方面的服务能力，营造良好的农业营商环境，创新探索共享经济背景下的"共享田园"新模式，通过整合土地、农房、资产和生产资料、生活资料等全要素共享，引导城市资源、资本、人才、技术等向乡村流动聚集，推动实现创业共享、产品共享、生活共享和生态共享，从而解决好农村"谁种地、如何种好地的问题"；引导工商资本下乡参与农地流转，通过对闲置的或整理土地后的集体经营性建设用地挂牌出让，以社会资本下乡带动农村小范围区域整体发展；探索建立"村集体和社会资本共同对集体经营性建设用地进行整体利用"模式，采取作价入股的方式，有效减小村集体和社会资本在盘活土地过程中的所承担的风险，丰富农村集体土地盘活利用的政策路径；增加农业相关财政拨付、技术支持等用于发展培育本地区的农业龙头企业、家庭农场、种植大户、农业合作社等新型农业经营主体，鼓励其通过流转土地的方式推动适度规模经营；针对农户加强相关就业技能培训与种植技术培训，加大农地流转政策宣传力度；提高流转中介组织在脱贫地区的覆盖率；村集体可以在充分尊重征求村民意见的基础上，结合实际情况通过小范围土地微调，将愿意参与流转的农户所承包的土地集中起来进行统一流转；农户自身要主动学习先进的农业生产管理经验，提高农地利用效率；探索建立土地增值收益的内部分配比例，将土地净收益的一定比例用于集体成员现金分红，其余部分作为村集体公积金、公益金等，避免分光吃光，保障村民长远生计，促进集体经济可持续发展。

提升对耕地的保护力度，深入推进实施耕地省、市、县、乡、村的"五级田长制度"。建议在省级层面，由省委书记和省长担任总田长，省委专职副书记担任副总田长；设立省级田长，由其他省级领导按联系指导市（州）分片负责；市、县、乡三级设立田长、副田长，由相应领导担任；村级设田长，由村级党组织书记担任，村范围内设置网格员，由村级"两委"委员、村民小组组长、村级事务代办员等担任[①]。进一步深化林权制度改革，逐步健全林权确认、办证登记、行政审批、中介评估、转让交易、信息发布等管理服务体系；完善面向林农的小额贷款扶持制度，开办林权抵押贷款业务。发展"农户土地＋政府补助＋合作社兜底"PPP模式，采取"保底＋分红"方式，最大限度扩大土地给农户带来的收益。

探索多种形式落实"一户一宅"，推进宅基地确权颁证。按照"一户一宅"的原则，对农户自用的院坝、林盘、牧场、房屋占地据实进行颁证，建议以人均35平方米作为批准拨用宅基地，超过人均35平方米部分经集体经济组织讨论同意后作为其他集体建设用地一并颁证给农户，对农村散居院落人均确权颁证面积控制在一定范围。探索宅基地有偿使用。对初次分配的宅基地，实行规定面积内无偿取得。全面开展由于历史原因形成的超标准占用宅基地、"一户多宅"以及非本集体经济组织成员通过继承房屋或其他方式占用宅基地的清理工作。系统推进宅基地"三权分置"，搭建交易服务平台，完善不动产登记配套制度和流转交易服务体系，在农民集中聚居区开展宅基地和农房的转让出租和有偿腾退试点，引导集体经济组织成立资产管理公司、农业合作社，流转村民闲置农房和宅基地，发展乡村旅游、民宿康养、艺术文创等新产业新业态。进一步加大对西南农村脱贫地区用地计划指标支持，增加指标额度；大力支持脱贫地区开展历史遗留工矿废弃地复垦利用，在财税、金融等方面给予政策优惠。

（2）健全住房保障制度

提高对低收入家庭特别是潜在返贫家庭住房安全的保障程度，进一步提高补贴额度，建议成立村"两委"组成的安全住房保障队，定期开展农户安全住房大排查，对农户住房实行建档立卡，实行"一户一档"管理，针对摸排出的住房问题户，如老旧房、危房、门窗破旧、院坝非硬化等，逐户开展研究，结合农户需求，对照政策，因户施策，将住房保障问题户任务分解到乡镇振兴工作队员、村"两委"干部、问题户等人员，确保每个问题户都有专人跟踪落

---

① 2022年四川省开始全面推行此项制度。

实，实行责任到人，任务到人；开展工匠技能培训和施工督导，保证施工质量与进度；对重视不够、措施不实、落实不力的村级责任人进行诫勉谈话、公开通报等，责令其限期整改；充分考虑人口资源环境条件和经济社会发展、人居环境整治等要求，在县域、乡镇域范围内统筹考虑村庄发展布局、基础设施和公共服务设施用地布局，合理确定宅基地规模，划定宅基地建设范围，严格落实"一户一宅"，充分考虑当地建筑文化特色和居民生活习惯，因地制宜提出住宅的规划设计要求；加强各类建设的风貌规划和引导，保护好村庄的特色风貌，防止大拆大建，做到应保尽保；引导农户集中建房，新居建设只能在土地利用规划和村庄建设规划确定的新村聚居点，以保证耕地总量不减少、发展用地有保障；以村为实施主体，以企业参与为主要形式，宅基地复垦后产生的建设用地指标用于在建新区集中建房，结余部分预留用于村庄产业发展，及同一乡镇范围内调整使用。

(3) 加大政府补贴力度

提高西南农村脱贫地区尤其是低收入家庭农机具购置补贴比例，加大对乡村工作重点县新型农业经营主体购置大型农业机械设施补助比例；鼓励引导企业、事业单位、社会组织等向脱贫地区捐赠农牧业生产用具、农机化肥、种子、猪仔、牛仔、羊崽、鱼苗、鸡苗、鸭苗、林果苗等生产物资；加强对农户生产用具使用技能培训。开展新一轮"家电、家具、家装、汽车下乡"，对低收入家庭购买手机、彩电、冰箱、洗衣机、摩托车、电脑、热水器、空调、灶具、运输车辆等本报告的，给予补贴，有条件的地方要加大政策支持力度。有条件的地方可对产业链条长、带动系数大、节能减排协同效应明显的新型绿色、智能化家电产品销售给予消费者适当补贴；同时，可对消费者尤其是低收入家庭交售旧家电并购买新家电产品给予适当补贴，推动高质量新产品销售。

9.6.2 强化金融资本积累，提高脱贫家庭生产生活能力

(1) 做好社会福利与社会救助

提升西南农村地区脱贫家庭金融资本的基本原则是"完善政府扶持、家庭合理开支"，尤其是在疫情给农村地区经济发展和脱贫家庭就业带来更大不确定性的情况下。进一步完善脱贫地区尤其是乡村振兴工作重点县农村低保制度，全面落实社会救助兜底保障政策，制定救助供养政策；对有集中供养意愿生活不能自理的特困人员全部实行机构集中安置，针对分散特困供养人员开展委托照料护理工作。将小额临时救助审批权限下放乡镇，建立临时救助备用金制度，对返贫人口及时按规定给予临时救助，防止脱贫群众返贫。对兜底保障

对象和档外低保、特困对象存在医疗、住房、教育等困难的，及时与乡村振兴部门对接；全面落实对生活特困人员、孤弃儿童、事实无人抚养儿童等特殊群体救助福利政策，做到"应养尽养"，提高供养水平，改善供养条件；全面落实困难残疾人生活补贴和重度残疾人护理补贴政策，做到"应补尽补"；全面落实农村留守儿童、妇女和老年人关爱服务政策，做到"应帮尽帮"。加大对福利院的财政转移支付力度；把因缺少劳动力、无劳动能力、无生活来源和无法定抚养人的老年人、未成年人、残疾人、脱贫不稳定农户等纳入社会保障对象范围，做到"应保尽保"。

（2）完善基本养老与医疗保险

建议将脱贫不稳定群体纳入城乡居民养老保险代缴范围，地方人民政府为其代缴不低于最低标准养老保险费，并在提高最低缴费档次时，对其保留现行最低缴费档次，对 60 周岁及以上脱贫不稳定群体，未享受城乡居民养老保险待遇需要补缴养老保险费的，地方人民政府按政策规定为其补缴不低于最低标准养老保险费；有条件的地区，对建档立卡 60 周岁及以上低收入群体领取城乡居民养老保险待遇的，可以给予一次性补贴记入个人账户，按月计发，提高其养老保险待遇。进一步完善脱贫户和低收入家庭基本医疗保障体系，适度提高城乡居民基本医疗保险、大病医疗保险、困难群众大病补充医疗保险、贫困人口大病兜底医疗保险报销比例，只需缴纳城乡居民基本医疗保险的参保费用，即可享受上述四类保险待遇，降低医疗救助个人自负部分门槛，提高救助比例；建议将脱贫不稳定户全部纳入重特大疾病救助范围；加大脱贫不稳定群体中残疾人康复服务和医疗救助力度。扎实推进城乡居民基本医疗保险征缴工作，加大宣传力度，拓宽征缴渠道，让参保人员应保尽保，认真落实基本医保政策，适度扩大病种报销范围，确保医疗保险待遇应享尽享；坚持预防性措施和事后帮扶相结合，充分发挥商业保险的保障功能，拓宽保险覆盖面，发挥村集体经济作用，开展村内紧急互助或临时救助，构建防止返贫坚固防线。

（3）全面强化财税金融支持

孟加拉国经济学家穆罕默德·尤努斯（Muhammad Yunus）教授认为，缺乏资金是贫困的一个重要原因，如果建立一个向穷人提供信贷的体系，就可以让他们投资于能够创造收入的项目，进而改善自身的经济条件。因此，可以建立健全西南农村脱贫地区农村普惠金融体系，推动政策性金融、商业性金融、合作性金融与民间金融共同发展，引导四类金融主体做好扶贫分工。提高扶贫资金利用效率，量身定制、精准投放，扶贫部门要主动与财政、金融部门合作，提出详细扶贫需求清单，做好工作对接，共同推进扶贫财政转移支付和

9 西南农村地区贫困家庭防止返贫与实现可持续生计的对策分析

金融服务扶贫机制的创新与完善,提高扶贫成效。格莱珉银行向世界证实,银行业可以不借助抵押品、法律手段、团体担保或连带责任,而借款给穷人[①]。对那些诚实守信、勤劳的脱贫户,可以探索建立免担保、免抵押的小额信用贷款,可以像格莱珉银行那样,辅以社会资本为监督纽带,金融机构要求若干户有信贷需求的家庭组成一个小组,并选出组长,每户家庭的贷款合同均由借款人和小组长共同签署,组员不承担为其他有拖欠行为的组员偿付的连带责任,但须负责任地采取行动来敦促借款人按时还款,如果有组员欠款不还,整个小组要对此负责,未来可能不再能够获得贷款。打造信用贷款到村到户的服务渠道。加大专项扶贫资金和其他涉农整合资金、东西协作资金等支持产业扶贫力度,优先用于保障脱贫人口直接受益的产业发展资金需求;鼓励加大对带贫致富效果突出的龙头企业、农民合作社、创业致富带头人的信贷支持力度,对西南农村脱贫地区受疫情影响大的带贫新型经营主体,优先发放信贷资金。加大对低收入家庭、潜在返贫家庭及易地扶贫搬迁移民家庭稳定就业、创业、人身意外伤害保险补贴额度,按照稳定就业、创业时间长短来制定差异化补贴额度;对受疫情影响发生季度亏损的农民工新创办的市场主体给予一次性补贴;对上述三类家庭大学毕业生就业、创业、培训给予补贴。按时发放农田建设补助资金、水利发展资金、耕地地力保护补贴资金、退耕还林(草)补贴。

建议县级政府成立脱贫人口小额信贷工作领导小组,发展"预防返贫互助资金",落实专人负责制,确保有发展意愿、有脱贫项目、有资金需求、有还款来源且符合申请条件的脱贫户享受到小额信贷政策;建议由当地农商行成立专项小额贷款工作小组,逐户根据贷款申请户的实际情况进行评级授信,根据对贷款的要求急迫程度,排出先后顺序,严把贷款用途关,为符合贷款条件的脱贫户办理扶贫小额信贷相关手续;建议银行业金融机构适度放松低收入家庭和潜在返贫家庭创业项目的信贷条件,适当提高不良贷款容忍度;建议政府部门积极与金融机构进行协商,按照"应贷尽贷,按需放贷"原则,金融机构通过与群众"零距离"面谈,"面对面"核实,"实打实"面签,确保小额信贷发放对象精准、用途精准,建议设立专员跟踪贷款使用情况,保证贷款用到实处,最大化提升贷款使用效率,明确贷款禁止用于结婚、赌博、吸毒、建房、理财、购置家庭用品等非生产性支出,更不能集中用于政府融资平台、生产经营企业等;对不符合贷款条件的贷款申请人进行书面反馈,说明拒绝放贷具体原因,

---

① 北京大学贫困地区发展研究院. 中国贫困地区可持续发展战略:第三届可持续发展战略论坛论文集 [M]. 北京:经济科学出版社, 2017:181.

拒绝放贷资料同时反馈当地负责部门，存入脱贫户档案，实现台账精细化管理。

现实表明，家庭妇女往往对家庭生产与生活的规划性更强，看得更长远；心理学也研究发现，母亲对贫困的代际再生产发挥了源头性作用。一个深陷贫困的母亲会通过健康、环境和资源等因素影响下一代的健康水平、受教育程度和社会竞争力[1]，从而导致下一代继续陷入贫困。所以，救助贫困母亲是防止贫困代际传递的有效途径。因此，有必要针对农村家庭妇女开展小额信贷，农村地区绝大多数家庭户主为丈夫，而丈夫常年在外务工，大部分金融机构一般只给户主贷款，导致留守妇女很难获得信贷资金，因此，急需打破只有户主才能贷款的规则，切实解决作为户主的丈夫外出打工的家庭妇女申请贷款难的问题。利用宣传栏、广播、入户走访活动等形式，点对点、面对面向低收入农户宣传脱贫人口小额信贷目的意义、政策措施、对象用途、方法步骤等内容，让脱贫人口小额信贷工作家喻户晓，充分调动低收入农户申请脱贫人口小额信贷的积极性和主动性。及时发放扶贫小额信贷，因地制宜选择"风险小、投资少、见效快"的养殖、种植及农副产品简单加工等项目；适当延长受疫情影响还款困难脱贫户的还款期限。

加大普惠小微贷款对脱贫地区、乡村振兴重点帮扶县的支持力度，引导金融机构以脱贫家庭创办的小微企业及个体工商户等市场主体的房屋租金、水、电、气、纳税等信息为授信参考依据，开展金融支持纾困专项行动，提供低息资金支持。支持全国农担体系切实降低对乡村振兴工作重点县的担保费率。加快发展特色农产品保险，推动优势特色农产品保险奖补试点扩大品种覆盖面和加大保障力度。探索实施"普惠+特惠+数字+特色"的金融防止返贫模式，便捷金融信贷服务，实现金融信贷进村入户，"一站式"办理，完善"两权"抵押贷款模式。在确保金融安全的情况下，继续放宽对脱贫地区金融网点准入标准，建立绿色通道，缩短审批时间；继续大力扶持脱贫地区村镇银行发展。在安全可控的条件下，积极鼓励、支持互联网金融在脱贫地区的发展，积极引导城镇资金向脱贫地区流动，支持民间金融资本积极参与脱贫地区农户消费信贷、生产信贷、理财和众筹等业务。

给予西南农村脱贫地区域内企业上市便利，尤其是针对涉农企业，开设绿色通道，尽可能缩短 IPO 申请期限；扩大期货交易特色农产品的种类，大力扶持脱贫地区特色农产品生产经营企业做大做强。探索产业扶贫的 PPP 模式，鼓励私募、众筹、慈善等社会资本参与产业扶贫。农村地区省级地方政府要加

---

[1] 吴碧英. 减贫行动前移救助贫困母亲[J]. 中国经济问题，2010（2）：17-21，44.

速专项债券发行使用,鉴于疫情给经济发展带来的压力,可考虑针对脱贫地区尤其是乡村振兴重点帮扶县发行防止返贫的专项债券。

针对脱贫地区、乡村振兴重点帮扶县加大政府性融资担保支持力度,重点对涉农龙头企业、脱贫家庭创办的小微企业、个体工商户提供融资担保支持。对于脱贫地区的中小微企业、脱贫家庭创办的中小微企业、个体工商户等,建议金融机构对其贷款实施延期还本付息;对因疫情住院治疗或隔离、受疫情影响隔离观察或失去收入来源的脱贫人群,建议金融机构在参考个人征信的前提下,对其消费、住房等贷款采用更加灵活的还贷方式。政府性融资担保要向脱贫地区与脱贫家庭倾斜,扩大融资担保业务规模、提高放大倍数。

在疫情导致经济发展形势更为严峻、不明的情形下,应该加大保险扶贫力度,根据脱贫地区经济发展实际情况,探索发展特色产品保险、劳务输出保险、农产品价格保险、养殖保险等。

(4) 提升脱贫家庭金融知识水平

在贫困家庭层面,提升自身金融知识水平对于指导家庭经济行为十分重要。鼓励居民内部建立金融学习互助小组,互助小组可以现场讨论、案例讲解、集体上课、实践考察等方式促进对金融知识的了解与学习;继续推进农家书屋建设,建议构建科研机构、高等院校、金融类企业与机构支持农家书屋建设机制,大幅扩充现有书屋藏书数量与种类,扩大财经、金融类期刊、书籍的比重,定期发放纸质金融知识宣传资料;及时采用线上知识传播与线下主题培训相结合、理论学习与案例情景教学相结合、综合培训与专题培训相结合、入门培训与提高培训相结合、学习与考评相结合等方式和手段,充分利用互联网、信息化实训平台等载体,针对居民大规模开展开放式在线金融知识培训;将大学生假期社会实践与金融知识宣传结合起来,鼓励相关专业大学生利用社会实践在村或社区进行金融知识普及活动;完善有线电视、网络信息等信息基础设施建设,最大限度降低有线电视、网络等收费标准,增加财经类、金融知识类电视节目、广播频道,适度延长播出时间与播放频率;加快建设财经、金融知识类公益性网页网站,为居民获取金融知识提供方便。

(5) 合理安排家庭生产生活开支

贫困家庭应合理安排开支,适度提高储蓄比例,尤其是在疫情不稳定、经济形势不明朗的情况下,一定要根据家庭金融资本水平,结合预期收入情况,合理安排开支;西南财经大学中国家庭金融调查与研究中心与蚂蚁金服集团研究院联合发布的《中国家庭财富指数调研报告(2020年第1季度)》显示,疫情激发了更多家庭对于保障类产品的关注与配置意愿,尤其是重疾、意外、医

疗保险等险种；家庭对线上投资方式的接受度逐渐提高[①]。因此，建议金融机构探索供给围绕家庭资产配置和风险管理为核心的综合理财服务，发展线上化理财和投顾服务，帮助脱贫家庭更好地进行风险管理和理财规划。同时，地方政府、村两委要积极引导家庭尽量减少在办理红白喜事方面的支出；在当前经济形势不佳的情况下，建议脱贫家庭适当延长本报告的使用期限；建议信教居民捐赠要量力而行，适当即可。

9.7 小　结

本部分内容主要探讨了西南农村地区脱贫家庭防止返贫与实现可持续生计的对策。研究认为，可以从做好顶层设计、筑牢返贫监测、打造特色产业、构建深层次资本培育体系、潜层次资本培育体系和表层次资本培育体系六个层面展开。具体而言，第一，在顶层设计方面，一是继续完善党政在防止返贫工作中的领导机制，二是健全多方协作防止返贫机制，三是完善重大突发事件应急管理机制。第二，不断完善返贫监测与预防机制。一是构建返贫监测指标体系，二是做好返贫监测工作，三是筑牢防止返贫机制，四是强化对信息技术的运用。第三，在打造特色产业方面，一是要努力塑造特色产业品牌效应，二是发展特色乡村旅游产业，三是打造特色手工艺产业，四是用好消费防止返贫模式，五是增强新型经营主体带富能力。第四，在构建深层次资本培育体系上，一是大力提升人力资本水平：全面改善教育质量、把技能培训工作做实做好、全面改善医疗卫生条件。二是不断提升文化资本功能：优化贫困家庭的思想理念、培育脱贫家庭的市场经济意识。第五，构建潜层次资本培育体系。一是重视社会资本的作用：营造和谐邻里关系、构建社区共建共治机制、完善社会工作服务项目、探索实施网格化管理机制、落实村规民约的引导功能。二是着力改善自然资本质量：提升交通设施水平、完善易地搬迁机制、建设特色小城镇、做好生态环境保护。第六，构建表层次资本培育体系。一是大力提升物质资本水平：完善土地流转制度、健全住房保障制度、加大政府对生产性工具、耐用消费品购买的补贴力度。二是强化金融资本积累：做好社会福利与社会救助、完善基本养老与医疗保险、全面强化财税金融支持、提升脱贫家庭金融知识水平、合理安排家庭生产生活开支。

---

① 数据来源：疫情下中国家庭消费预期：会"报复性"储蓄而非消费[EB/OL]. 2020－4－22 [2023－6－6]. https://tech.sina.com.cn/roll/2020－04－22/doc－iircuyvh9164246.shtml.

10　结论与展望

10.1　研究结论

本书鉴于文化资本对个体及家庭经济行为的影响，将文化资本融入可持续生计框架，探讨了文化资本、人力资本、社会资本、自然资本、物质资本与金融资本六类生计资本在可持续生计框架中的功能作用，探索性将其分为三个层次：分别是由人力资本、文化资本构成的深层次的基础资本，社会资本、自然资本构成的潜层次的支撑资本，物质资本、金融资本构成的表层次的复合资本。

本书就西南农村地区的四川省、重庆市、广西壮族自治区、云南省的脱贫家庭的致贫原因、急需的帮扶项目、人力资本、文化资本、社会资本、自然资本、物质资本与金融资本六类生计资本的禀赋现状进行了分析，认为四川省应重点就改善脱贫家庭劳动力、健康状况及生活补助状况。重庆市与广西壮族自治区应采取有效措施降低脱贫家庭的教育支出，改善健康状况，加强对脱贫家庭的技能培训。云南省应该采取有效措施降低脱贫家庭的教育支出，改善其生活补助状况，加强对其技能培训和产业发展的支持。在各项生计资本中，农村地区脱贫家庭最需要、最急需改善的是人力资本。

本书构建了西南农村地区脱贫家庭的生计资本指标体系，并测算了生计资本水平指数（可持续生计能力指数），据此提出了返贫风险指数体系。分析发现，生计资本水平对收入渠道的稳定性和生计策略的选择具有重要影响；家庭在权衡资本禀赋水平基础上，总是会基于更有比较优势的资本禀赋进行生计策略选择；生计资本水平越高，家庭未来返贫的可能性越低。

在精准扶贫政策效果层面，研究发现，西南农村地区脱贫家庭的收入水平得到显著提升，教育、医疗与居住环境得到显著改善，脱贫群众对国家的扶贫政策满意度较高；每个省市（自治区）由于自身经济基础、社会发展水平、历史、文化传统等原因，扶贫政策的效果又存在一定差异；在未来返贫风险评估

上，广西壮族自治区脱贫家庭认为自身返贫的风险最高，然后依次为云南省和四川省，重庆市脱贫家庭认为自身返贫风险最低。为进一步探讨扶贫政策的效果，我们利用倾向得分匹配法分析了就业技能培训对脱贫家庭收入的影响。研究发现，与未参加政府组织的技能培训的脱贫家庭相比，参加过政府组织的技能培训的脱贫家庭收入水平确实得到提升，同时，以土地规模、矿产资源等为代表的自然资本，以吃苦耐劳、对新事物接受速度为代表的文化资本，以劳动力状况、教育年限、健康情况等为代表的人力资本，以人际关系处理能力等为代表的社会资本均显著作用于脱贫家庭收入；不同种类的培训对家庭收入的影响效应存在差异，餐饮与维修培训对收入的效应最大、手工艺培训次之、种植养殖培训收入效应最小。

基于基层组织防止返贫工作的调研发现，调研县建立了返贫监测对象的识别与申报机制，帮扶政策能够宣传到户，并针对监测户制定了帮扶措施，发展特色产业与公益性岗位，构建了就业培训机制。然而，也存在缺乏专业人才、信息化手段运用较少和社会组织参与度较低的问题。

针对西南农村地区脱贫家庭防止返贫与实现可持续生计的对策，本书基于拓展后的可持续生计框架及脱贫家庭生计资本现状，认为可以从做好顶层设计，筑牢返贫监测，打造特色产业，构建深层次资本培育体系、潜层次资本培育体系和表层次资本培育体系。

10.2 研究展望

总体来看，研究农村地区贫困问题的既有文献比较丰富，也不乏有的学者、专家基于可持续生计视角已经或正在进行研究。尽管全面绝对贫困已经消除，但西南农村地区由于自身基础比较薄弱，防止规模性返贫的任务十分艰巨，巩固脱贫攻坚成果与推进乡村振兴有效衔接的工作十分庞杂，迈向共同富裕的步伐需要适当提速。因此，有必要对脱贫不稳定家庭的生计资本水平和可持续生计能力进行研究，基于动态、系统、权变的视角，科学分析影响脱贫不稳定家庭生计资本获取及发挥的因素，将更多因素纳入可持续生计框架，构建可持续生计复杂分析系统，在相对贫困治理时期和实现共同富裕的征程中，继续深入研究家庭的可持续生计能力问题。

参考文献

[1] 赵曦. 中国西部农村反贫困模式研究 [M]. 北京：商务印书馆，2009.

[2] 程冠军. 精准脱贫中国方案 [M]. 北京：中央编译出版社，2017.

[3] 郑瑞强，曹国庆. 脱贫人口返贫：影响因素、作用机制与风险控制 [J]. 农林经济管理学报，2016（6）：619－624.

[4] 柏振忠，李亮. 连片特困山区可持续生计问题与协同发展机制研究 [M]. 北京：科学出版社，2014.

[5] 李小云，董强，饶小龙，等. 农户脆弱性分析方法及其本土化应用 [J]. 中国农村经济，2007（4）：32－39.

[6] 孙晗霖，王倩茹，刘新智. 教育对欠发达地区脱贫群体生计可持续的影响研究——基于货币效应与非货币效应的分析 [J]. 西南大学学报（社会科学版），2021（6）：51－63.

[7] 杨菊华. 贫困概念"元内核"的演进逻辑、认识误区与未来反思 [J]. 江苏行政学院学报，2021（3）：64－74.

[8] 杨国涛，周慧洁，李芸霞. 贫困概念的内涵、演进与发展述评 [J]. 宁夏大学学报（人文社会科学版），2012（6）：139－143.

[9] 朱明熙，郭佩霞. 农村地区农村脆弱性贫困与反贫困研究：基于云贵川民族地区农村的田野调查 [M]. 北京：中国财政经济出版社，2018.

[10] CHAMBERS R，CONWAY G R. Sustainable rural livelihoods：Practical concepts for the 21st century [R]. Institute Development Studies，1992.

[11] SCOONES I. Sustainable Rural Livelihoods：AFrameworkfor Analysis [R]. IDS，Working Paper，1998，No，72.

[12] ELLIS F. Rural Livelihoods and Diversity in DevelopmentCounuries [M]. NewYork：Oxford University Press，2000.

[13] 赵靖伟. 农户生计安全评价指标体系的构建 [J]. 社会科学家，2011（5）：102－105.

[14] 伍艳. 贫困地区农户生计脆弱性的测度——基于秦巴山片区的实证分析 [J] 西南民族大学学报（人文社科版），2015（5）：128－133.

[15] 苏芳，蒲欣冬，徐中民，等. 生计资本与生计策略关系研究—以张掖市甘州区为例

[J]. 中国人口：资源与环境，2009（6）：123－129.

[16] 赵锋. 可持续生计分析框架的理论比较与研究述评 [J]. 兰州财经大学学报，2015（5）：86－93.

[17] 武桂馥. 诺克斯贫穷恶性循环理论述评 [J]. 世界经济，1985（6）：69－74.

[18] 张培刚. 发展经济学 [M]. 北京：北京大学出版社，2009.

[19] 马新文. 阿玛蒂亚·森的权利贫困理论与方法述评 [J]. 国外社会科学，2008（2）：69－74.

[20] 阿马蒂亚·森. 贫困与饥荒—论权利与剥夺 [M]. 北京：商务印书馆，2001.

[21] 丁建军. 多维贫困的理论基础、测度方法及实践进展 [J]. 西部论坛，2014（1）：61－70.

[22] 阿马蒂亚·森. 以自由看待发展 [M]. 北京：中国人民大学出版社，2002.

[23] Alkires, Foster. Counting and muhidimensional poverty measurement [J]. Journal of Public Economics，2011（7）：476－487.

[24] 奥斯卡·刘易斯. 桑切斯的孩子们：一个墨西哥家庭的自传 [M]. 李雪顺，译. 上海：上海译文出版社，2014.

[25] 蔡生菊. 基于贫困代际传递理论的贫困困境及反贫困策略 [J]. 天水行政学院学报：哲学社会科学版，2015（5）：67－71.

[26] 方清云. 贫困文化理论对文化扶贫的启示及对策建议 [J]. 广西壮族自治区民族研究，2012（4）：158－162.

[27] 陈全功，程蹊. 空间贫困及其政策含义 [J]. 贵州社会科学，2010（8）：87－92.

[28] 张旭. 基于空间贫困理论的铜川市印台区贫困村村庄规划策略研究 [D]. 西安：长安大学，2020.

[29] 王成新，王格芳. 我国农村新的致贫因素与根治对策 [J]. 农业现代化研究，2003（5）：326－330.

[30] 钟超. 产生我国农村贫困的因素分析 [J]. 前沿，2005（4）：104－108.

[31] 朱晓阳. 进入贫困生涯的转折点与反贫困干预 [J]. 广东社会科学，2005（4）：178－184.

[32] 徐月宾，刘凤芹，张秀兰. 中国农村贫困与农村社会保障制度的重建 [J]. Social Sciences in China，2007（4）：53－63.

[33] 林红叶，李龙华. 云南省边境地区贫困问题及其对策研究 [J]. 全国商情（经济理论研究），2008（9）：22－23.

[34] 崔治文，徐芳，李昊源. 农户多维贫困及致贫机理研究——以甘肃省840份农户为例 [J]. 中国农业资源与区划，2015（3）：91－97.

[35] 马绍东，万仁泽. 多维贫困视角下民族地区返贫成因及对策研究 [J]. 贵州民族研究，2018（11）：45－50.

[36] 潘文轩. 贫困地区返贫与新增贫困的现状、成因及对策——基于扶贫对象动态管理数

据的统计分析 [J]. 云南省民族大学学报（哲学社会科学版），2020，37（6）：72-81.

[37] 章文光，宫钰，吴义熔. 基于致贫原因的帮扶措施精准性评估分析 [J]. 公共管理与政策评论，2021（4）：25-35.

[38] 郑志龙. 社会资本与政府反贫困治理策略 [J]. 中国人民大学学报，2007（6）：58-65.

[39] 周晔馨，叶静怡. 社会资本在减轻农村贫困中的作用：文献述评与研究展望 [J]. 南方经济，2014（7）：35-57.

[40] 谢沁怡. 人力资本与社会资本：谁更能缓解贫困？[J]. 上海经济研究，2017（5）：51-60.

[41] 陈南岳. 我国农村生态贫困研究 [J]. 中国人口·资源与环境，2003（4）：42-45.

[42] 陈小伍，王绪朗. 农村贫困问题的制度性分析 [J]. 乡镇经济，2007（6）：23-27.

[43] 胡联，孙永生，王娜，等. 贫困的形成机理：一个分析框架的探讨 [J]. 经济问题探索，2012（2）：1-5.

[44] 俞茹. 少数民族文化致贫与贫困文化后果研究 [J]. 云南省民族大学学报：哲学社会科学版，2019（3）：101-106.

[45] 万翀昊，司汉武. 农村文化致贫的 Logistic 模型分析——基于 CGSS 2010 数据库 [J]. 四川省农业大学学报，2015（4）：464-470.

[46] 刘成良. 因婚致贫：理解农村贫困的一个视角 [J]. 南京农业大学学报：社会科学版，2018（3）：37-45.

[47] 赵茂林. 中国西部地区农村贫困与教育反贫困战略的选择 [J]. 甘肃社会科学，2005（1）：138-141，126.

[48] 董春宇，栾敬东，谢彪. 对返贫现象的一个分析 [J]. 经济问题探索，2008（3）：176-178.

[49] 陈全功，李忠斌. 少数民族地区农户持续性贫困探究 [J]. 中国农村观察，2009（5）：39-48，55.

[50] 庄天慧，张海霞，傅新红. 少数民族地区村级发展环境对贫困人口返贫的影响分析——基于四川省、贵州、重庆市少数民族地区 67 个村的调查 [J]. 农业技术经济，2011（2）：41-49.

[51] 任春丽，王余丁，赵邦宏. 农村贫困状况调查分析——基于河北省调查问卷的分析 [J]. 经济论坛，2011（4）：68-73.

[52] 郭熙保，周强. 长期多维贫困，不平等与致贫因素 [J]. 2016（6）：143-156.

[53] 漆敏. 我国农村返贫问题根源剖析与对策研究 [D]. 重庆：重庆大学，2012.

[54] 陈烨烽，王艳慧，赵文吉. 中国贫困村致贫因素分析及贫困类型划分 [J]. 地理学报，2017（10）：1827-1844.

[55] 杨龙，李萌. 贫困地区农户的致贫原因与机理——兼论中国的精准扶贫政策 [J]. 华

南师范大学学报（社会科学版），2017（4）：33-41.

[56] 侯亚景，周云波. 收入贫困与多维贫困视角下中国农村家庭致贫机理研究[J]. 当代经济科学，2017（2）：116-124.

[57] 曾勇，徐长乐. 基于灰色关联的贵州连片特困地区贫困影响因素分析[J]. 世界地理研究，2017（1）：158-167.

[58] 苏静. 空间关联视角下连片特困地区农民收入增长的影响因素分析—基于武陵山区66个县域数据和空间杜宾模型的实证[J]. 财经理论与实践，2017，38（6）：125-130.

[59] 贾林瑞，刘彦随，刘继来，等. 中国集中连片特困地区贫困户致贫原因诊断及其帮扶需求分析[J]. 人文地理，2018，33（1）：85-93，151.

[60] 钱力，李剑芳，倪修凤. 连片特困地区精准扶贫面临的问题及路径优化[J]. 区域经济评论，2018（4）：107-113.

[61] 李俊清，向娟. 民族地区贫困成因及其治理[J]. 中国行政管理，2018（10）：57-61.

[62] 胡伦，陆迁. 生计能力对农户持续性贫困门槛值的影响[J]. 华中农业大学学报（社会科学版），2019（5）：78-87.

[63] 渠立权，骆华松. 云南省怒江州易地搬迁人口的致贫因素与后续脱贫路径研究[J]. 中国农业资源与区划，2022（2）：81-89.

[64] 庄天慧，杨宇. 民族地区扶贫资金投入对反贫困的影响评价—以四川省民族国家扶贫重点县为例[J]. 西南民族大学学报，2010（8）：32-41.

[65] 邓永超. 乡村振兴下精准扶贫中防止返贫的优化机制[J]. 湖南财政经济学院学报，2018（4）：49-56.

[66] 张国安. 贵州少数民族地区返贫现象的调查与思考—以德江县松溪村，滚平村为例[J]. 贵州民族研究，2000（4）：42-46.

[67] 焦国栋. 农村反贫困须克服六大偏差[J]. 中共中央党校学报，2005（4）：50-54.

[68] 林毅夫. 解决农村贫困问题需要有新的战略思路——评世界银行新的惠及贫困人口的农村发展战略[J]. 北京大学学报：哲学社会科学版，2002（5）：5-8.

[69] 赵慧珠，陈景云. 建立农村最低生活保障制度的意义[J]. 理论前沿，2008（18）：45-46.

[70] 朱路平，葛孚桥. 关于广东构建农村扶贫开发长效机制问题研究[J]. 南方农村，2013（12）：66-72.

[71] 陈文胜. 脱贫攻坚的战略机遇与长效机制[J]. 求索，2017（6）：90-95.

[72] 蔡志海. 汶川地震灾区贫困村农户生计资本分析[J]. 中国农村经济，2010（12）：55-67.

[73] 赵雪雁，李巍，等. 生计资本对甘南高原农牧民生计活动的影响[J]. 中国人口·资源与环境，2011（4）：111-117.

[74] 蒙吉军，艾木入拉，刘洋，等. 农牧户可持续生计资产与生计策略的关系研究——以鄂尔多斯市乌审旗为例 [J]. 北京大学学报：自然科学版，2013（2）：321-328.

[75] 史月兰，唐卞，俞洋. 基于生计资本路径的贫困地区生计策略研究—广西壮族自治区凤山县四个可持续生计项目村的调查 [J]. 改革与战略，2014（4）：83-87.

[76] 李昭楠，刘七军. 民族生态脆弱区慢性贫困问题实证研究——基于农户的视角 [J]. 北方民族大学学报（哲学社会科学版），2015（4）：102-106.

[77] 姚云云，邱心凯，曹隽. 资本的培育：我国农村社区多维贫困治理路径 [J]. 江汉学术，2015（4）：39-48.

[78] 吴定伟. 广西壮族自治区石漠化地区贫困农户可持续生计状况探析 [J]. 经济研究参考，2016（70）：68-72.

[79] 王磊. 贫困农户生计风险管理策略研究——基于可持续生计分析框架 [J]. 贵阳学院学报（社会科学版），2017（5）：43-46，51.

[80] 乌云花，苏日娜，许黎莉，等. 牧民生计资本与生计策略关系研究——以内蒙古锡林浩特市和西乌珠穆沁旗为例 [J]. 农业技术经济，2017（7）：71-77.

[81] 何仁伟，李光勤，刘邵权，等. 可持续生计视角下中国农村贫困治理研究综述 [J]. 中国人口·资源与环境，2017（11）：69-85.

[82] 孙晗霖，刘新智，张鹏瑶. 贫困地区精准脱贫户生计可持续及其动态风险研究 [J]. 中国人口·资源与环境，2019（2）：145-155.

[83] 张耀文，郭晓鸣. 中国反贫困成效可持续性的隐忧与长效机制构建—基于可持续生计框架的考察 [J]. 湖南农业大学学报（社会科学版），2019（1）：62-69.

[84] 郑宝华，宋媛. 未来农村扶贫需以提升可行发展能力为方向 [J]. 云南省社会科学，2020（3）：65-74.

[85] 和月月. 生计资本对云南省脱贫农户可持续生计能力影响机理研究 [D]. 昆明：昆明理工大学，2021.

[86] 吴雄周，金惠双. 生计资本视角下农户生计策略变动及影响因素研究—基于CFPS四期追踪数据 [J]. 农业现代化研究，2021（5）：941-952.

[87] 丁军，陈标平. 新中国农村反贫困的制度变迁与前景展望 [J]. 农业经济问题，2010（2）：52-57.

[88] 樊胜根. 公共支出，经济增长和贫困：来自发展中国家的启示 [M]. 北京：科学出版社，2009.

[89] 胡新良. 农业产业化扶贫机制的反思与完善—来自湖南省怀化市的调查 [J]. 老区建设，2015（2）：22-25.

[90] 郭佩霞，邓晓丽. 中国贫困治理历程、特征与路径创新—基于制度变迁视角 [J]. 贵州社会科学，2014（3）：108-113.

[91] 翟彬，梁流涛. 基于可持续生计的农村反贫困研究——以甘肃省天水贫困地区为例 [J]. 农村经济，2015（5）：55-60.

[92] 荣莉. 西南连片特困区的农村扶贫模式创新与思考 [J]. 中国农业资源与区划, 2015, 36 (5)：110—114.

[93] 万君, 张琦. 区域发展视角下我国连片特困地区精准扶贫及脱贫的思考 [J]. 中国农业大学学报 (社会科学版), 2016 (5)：36—45.

[94] 康江江, 宁越敏, 魏也华, 等. 中国集中连片特困地区农民收入的时空演变及影响因素 [J]. 中国人口·资源与环境, 2017 (11)：86—94.

[95] 王美英. 凉山连片特困地区精准扶贫实践困境与破解对策——基于凉山布拖县的调查分析 [J]. 贵州民族研究, 2017 (5)：51—56.

[96] 孔令英, 郑涛, 刘追, 等. 集中连片民族特困地区精准扶贫项目实践困境与原因阐释——基于南疆地区 S 县 W 村的项目案例 [J]. 农业经济问题, 2017 (10)：35—43.

[97] 王永厅, 等. 西南喀斯特地区贫困成因及对策分析——以贵州为例 [J]. 贵州师范大学学报：社会科学版, 2018 (2)：93—98.

[98] 谢申祥, 刘生龙, 李强. 基础设施的可获得性与农村减贫——来自中国微观数据的经验分析 [J]. 中国农村经济, 2018 (5)：112—131.

[99] 刘成奎, 任飞容, 王宙翔. 公共产品供给真的能减少中国农村瞬时贫困吗？[J]. 中国人口·资源与环境, 2018 (1)：102—112.

[100] 左停, 李卓, 赵梦媛. 少数民族地区贫困人口减贫与发展的内生动力研究——基于文化视角的分析 [J]. 贵州财经大学学报, 2019 (6)：85—91.

[101] 傅安国, 张再生, 郑剑虹, 等. 脱贫内生动力机制的质性探究 [J]. 心理学报, 2020, 52 (1)：66—80.

[102] DFID. Sustainable Livelihoods Guidance Sheets. London：DFID, 2001. www.Livelihoods.org.

[103] 宁泽逵. 农户可持续生计资本与精准扶贫 [J]. 华南农业大学学报 (社会科学版), 2017 (1)：86—94.

[104] 要云.《资本论》中资本概念的哲学研究 [D]. 保定：河北大学, 2017.

[105] 托马斯·皮凯蒂著, 巴曙松等译. 21 世纪资本论 [M]. 北京：中信出版社, 2014.

[106] 汪丁丁. 资本概念的三个基本维度——及资本人格的个性化演变路径 [J]. 哲学研究, 2006 (10)：23—27.

[107] 王明杰, 郑一山. 西方人力资本理论研究综述 [J]. 中国行政管理, 2006 (8)：92—95.

[108] 余长林. 人力资本投资结构与经济增长——基于包含教育资本、健康资本的内生增长模型理论研究 [J]. 财经研究, 2006 (10)：103—113.

[109] 朱伟珏. 文化资本与人力资本——布迪厄文化资本理论的经济学意义 [J]. 天津社会科学, 2007 (3)：84—89.

[110] 罗淳. 舒尔茨的人力资本理论及其启示 [J]. 南方人口, 1999 (4)：43—48.

[111] 段钢. 人力资本理论研究综述 [J]. 中国人才, 2003 (5)：26-29.

[112] 汪红梅. 社会资本与中国农村经济发展 [M]. 北京：人民出版社, 2018.

[113] 常青. 社会资本概念论析 [J]. 陕西师范大学学报：哲学社会科学版, 2001 (S2)：52-55.

[114] 刘林. 社会资本的概念追溯 [J]. 重庆市工商大学社会科学版, 2013 (4)：22-38.

[115] 谢治菊, 谭洪波. 农村社会资本存量：概念、测量与计算 [J]. 贵州财经学院学报, 2011 (5)：87-93.

[116] 詹姆斯·S. 科尔曼. 社会理论的基础 [M]. 北京：社会科学文献出版社, 1999.

[117] 杨月如. 试论福山的社会资本概念 [J]. 重庆市社会科学, 2006 (1)：14-17.

[118] PUTNAM R D. Bowling Alone：America's Declining Social Capital [J]. Journal of Democracy, 1995 (1)：65-78.

[119] 林南. 社会资本：关于社会结构与行动的理论 [M]. 上海：上海人民出版社, 2005.

[120] 边燕杰, 丘海雄. 企业的社会资本及其功效 [J]. 中国社会科学, 2000 (2)：87-99+207.

[121] PEARCE D. Economics, equity and sustainable development [J]. Futures, 1988 (6)：598-605.

[122] PEARCE D. Turner K. Economics of natural resources and the environment [M]. Baltimore：Johns Hopkins University Press, 1990.

[123] DALY H E. Beyond growth the economics of sustainable development [M]. Boston：Beacon Press, 1996.

[124] 仇睿, 姚俭建. 自然资本简论 [J]. 岭南学刊, 2002 (2)：51-54.

[125] 胡鞍钢, 王亚华. 中国国情分析框架：五大资本及动态变化（1980-2003）[J]. 管理世界, 2005 (11)：12-19+179.

[126] 张白玲. 关于自然资本要素的理论与实务研究 [C]. 中国会计学会高等工科院校分会 2006 年学术年会暨第十三届年会论文集. 2006：11-19.

[127] 王美红, 孙根年, 康国栋. 我国自然资本、人力资本与经济资本的空间错位及组合分析 [J]. 软科学, 2008, 22 (8)：1-5, 10.

[128] 刘高慧, 胡理乐, 等. 自然资本的内涵及其核算研究 [J]. 生态经济, 2018 (4)：153-158.

[129] 孙敬水, 于思源. 物质资本、人力资本、政治资本与农村居民收入不平等—基于全国 31 个省份 2852 份农户问卷调查的数据分析 [J]. 中南财经政法大学学报, 2014 (5)：141-149.

[130] 希法亭. 金融资本 [M]. 北京：华夏出版社, 2010.

[131] 朱伟珏. 文化资本与人力资本—布迪厄文化资本理论的经济学意义 [J]. 天津社会科学, 2007 (3)：84-89.

[132] 费孝通. 中国文化的重建 [M]. 上海：华东师范大学出版社，2013.

[133] 亨廷顿，哈里森. 文化的重要作用：价值观如何影响人类进步 [M]. 北京：新华出版社，2010.

[134] 布尔迪厄. 文化资本与社会炼金术 [M]. 上海：上海人民出版社，1997.

[135] 张凤林. 人力资本理论及其应用研究 [M]. 北京：商务印书馆，2006.

[136] 孙晗霖，王志章，刘新智，等. 生计策略对精准脱贫户可持续生计的影响有多大？——基于2660个脱贫家庭的数据分析 [J]. 中国软科学，2020（2）：59-72.

[137] 高梦滔，姚洋. 农户收入差距的微观基础：物质资本还是人力资本？[J]. 复印报刊资料：农业经济导刊，2007（5）：3-12.

[138] 蒂马奥尼·M.，王绍兵，刘丽. 以资产为基础的扶贫策略 [C]. 济南："资产积累与社会发展"国际学术研讨会论文集. 2004：18-25.

[139] 舒尔茨. 教育的经济价值 [M]. 长春：吉林人民出版社，1983.

[140] 舒尔茨. 论人力资本投资 [M]. 北京：北京经济学院出版社，1990.

[141] W 舒尔茨. 改造传统农业 [M]. 北京：商务印书馆，2006.

[142] 李迁. 马克思是对的：《资本论》第一卷导读 [M]. 南京：江苏人民出版社，2009.

[143] 马歇尔. 经济学原理（上）[M]. 北京：商务印书馆，1963.

[144] 杨立雄. 低收入家户人力资本的反贫困效应—基于2015年CLIFSS数据的实证研究 [J]. 黑龙江社会科学，2016（3）：87-98.

[145] 金晓彤，杨潇. 差异化就业的新生代农民工收入影响因素分析—基于全国31省（市）4268个样本的实证研究 [J]. 青年研究，2015（3）：20-29.

[146] 余少祥. 人力资本在反贫困中的效用：理论模型与实证分析 [J]. 中国政法大学学报，2020（2）：5-17.

[147] 徐淑红，朱显平. 人力资本视阈下的反贫困问题研究 [J]. 社会科学战线，2016（7）：271-274.

[148] 杜明义. 人力资本投资与民族地区反贫困途径选择—以四川省藏区为例 [J]. 吉林工商学院学报，2013（3）：13-17.

[149] 马林诺夫斯基著，费孝通译. 文化论 [M]. 北京：中国民间文艺出版社，1987.

[150] 徐望. 文化资本理论探源与国内外研究综述 [J]. 重庆市文理学院学报：社会科学版，2019（1）：106-116.

[151] 杨月如. 试论福山的社会资本概念 [J]. 重庆市社会科学，2006（1）：14-17.

[152] J. S. COLEMAN. Social Capital in the Creation of Human Capital [J]. American Journal of Sociology, 1988 (94): 95-120.

[153] PUTNAM RD. The Prosperous Community: Social Capital and Economic Growth [J]. The American Prospect 1993 (1): 35-42.

[154] GROOTAERT C. Social Capital, Household Welfare and Poverty in Burkina Faso [J]. Policy Research Working Paper, 2010 (1): 4-38.

[155] 王肖婧. 人力资本、社会资本对农户贫困的影响及作用机制研究 [D]. 西安：西北大学，2019.

[156] 关爱萍，李静宜. 人力资本、社会资本与农户贫困——基于甘肃省贫困村的实证分析 [J]. 教育与经济，2017（1）：66-74.

[157] 谭崇台. 开发人力资本 构建社会资本——解决农民贫困、农村落后问题的必由之路 [J]. 宏观经济研究，2004（11）：24-28.

[158] 童宏保. 从人力资本到社会资本：教育经济学研究的新视角 [J]. 教育与经济，2003（4）：23-27.

[159] 周晔馨. 社会资本在农户收入中的作用—基于中国家统计调查的证据 [J]. 经济评论，2013（4）：47-57.

[160] 侯祖戎，张鹏程，梅哲. 新农村建设中社会资本与人力资本的互动性影响 [J]. 广西壮族自治区社会科学，2010（4）：121-124.

[161] 张大维. 自然灾害对集中连片特殊困难社区贫困的影响研究——以武陵山区为例 [C]. 灾害风险管理与减贫的理论及实践国际研讨会. 北京：中国国际扶贫中心，2011.

[162] 程冠军主编. 精准脱贫中国方案 [M]. 北京：中央编译出版社，2017.

[163] Bjoern Gustafsson，魏众. 为什么中国农村人口贫富不同？[J]. 世界经济文汇，2002（3）：3-13.

[164] 萨克斯. 贫穷的终结：我们时代的经济可能 [M]. 上海：上海人民出版社，2007.

[165] WALKER A. An Empirical Analysis of Resource Curse Channels In the Appalachian Region [J]. Department of Economics，2013（3）：23-36.

[166] 潘慧，章元. 中国战胜农村贫困：从理论到实践 [M]. 北京：北京大学出版社，2017.

[167] 安妮·罗瑞. 贫穷的终结 [M]. 北京：中信出版社，2019.

[168] 刘春芳，刘宥延，王川. 黄土丘陵区贫困农户生计资本空间特征及影响因素—以甘肃省榆中县为例 [J]. 经济地理，2017（12）：153-162.

[169] 杜巍，牛静坤，车蕾. 农业转移人口市民化意愿：生计恢复力与土地政策的双重影响 [J]. 公共管理学报，2018（3）：66-77.

[170] 苏芳，郑亚萍，周亚雄. 农村劳动力转移与农户生计间的影响关系分析——以甘肃省为例 [J]. 干旱区地理，2017（4）：875-880.

[171] 袁梁，张光强，霍学喜. 生态补偿、生计资本对居民可持续生计影响研究——以陕西省国家重点生态功能区为例 [J]. 经济地理，2017（10）：188-196.

[172] 陈立敏. 基于比较优势四个来源的新钻石框架及其政策含义—兼论波特模型的解释困难 [J]. 国际贸易问题，2006（3）：81-86.

[173] 徐元国. 比较优势理论分析 [D]. 苏州：苏州大学，2003.

[174] 马刚. 企业竞争优势的内涵界定及其相关理论评述 [J]. 经济评论，2006（1）：

113—121.

[175] 王元颖. 从斯密到杨小凯：内生比较优势理论起源与发展 [J]. 技术经济，2005 (2)：37—41.

[176] 郭砚莉. 比较优势理论与家庭内部劳动分工 [J]. 经济经纬，2007 (4)：85—87.

[177] 卢璐. 基于优序图法的高校图书馆微信公众平台评价研究 [D]. 郑州：郑州大学，2018.

后　记

　　贫困，是人类社会十分沉重的话题、难题与谜题，因为没有国家不曾经历，没有个体敢保证自己终生不遇。人类几千年以来，精打细算，追求各种方法去逃避贫困、消除贫困。尽管人类一直在进步，但"某些人有无限优越和舒适的生活，而其他人根本难以为生"的现象却一直不曾消失，正如亨利·乔治（Henry George）在《进步与贫困》中所言：贫困与进步的这种形影相随是我们时代的难解之谜。它是产生困惑世界的工业、社会和政治难题的最重要事实，也是政治家才能、慈善事业和教育与之作无效斗争的最重要事实。它是决定命运的斯芬克斯向我们文明提出的谜语[①]。1979 年美国经济学家西奥多·舒尔茨（Theodore W. Schultz）在诺贝尔经济学奖的获奖演说中说："世界上大多数人是贫穷的，所以如果我们懂得了穷人的经济学，也就懂得许多真正重要的经济学原理。"阿比吉特·班纳吉（Abhijit Banerjee）与埃斯特·杜夫洛（Esther Duflo）在《贫穷的本质》中提道："扶贫政策方面充斥着会取得立竿见影的效果泡沫，事实证明这一点儿也不奇怪。要想取得进展，我们必须摒弃将穷人贬低为固定形象的习惯，花点儿时间真正去了解他们的生活，包括这种生活中的复杂与多彩。"[②] 其实，绝大多数处于贫困状态的人民一直都很努力，只是因为各种无可奈何的原因，一次又一次未能逃离贫困的陷阱。对于几乎无钱可投的人来说，一旦收入或财富增长的范围受限，那么他就会掉入"贫困陷阱"。对于贫困群体来说，要想充分发挥自己的才能，为自己家人的未来提供保障，他们需要拥有更多的技能和更强的意志力，承担更多的义务。安妮·罗瑞（Annie Lowrey）在《贫穷的终结》中指出：那些我们往往视作经济环境的许多因素，其实在很大程度上都是政策的产物[③]。令人欣慰的是在 2020 年，

　　[①] 亨利·乔治. 进步与贫困 [M]. 吴良健，王翼龙，译. 北京：商务印书馆，2010：14，17.
　　[②] 阿比吉特·班纳吉，埃斯特·迪弗洛. 贫穷的本质：我们为什么摆脱不了贫穷 [M] 2 版. 景芳，译. 北京：中信出版社，2019：8.
　　[③] 安妮·罗瑞. 贫穷的终结：智能时代、避免技术性失业与重塑世界 [M]. 万晓莉，译. 北京：中信出版社，2019：4.

农村地区脱贫家庭防返贫与可持续生计的对策研究

我国历经8年精准扶贫，现行标准下近1亿农村贫困人口全部脱贫，832个贫困县全部摘帽。中国提前10年完成联合国2030年可持续发展议程的减贫目标。这是人类发展史上具有里程碑意义的重大成就，千百年来困扰中华民族的绝对贫困问题历史性地画上句号。

对于当初的笔者来说，想要摆脱贫困，逃离农村，上大学成为唯一低风险、高收益的渠道。很难想象如今中小学还要开展"劳动课"，因为当时农村的孩子天天都上劳动课，有些孩子劳动是"主业"，学习是"副业"，因此，早早辍学务工。生活的困苦与沉重的劳动迫使我只想逃离农村，所以只有拼命学习，尽管学校硬件很差，师资力量很弱，但农村的孩子，没有办法，运气好，天生聪明一点的，学习的压力小一点，而我却天资一般，只有用时间补天分，花费更多时间在学习上。感恩父母开明，没有让我早早辍学务工，一直支持我读高中，读大学，一直到博士毕业。因为小时候的生活情景，在填报志愿时，我填写的专业要么是"经济学"，要么是"金融学"，尽管我更喜欢文学与考古，但为了有口饭吃，还想着找份不错的工作，彻底翻身，当然也窃怀"达则兼济天下"的激情抱负，选择了与金钱有着更为紧密联系的经济学。从本科、硕士、博士，我读了十年经济学，一直想找寻到破解财富的密码，能够有朝一日"安得广厦千万间，大庇天下寒士俱欢颜"。

读硕士、博士期间，受命运之神眷顾，有幸师从我国贫困领域著名专家赵曦教授。在跟随赵老师系统学习的六年里，其正直的品质、儒雅的气质、脚踏实地的治学精神、笔耕不辍的勤奋执着与心念苍生的慈悲情怀深深影响并改变了我的人生轨迹。读书时，时常跟随老师下乡调研，帮助基层政府撰写产业规划，当然是免费的，老师的讲座也是免费的。得益于赵老师严格的教育与指导，在读书期间，我掌握了基本的学术规范。到高校工作后，第一次申请国家社科基金项目，就有幸入围，研究主题为"西南民族地区脱贫家庭防止返贫及可持续生计"。为获得第一手可靠资料，我带队赴民族地区调研，发现调研远比想象中的更困难，地质灾害多、路况艰难、语言不通、居住分散、外出劳作等问题层出不穷使调研难上加难。尤其是在偏远的民族地区，中老年居民文化水平偏低，部分人群不会讲汉语。语言不通不仅给调研带来负面影响，更是严重影响了当地与外界的联系。基础设施落后、交通不便、自然灾害频发、思想观念落后、生态环境脆弱、气候条件恶劣、资源利用率低、经济结构不合理、人才匮乏、医疗卫生条件差等几乎是西南农村贫困地区的"标配"，可以预见，西南农村地区防止规模性返贫与实现可持续生计的难度之大。

当前全球经济复苏步履蹒跚，联合国主管经济和社会事务的副秘书长李军

后　记

华表示："当前危机正对最脆弱群体造成最为严重的打击，并且往往这些影响不是因为他们自身过失导致的。"可喜的是，2023年中央"一号文件"一针见血地指出：全面建设社会主义现代化国家，最艰巨最繁重的任务仍然在农村。守好"三农"基本盘至关重要、不容有失。坚决守住不发生规模性返贫底线。要强化防止返贫动态监测。对有劳动能力、有意愿的监测户，落实开发式帮扶措施。不断增强脱贫地区和脱贫群众内生发展动力。[①]五千年的发展历史表明，中华民族从不缺乏信心、希望与勇气，更不缺少"实干精神"。未来如何深入推进全面脱贫与乡村振兴战略有效衔接，让各族人民过上更加幸福美好的生活，实现共同富裕的"大同"梦，不仅是政府的责任，同时也是致力于研究贫困问题的广大学者的使命，大同之梦，任重而道远。希望如亨利·乔治所言：正处于贫困状态的人民萦绕在心头的对较高生活可能性的梦想不仅充满灿烂光辉和鲜明色彩，看到的不再是微弱色调背后的即将隐去的落日，而是黎明的光辉映照着前边的晴空[②]。

在本书的撰写过程中，恰逢我正在中国社科院访学，魏后凯研究员、檀学文研究员、杨穗研究员对部分内容给出了的意见与建议。西南财经大学的赵曦教授、西南交通大学的王永杰教授、雷斌教授在本书撰写和出版中给予了指导和大力支持，在此对他们表示衷心的感谢！家庭作为温馨港湾，妻子、父母为我的写作提供了舒适的环境，使得我可以全身心投入，在我撰写本书期间，女儿不满周岁，可爱的她给我繁重的写作增添了许多乐趣。四川大学出版社的曾鑫老师在本书的出版过程中，给予了诸多支持，在此表示衷心感谢！

[①] 引自中共中央 国务院关于做好2023年全面推进乡村振兴重点工作的意见[EB/OL].（2023-01-02）[2023-02-13]. https://www.gov.cn/zhengce/2023-02/13/content_5741370.htm.

[②] 亨利·乔治. 进步与贫困[M]. 吴良健，王翼龙，译. 北京：商务印书馆，2010：13.